Irving Kirsch

Dépression : le mensonge des antidépresseurs...

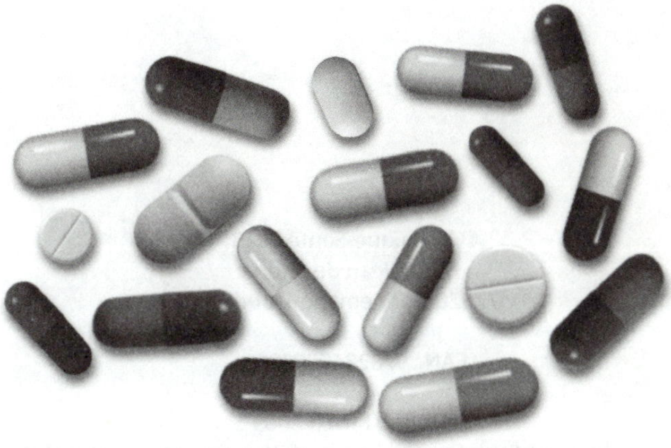

... et les vraies pistes de guérison

ÉDITIONS
MOSAÏQUE-SANTÉ

1, rue Jean de Brion
77520 Donnemarie-Dontilly

EAN : 9782849390863

First published as *The Emperor's New Drugs* by Bodley Head,
an imprint of The Random House Group Limited

Traduit de l'anglais par Axelle Demoulin.

Irving Kirsch

Dépression : le mensonge des antidépresseurs...

... et les vraies pistes de guérison

Mise en garde

L'information présentée dans ce livre ne remplace pas l'avis d'un professionnel sur des problèmes émotionnels spécifiques. Veuillez consulter votre médecin traitant avant de changer, d'arrêter ou de commencer un traitement médical, en particulier un traitement avec antidépresseurs.

Les informations de ce livre sont correctes et à jour au 3 septembre 2009, pour autant que l'auteur le sache. Dans les limites de la loi, l'auteur et l'éditeur déclinent toute responsabilité concernant l'usage ou le mauvais usage, direct ou indirect de l'information contenue dans ce livre.

« *Brahms est le meilleur antidépresseur* »,

Peter Sproston, 2008

Table des matières

Remerciements

Je remercie tout spécialement Giuliana Mazzoni, David Bassine, Alan Scoboria et Steven Jay Lynn, qui ont lu avec attention certains chapitres et ont apporté leurs commentaires très utiles. Giuliana, en particulier, m'a aidé à trouver le ton des premiers chapitres. Je remercie également Joanna Moncrieff, qui a gentiment critiqué un premier jet mal rédigé du chapitre 4. J'espère qu'elle préfère cette version.

Dan Hind fut mon premier éditeur à Random House. C'est lui qui m'a suggéré l'idée d'écrire ce livre, après avoir assisté à un débat auquel je participais. Ses commentaires à diverses étapes se sont révélés extrêmement utiles, tout comme sa confiance et ses encouragements. Il a quitté Random House avant que le livre ne soit terminé mais a continué à m'aider même après son départ. Il a été remplacé par Kay Peddle, qui est devenue mon éditrice après avoir été abandonnée par Dan et que je remercie énormément pour son aide substantielle pour la dernière étape du voyage.

Mandy Greenfield a été une correctrice au regard d'aigle et je la remercie d'avoir remarqué mes oublis.

Je dois également remercier de nombreux collègues et amis, qui m'ont apporté des commentaires utiles et des connaissances qui allaient plus loin que celles que j'avais acquises dans les livres et les articles de revues. Je tiens à citer David Antonuccio, David Burns, David Goldberg, David Healy, Steven Hollon, Ted Kaptchuk, Peter Lewinsohn, John et Madge Manfred, Helen Mayberg, Lee Park, Forrest Scogin, Harriet Vickery, Tor Wager et Nelda Wray.

Enfin, je remercie les merveilleux scientifiques avec qui j'ai collaboré sur les recherches qui ont mené à ce livre : Guy Sapirstein, Thomas Moore, Alan Scoboria, Blair Johnson, Brett Deacon, Tania Huedo-Medina, Joanna Moncrieff, Corrado Barbui, Andrea Cipriani, Sarah Nicholls et David Antonuccio. La recherche est un travail d'équipe et ces collègues étaient de formidables équipiers.

Préface

Comme la plupart des gens, je pensais que les antidépresseurs étaient efficaces. Je suis psychologue clinicien et j'envoyais mes patients qui suivaient une psychothérapie pour dépression chez mes confrères psychiatres, pour qu'ils leurs prescrivent des médicaments, persuadé que cela pourrait les aider. Parfois, l'antidépresseur semblait faire effet ; parfois, non. Quand le résultat était bon, je pensais que c'était le principe actif de l'antidépresseur qui aidait mes patients à gérer leurs problèmes psychologiques.

Si l'on croit les firmes pharmaceutiques, les antidépresseurs permettent de soigner plus de 80 % des personnes déprimées. Ce sont des déclarations de ce genre qui ont fait des antidépresseurs l'un des médicaments sur ordonnance les plus prescrits au monde. Les ventes mondiales rapportent 19 milliards de dollars par an à cette industrie[1].

Les journaux et les magazines qualifiaient les antidépresseurs de médicament-miracle qui avaient changé la vie de millions de personnes. On nous disait que la dépression était une maladie

1 John P. A. Ioannidis, 2008 ; Jeffrey Lacasse et Jonathan Leo, 2005 ; « CNS Drug Discoveries : What the Future Holds », 2008.

du cerveau que les médicaments pouvaient guérir. Je n'étais pas convaincu que la dépression était vraiment une maladie, mais je pensais que les médicaments étaient efficaces et qu'ils pouvaient être un complément utile à la psychothérapie pour les patients très déprimés. Ceux-ci pouvaient prendre des antidépresseurs, tout en continuant leur psychothérapie pour travailler sur les problèmes psychologiques qui les avaient rendus dépressifs.

Mais était-ce vraiment le médicament qui améliorait leur état ? J'aurais peut-être dû me poser la question.

Les médicaments peuvent apporter beaucoup aux patients, mais leur état peut aussi s'améliorer simplement parce qu'ils savent qu'ils suivent un traitement. C'est ce que l'on appelle « **l'effet placebo** ». Quand j'étais chercheur à l'Université du Connecticut, j'ai étudié l'effet placebo pendant de nombreuses années. Je savais que la confiance dans le traitement est capitale pour soulager la dépression et qu'elle joue un rôle majeur dans tous les traitements, qu'ils soient psychologiques ou pharmaceutiques. Je croyais alors que les antidépresseurs apportaient un bénéfice substantiel, au-delà de l'effet placebo. Comme je l'ai écrit dans mon premier livre :

« *La comparaison entre les antidépresseurs et les comprimés placebo indique que les médicaments ont plus d'effet [...] les données existantes laissent penser que l'Imipramine a un effet pharmacologique spécifique sur la dépression.* »

En tant que chercheur, j'avais confiance dans les données publiées dans les articles scientifiques. Je pensais que les antidépresseurs comme l'Imipramine étaient des médicaments très efficaces et je parlais de « *la supériorité avérée de l'Imipramine sur le traitement placebo*[2] ».

Quand j'ai entamé les recherches dont je parle dans ce livre, je ne m'intéressais pas particulièrement à l'efficacité des antidépres-

2 Irving Kirsch, 1990.

seurs. En revanche, je m'intéressais à l'effet placebo et la dépression me semblait un bon terrain de recherche. Pourquoi m'attendais-je à trouver une grande part d'effet placebo dans le traitement de la dépression ? Si on demande à des personnes déprimées quelle est la chose la plus déprimante dans leur vie, beaucoup répondront : la dépression. La dépression clinique est un état fragilisant. Les gens atteints de dépression grave se sentent tristes et angoissés au-delà du supportable, parfois au point d'envisager le suicide. Ils peuvent être envahis par un sentiment d'inutilité et de culpabilité. Beaucoup souffrent d'insomnie, tandis que d'autres dorment trop et ont du mal à sortir du lit le matin. Certains ont du mal à se concentrer et ont perdu tout intérêt pour des activités qui, avant, leur apportaient du plaisir et donnaient un sens à leur vie. Le pire, c'est qu'ils n'ont aucun espoir de sortir de cet état pénible et que cela peut induire l'idée que la vie ne vaut plus la peine d'être vécue.

Autrement dit, la dépression est déprimante.

John Teasdale, chercheur renommé des universités de Cambridge et d'Oxford, spécialiste de la dépression, a appelé ce phénomène « **déprimé par la dépression** ». Selon lui, pour qu'un traitement soit efficace, en partie du moins, il faut mettre fin au sentiment de désespoir entraîné par le fait d'être déprimé par sa dépression[3].

Le désespoir est un aspect central de la dépression, tandis que l'espoir est au cœur de l'effet placebo. Les placebos instillent de l'espoir aux patients en leur promettant de soulager leur détresse. Les véritables traitements médicamenteux instillent aussi l'espoir, c'est la composante placebo de leur efficacité. Quand la promesse d'un soulagement instille l'espoir, elle combat une caractéristique fondamentale de la dépression. En effet, il est difficile d'imaginer un traitement qui soigne efficacement la dépression sans réduire

3 John D. Teasdale, 1985.

le sentiment de désespoir. À l'inverse, tout traitement qui réduit le désespoir soulage également la dépression. Un placebo convaincant devrait donc soulager la dépression.

C'est en nous fondant sur cette idée que Guy Sapirstein – un de mes étudiants de troisième cycle – et moi-même nous sommes lancés dans l'étude des effets placebo de la dépression. Je décris cette recherche dans le premier chapitre de ce livre. Les résultats ont constitué la première d'une série de surprises qui ont radicalement changé ma vision des antidépresseurs et de leur rôle dans le traitement de la dépression[4]. Je vous invite à effectuer avec moi ce voyage, au cours duquel je suis passé de l'acceptation au questionnement, pour arriver à rejeter l'une après l'autre les idées reçues sur les antidépresseurs.

Les firmes pharmaceutiques ont affirmé – et affirment toujours – que l'efficacité des antidépresseurs a été prouvée dans des essais cliniques publiés, qui montrent que les médicaments sont nettement plus efficaces que les placebos (c'est-à-dire de faux comprimés ne contenant aucun ingrédient actif). Mais les données que Sapirstein et moi-même avons étudiées apportent une autre version des faits. Bien que de nombreux patients déprimés se sentent mieux lorsqu'ils suivent un traitement médical, ils sont aussi nombreux à se sentir mieux avec un placebo et la différence entre l'effet du médicament et celui du placebo n'est pas très grande. Ce que montrent en réalité les études publiées, c'est que la majorité des améliorations ressenties par les personnes déprimées qui prennent des antidépresseurs sont attribuables à l'effet placebo.

Cette découverte ne fut que la première de nombreuses surprises qui ont transformé ma vision des antidépresseurs. En approfondissant cette recherche, je me suis rendu compte que les essais

4 Irving Kirsch et Guy Sapirstein, 1998.

cliniques publiés que nous avions analysés n'étaient pas les seules études sur l'efficacité des antidépresseurs. J'ai découvert qu'environ 40 % des études cliniques n'avaient jamais été publiées par les firmes pharmaceutiques qui les avaient financées. Pour la plupart, ces essais n'avaient pas réussi à démontrer un avantage important du véritable médicament par rapport au placebo. Quand nous avons analysé toutes les données, publiées ou non, mes collègues et moi-même sommes arrivés à la conclusion inéluctable que les antidépresseurs sont à peine plus que des placebos actifs. Ce sont des médicaments qui offrent très peu de bénéfices thérapeutiques spécifiques, mais qui entraînent de graves effets secondaires. Je décris ces analyses et les réactions qu'elles ont provoquées dans les chapitres 3 et 4.

Comment cela est-il possible ? Avant sa mise sur le marché, un nouveau médicament doit faire l'objet de tests rigoureux. Les firmes pharmaceutiques financent des essais cliniques coûteux, au cours desquels certains patients reçoivent le médicament et d'autres le placebo. Le médicament n'est considéré efficace que si les patients qui reçoivent le vrai médicament voient leur état s'améliorer nettement plus que les patients qui ont reçu des placebos. Les rapports de ces essais sont ensuite envoyés aux agences régulatrices, comme l'Administration américaine des denrées alimentaires et des médicaments (FDA), l'Agence britannique de régulation des médicaments et des produits de santé (MHRA) et l'Agence médicale européenne (EMEA). Ces instances étudient avec attention les données sur la sécurité et l'efficacité d'un médicament avant d'autoriser ou non sa mise sur le marché. Il doit donc exister des preuves substantielles de son efficacité.

Pourtant, je reste convaincu que les antidépresseurs ne constituent pas des traitements efficaces et que l'idée que la dépression est un déséquilibre chimique dans le cerveau est un mythe.

Quand j'ai commencé à écrire ce livre, mon postulat était plus modeste. Je pensais que l'efficacité clinique des antidépresseurs n'avait pas été prouvée pour la majorité des millions de patients auxquels ils sont prescrits, mais je reconnaissais qu'ils pouvaient s'avérer efficaces pour au moins un sous-ensemble de patients déprimés. En assemblant les données que j'avais analysées au cours des années et les données plus récentes qui venaient d'être mises au jour, j'ai réalisé que la situation était bien pire que ce que j'imaginais. Il est tout simplement faux de croire que les antidépresseurs peuvent guérir chimiquement la dépression.

Dans ce livre, je vous expliquerai comment je suis arrivé à cette conclusion et j'exposerai les preuves scientifiques sur lesquelles elle se fonde. Bon nombre de ces preuves étaient connues des firmes pharmaceutiques et des agences régulatrices, mais ont été sciemment cachées aux médecins prescripteurs, à leurs patients et même à l'Institut national d'excellence en santé (NICE) quand il établissait les recommandations de traitement pour le système de santé britannique (NHS).

Mes collègues et moi-même avons obtenu une partie de ces données occultées en invoquant la loi américaine sur la liberté de l'information, qui oblige les agences fédérales à transmettre leurs documents à quiconque en fait la demande. Nous avons analysé les données et avons soumis les résultats à l'évaluation de nos pairs dans des revues spécialisées de médecine et de psychologie[5]. Nos analyses ont fait l'objet de débats nationaux et internationaux. De nombreux médecins ont changé leurs habitudes de prescription, mais d'autres ont réagi avec colère et incrédulité. Dans ce livre, je vous présente les données de façon simple et directe pour que vous puissiez juger vous-même de la pertinence de mes conclusions.

5 Irving Kirsch, Alan Scoboria et Thomas J. Moore, 2002b ; Irving Kirsch, Thomas J. Moore et *al.*, 2002 ; Irving Kirsch, Brett J. Deacon et *al.*, 2008.

En général, on dit que la dépression est causée par un déséquilibre chimique du cerveau. Cette idée se fonde sur la conviction que les antidépresseurs sont des traitements efficaces. Comme notre analyse montre que la plupart des effets – voire tous – de ces médicaments sont en réalité des effets placebo, elle remet en question cette théorie de la dépression.

J'explique la théorie du déséquilibre chimique dans le chapitre 4. Vous serez peut-être surpris d'apprendre qu'il s'agit en réalité d'une théorie controversée et qu'il n'y a guère de preuve scientifique pour la soutenir. En écrivant ce chapitre, j'en suis arrivé à une conclusion encore plus radicale. Non seulement il n'y a guère de preuves pour étayer cette théorie mais, en outre, nombre de données prouvent au contraire qu'elle est fausse.

Les effets chimiques des antidépresseurs sont peut-être insignifiants ou même non-existants, mais ces médicaments produisent un puissant effet placebo. Dans les chapitres 5 et 6, j'examine les nombreux effets des placebos et j'explique comment ils se produisent. Je détaille comment les placebos parviennent à soulager la dépression de façon significative, presque autant qu'un médicament, et les conséquences sur le traitement de la dépression.

Enfin, dans le chapitre 7, je décris quelques solutions alternatives aux médicaments dans le traitement de la dépression et j'évalue les preuves de leur efficacité. Je souhaite apporter à mes lecteurs les informations scientifiques qui leur permettront de faire un choix éclairé entre les diverses possibilités de traitement.

De nombreux passages de ce livre peuvent être sujet à controverse, mais tous se fondent sur des preuves scientifiques décrites en détail. Quant à mes conclusions, même si elles semblent aussi controversées, elles sont de plus en plus acceptées. L'Institut national d'excellence en santé a reconnu que le traitement par antidépresseurs n'apporte pas de bénéfices cliniques importants à la plupart des patients déprimés ; le gouvernement britannique a instauré des plans pour proposer des traitements alternatifs et les neuroscientifiques ont souligné que la théorie du déséquilibre chimique ne pouvait expliquer la dépression[6]. Nous semblons proches d'une révolution dans la façon dont nous comprenons et traitons la dépression.

Découvrir la vérité sur les antidépresseurs a été pour moi un véritable voyage, balisé par de nombreux chocs et des surprises : sur la façon dont les médicaments sont testés et approuvés, sur ce qu'on dit aux médecins et ce qu'on leur cache, sur ce que savent les agences régulatrices et ce qu'elles ne veulent pas que vous sachiez, et sur le mythe de la dépression considérée comme une maladie du cerveau. J'aimerais partager ce voyage avec vous. Vous le trouverez peut-être aussi surprenant et choquant que moi. J'espère qu'en rendant ces informations publiques, je provoquerai des changements dans la façon dont les nouveaux médicaments seront testés et approuvés à l'avenir, dans la mise à la disposition des données pour le public et dans le traitement de la dépression.

6 NICE, « Depression : Management of Depression in Primary and Secondary Care » ; CSIP, *Choice and Access Programme*, 2007 ; Eero Castrén, 2005 ; H. G. Ruhé, N. S. Mason et Aart H. Schene, 2007.

Chapitre 1

Vous dites Prozac, j'entends placebo

En 1995, Guy Sapirstein et moi-même avons décidé d'évaluer l'effet placebo dans le traitement de la dépression. Au lieu d'effectuer une nouvelle étude, nous avons choisi de rassembler les résultats d'études précédentes qui évaluaient l'effet des placebo dans le traitement de la dépression et des les analyser ensemble. C'est ce que l'on appelle « **une méta-analyse** ». Cette méthode est courante quand on souhaite analyser les données d'un grand nombre d'études sur un même sujet. Il fut un temps où les méta-analyses étaient un peu controversées, mais elles sont désormais répandues dans les revues médicales prestigieuses. Il est en effet difficile d'imaginer comment on pourrait interpréter les résultats de très nombreuses études sans recourir à la méta-analyse. Pour notre méta-analyse, nous ne pouvions nous contenter d'études au cours desquelles des patients déprimés avaient reçu des placebos. Nous devions aussi trouver des études qui évaluaient la dépression chez des patients ne recevant aucun traitement, afin de nous assurer que les effets que nous trouverions seraient uniquement attribuables au placebo. Pour mieux comprendre cela, imaginez l'essai d'un nouveau remède contre le rhume. L'état des patients qui reçoivent le médicament s'améliore. L'état de ceux qui reçoivent le placebo s'améliore aussi. Face à ces résultats, vous pourriez être tenté de penser que l'amélioration est un effet placebo ; or, on peut aussi guérir d'un rhume sans traitement. Donc, dans notre essai imaginaire, quand le rhume des patients s'est amélioré avec la prise d'un faux médicament, cela pourrait n'avoir aucun rapport avec l'effet placebo mais être simplement dû au temps qui passe et au fait que les rhumes sont des maladies de courte durée.

Il n'y a pas que les rhumes qui peuvent se soigner spontanément. C'est possible pour la dépression également. Les gens se relèvent parfois d'un épisode dépressif sans traitement. Si quelqu'un est moins déprimé après la prise d'un placebo, on ne peut donc pas conclure que c'est grâce à celui-ci.

L'amélioration peut être due à toute une série d'autres facteurs. Notamment, les gens peuvent se sentir mieux parce qu'il y a eu un changement positif dans leur vie, comme décrocher un boulot après une période de chômage, ou tomber amoureux. Le soutien et l'amour des proches peuvent également entraîner une amélioration. Un bon ami peut ainsi faire office de thérapeute. Un ouvrage de référence sur la psychothérapie portait d'ailleurs le titre de *Psychothérapie : L'achat de l'amitié*[7]. L'auteur n'y prétend pas que la psychothérapie se résume à l'amitié, mais le titre souligne qu'avoir un ami empathique et capable d'écouter peut s'avérer thérapeutique. Une chose est sûre : il est impossible d'évaluer l'effet placebo sans le comparer au taux de guérison spontanée. Tout comme on doit tenir compte de l'effet placebo pour évaluer l'efficacité d'un médicament, on doit tenir compte du temps qui passe pour évaluer l'effet placebo.

L'**effet du médicament** est la différence entre ce qui se passe quand les gens reçoivent le médicament actif et ce qui se passe quand on leur donne le placebo. De même, l'effet placebo est la différence entre ce qui se passe quand les patients reçoivent le placebo et ce qui se passe quand ils ne sont pas soignés du tout.

Il est rare qu'une étude se concentre sur l'effet placebo – ou sur l'effet du temps qui passe. Où allions-nous trouver des données sur le placebo et l'absence de traitement ? Nous avons trouvé les données sur le placebo dans des études cliniques des antidépresseurs et les données sur l'absence de traitement dans des études cliniques de la psychothérapie. Dans ce type d'études, il est habituel d'inclure des groupes de contrôle qui ne reçoivent pas de traitement ou des groupes de contrôle en liste d'attente. Les personnes de ce groupe ne reçoivent aucun traitement pendant la durée de l'étude mais sont placées sur une liste d'attente et peuvent recevoir le traitement une fois l'étude terminée.

7 William Schofield, 1964.

Pour notre recherche, Sapirstein et moi-même ne nous intéressions pas particulièrement aux effets des antidépresseurs ou de la psychothérapie. Ce qui nous intéressait, c'était l'effet placebo. Mais comme nous avions à notre disposition les données sur le traitement, nous les avons également examinées. Et c'est finalement la comparaison entre le médicament et le placebo qui s'est révélée la plus intéressante. En tout, nous avons analysé 38 études cliniques portant sur plus de 3 000 patients déprimés. Nous avons examiné les améliorations moyennes dans chacun des quatre types de groupe : médicament, placebo, psychothérapie et absence de traitement. Le graphique (Figure 1.1 p.26) rassemble ce que les données nous ont appris. Ce livre comporte d'autres graphiques mais j'en ai inclus le moins possible. Celui-ci est important pour démontrer mon propos. Le graphique indique une amélioration significative dans les groupes médicament et psychothérapie. Les patients allaient mieux quand ils suivaient un des deux traitements et la différence entre les deux était insignifiante. L'état des patients s'améliorait également quand on leur donnait le placebo et là, l'amélioration était très significative, bien qu'elle n'était pas aussi importante que chez ceux qui avaient suivi une psychothérapie ou avaient reçu un médicament. En revanche, ceux qui n'avaient reçu aucun traitement montraient relativement peu d'amélioration.

La première chose à noter dans ce graphique, c'est la différence d'amélioration entre les patients qui ont reçu un placebo et ceux qui n'ont suivi aucun traitement. Cela indique que l'amélioration dans les groupes placebo peut être en majeure partie attribuée à la prise du placebo. La diminution de la dépression n'était pas simplement le résultat du temps qui passe, du cours naturel de la dépression ou de tout autre facteur qui pourrait apporter une amélioration chez les patients non-traités. C'est l'effet placebo qui a agi et il est puissant.

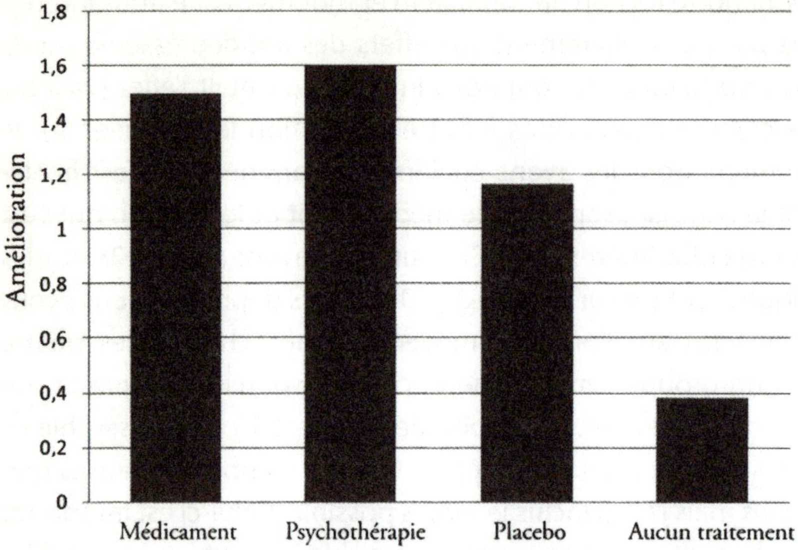

Figure 1.1. Amélioration moyenne dans les groupes médicament, psychothérapie, placebo et sans traitement[8].

« Amélioration » signifie une diminution des symptômes sur des échelles utilisées pour mesurer la dépression. Ces chiffres s'appellent « la taille de l'effet ». Ils sont couramment utilisés quand les résultats de plusieurs études sont regroupés. On considère généralement une taille de l'effet de 0,5 comme modérée tandis que des tailles de l'effet de 0,8 sont considérées comme importantes. Le graphique montre donc que les antidépresseurs, la psychothérapie et les placebos produisent de grands changements dans les symptômes de la dépression, mais que l'amélioration moyenne est relativement faible chez les patients n'ayant reçu aucun traitement.

Ces données nous apprennent une chose : ne rien faire n'est pas le meilleur moyen de réagir à la dépression. Les gens déprimés ne doivent pas s'attendre à se remettre spontanément d'une

8 « Standardized mean difference between pre-treatment and posttreatment depression scores for each type of treatment », Irving Kirsch et Guy Sapirstein, 1998.

dépression clinique. Ils ne doivent pas non plus s'attendre à se remettre d'un coup. Il peut y avoir quelques améliorations avec le temps, mais suivre un traitement, même placebo, est plus efficace que ne rien faire.

Sapirstein et moi-même n'avons pas été surpris de découvrir que l'effet placebo était puissant dans le traitement de la dépression. Nous étions même contents. C'était notre hypothèse de départ et la raison pour laquelle nous avions entamé cette étude. Ce qui nous a surpris, en revanche, c'est à quel point la différence entre la réaction au médicament et la réaction au placebo était minime. Cette différence, c'est l'effet du médicament. Alors que l'effet du médicament dans les études cliniques publiées que nous avions analysées était important statistiquement, il était bien inférieur à ce que nous nous attendions. Une grande partie de la réaction thérapeutique au médicament était due à l'effet placebo.

Mais cette première découverte n'était que la première des nombreuses surprises que nous réservaient les données sur les antidépresseurs.

L'effet du médicament signalé par les études habituelles inclut en réalité des améliorations qui n'ont rien à voir avec le médicament : une part de l'amélioration peut être spontanée – c'est-à-dire qu'elle aurait pu se produire sans aucun traitement – et une autre peut être un effet placebo. Ce qui reste une fois qu'on a soustrait l'amélioration spontanée et l'effet placebo est l'effet du médicament. Comme le montre la **Figure 1.1**, l'amélioration chez les patients du groupe placebo constitue environ 75 % de la réaction au véritable médicament. Cela signifie que 25 % seulement du bénéfice du traitement aux antidépresseurs peut être attribué à l'effet chimique du médicament. Cela implique également que 50 % de l'amélioration est un effet placebo. Autrement dit, l'effet placebo est deux fois plus important que l'effet du médicament. L'effet du médicament nous a semblé faible pour des médicaments qualifiés de révolutionnaires dans le traitement de la dépression – des médicaments prescrits à des centaines de millions de patients, dont les ventes annuelles s'élèvent à des milliards d'euros[9].

Nous avions dû faire une erreur quelque part en rassemblant ces données ou en les analysant. Mais où ? Nous avons passé des mois à essayer de comprendre notre erreur.

Tous les médicaments naissent-ils égaux ? Double aveugle ou double discours ?

En essayant de comprendre pourquoi l'effet du médicament était si faible dans les études que nous avions analysées, nous avons découvert que ces études évaluaient des médicaments différents. Certains étaient peut-être efficaces tandis que d'autres ne l'étaient pas. Si c'était le cas, nous avions sous-estimé les bénéfices de médicaments efficaces en les analysant avec des médicaments inefficaces. C'est pourquoi, avant de soumettre notre article à l'évaluation, nous avons réexaminé nos données et analysé le type de médicaments administrés dans chaque étude clinique de notre méta-analyse.

Nous avons découvert que certains de ces essais avaient évalué les antidépresseurs tricycliques, le type d'antidépresseurs le plus couramment utilisés dans les années 1960 et 1970. D'autres essais étaient centrés sur les inhibiteurs sélectifs de la recapture de la sérotonine (ISRS) comme le Prozac (fluoxétine), le premier des médicaments « nouvelle génération » qui ont remplacé les tricycliques en tête des ventes d'antidépresseurs. Ces essais testaient également d'autres types d'antidépresseurs. Quand nous avons réanalysé les données pour chaque type de médicament

9 John P. A. Ioannidis, 2008.

séparément, nous nous sommes rendu compte que les différents types de médicaments n'avaient pas du tout affecté les résultats de notre analyse. En réalité, les données étaient remarquablement cohérentes, bien plus que quand, habituellement, on analyse différents groupes de données. Ces médicaments produisaient tous le même degré d'amélioration de la dépression. En outre et à chaque fois, 25 % seulement de cette amélioration était due à l'effet du médicament. Le reste pouvait s'expliquer par le temps qui passe et l'effet placebo.

L'absence de différence que nous avons alors mise en évidence entre une classe d'antidépresseurs et une autre est désormais une découverte assez fréquente dans la recherche sur les antidépresseurs[10]. Les antidépresseurs plus récents (comme les ISRS) ne sont pas plus efficaces que les anciens. En revanche, leurs effets secondaires sont moins perturbants. Il y a donc moins de chance que les patients arrêtent le traitement. Mais il était tout de même surprenant que les chiffres sur l'effet du médicament présentent de telles similitudes. Les pourcentages n'étaient pas simplement proches ; ils étaient pratiquement identiques. Ils allaient de 24 à 26 %. Je me suis dit « Quelle belle coïncidence ! Ça fera bien dans une présentation PowerPoint. » Mais depuis lors, j'ai rencontré d'autres cas où la cohérence des données est remarquable et c'est en partie cela qui m'a fait passer du doute à l'incrédulité. Je signalerai les cohérences du même type quand nous les rencontrerons dans ce livre.

Cette similitude signifiait que nous n'avions pas sous-estimé les effets des antidépresseurs en analysant ensemble des médicaments efficaces et d'autres qui l'étaient moins. Mais une nouvelle surprise nous attendait. Parmi les médicaments de notre méta-analyse, certains n'étaient pas des antidépresseurs, bien qu'ils aient été évalués pour leur effet sur la dépression. L'un d'eux était un barbiturique : un dépresseur utilisé comme somnifère avant d'être

10 John W. Williams, Jr, et *al.*, 2000.

remplacé par des médicaments moins dangereux. Un autre était la benzodiazépine : un sédatif, moins dangeureux que les barbituriques. Enfin, une hormone thyroïdienne synthétique avait été administrée à des patients déprimés n'ayant pas de problème de thyroïde. Bien qu'aucun de ces médicaments ne soient considérés comme des antidépresseurs, leur effet sur la dépression était aussi important que celui des antidépresseurs et légèrement meilleur que celui des placebos. Joanna Moncrieff, psychiatre à l'University College de Londres, a depuis lors dressé une liste d'autres médicaments efficaces pour traiter la dépression[11]. On y trouve des médicaments antipsychotiques, des stimulants et des remèdes à base de plantes. Les opiacés sont également plus efficaces que les placebos mais je ne connais pas d'études comparatives opiacés/antidépresseurs.

Si les sédatifs, les barbituriques, les médicaments antipsychotiques, les stimulants, les opiacés et les médicaments pour la thyroïde fonctionnent tous mieux que des placebos inertes dans le traitement de la dépression, est-ce que cela signifie que n'importe quel médicament actif peut fonctionner comme antidépresseur ? Apparemment, non. En septembre 1998, la firme pharmaceutique Merck a annoncé la découverte d'un nouvel antidépresseur avec un mode d'action complètement différent des autres médicaments pour la dépression. Ce nouveau médicament, qu'ils ont plus tard commercialisé sous le nom d'Emend, et qui prévient la nausée et les vomissements provoqués par la chimiothérapie, semblait très prometteur comme antidépresseur dans les premiers essais cliniques. Quatre mois plus tard, la société a annoncé qu'elle retirait le médicament comme traitement de la dépression. Pourquoi ? Elle n'avait pas pu trouver de bénéfice significatif du médicament actif par rapport au placebo dans les essais cliniques ultérieurs. C'était dommage. Pour plusieurs raisons. D'abord, cette

11 Joanna Moncrieff, 2008b.

annonce a fait baisser de 5 % la valeur des actions de la société. Ensuite, le médicament présentait un avantage important par rapport aux antidépresseurs actuels : il produisait nettement moins d'effets secondaires, ce qui avait d'ailleurs contribué à son succès. Mais cette relative absence d'effets secondaires pourrait aussi expliquer pourquoi il a ensuite échoué dans les essais cliniques contrôlés. Il semblerait que, pour qu'un antidépresseur se révèle plus efficace qu'un placebo, il soit nécessaire qu'il provoque des effets secondaires faciles à détecter[12].

Au début, Sapirstein et moi-même étions déconcertés par l'équivalence entre les antidépresseurs et les autres médicaments. Pourquoi des médicaments qui ne sont pas des antidépresseurs seraient-ils être aussi efficaces que les antidépresseurs pour traiter la dépression ? Pour répondre à cette question, nous en avons posé une autre. Qu'est-ce que tous ces médicaments ont en commun, qu'ils ne partagent pas avec les placebos inertes ? Qu'est-ce que les ISRS ont en commun avec les anciens antidépresseurs tricycliques, avec d'autres antidépresseurs plus courants et même avec les tranquillisants, les dépresseurs et les médicaments pour la thyroïde ? Le seul point commun que nous avons trouvé est qu'ils produisent tous des effets secondaires facilement détectables, ce qui faisait défaut dans le nouveau traitement contre la dépression de Merck. Les placebos peuvent aussi produire des effets secondaires, mais dans des proportions bien moindres qu'un médicament actif. Les bénéfices thérapeutiques des antidépresseurs sont relativement faibles comparés aux placebos. En revanche, la différence entre les effets secondaires est substantielle[13]. Pourquoi les effets secondaires sont-ils importants ? Imaginez que vous ayez été recruté pour un essai clinique d'antidépresseurs. On vous dit que vous allez peut-être recevoir un placebo au lieu du médicament actif mais, comme il s'agit d'un essai en double

12 Mark S. Kramer et *al.*, 1998.
13 Michael Philipp, Ralf Kohnen and Karl O. Hiller, 1999.

aveugle, vous ne le saurez qu'à la fin de l'étude. On vous dit qu'il faudra peut-être plusieurs semaines avant que vous ne ressentiez les effets thérapeutiques du médicament et qu'il a déjà produit des effets secondaires chez certains patients. De plus, comme l'exigent les procédures de consentement éclairé imposées dans les essais cliniques, on vous informe précisément de la nature de ces effets secondaires (par exemple : bouche sèche, somnolence, diarrhée, nausée, pertes de mémoire), on vous signale qu'ils risquent d'apparaître peu après le début du traitement – avant que vous ne ressentiez les effets thérapeutiques[14].

Si j'étais patient dans un de ces essais, je me demanderais dans quel groupe j'ai été placé. Est-ce qu'on m'a mis dans le groupe du médicament actif ou dans le groupe placebo ? Hum, ma bouche devient sèche et je commence à me sentir un peu nauséeux. Normalement, ces symptômes pourraient m'inquiéter, mais on m'a dit que c'étaient des effets secondaires du médicament. Alors, au lieu d'être inquiet, je jubile. Ma bouche sèche et mes nausées m'indiquent que j'ai reçu le médicament, pas le placebo. Je me sens déjà mieux.

Dans un essai clinique, on appelle « levée de l'insu » le fait de savoir si vous avez reçu le médicament ou le placebo. Les essais cliniques sont réalisés en double aveugle. Cela signifie que ni le patient ni le médecin ne sont censés savoir à quel groupe appartient le patient. En réalité, ces essais ne sont pas vraiment en double aveugle. Beaucoup de patients et de médecins découvrent la vérité avant la fin de l'essai. Nous en avons la preuve grâce aux études sur les antidépresseurs où l'on demande aux médecins et aux patients de dire s'ils ont reçu le médicament ou le placebo. S'ils se contentaient de deviner, ils n'auraient raison qu'à peu près dans la moitié des cas. Or, dans la plus grande étude de ce type, 80 % des patients ont identifié correctement leur groupe et, dans 87 %

14 Carl Sherman, 1998.

des cas, leurs médecins avaient aussi deviné juste. Étant donné le nombre de patients évalués par cette étude, les chances que 80 % d'entre eux répondent correctement par hasard sont de moins de une sur un million. Ces chiffres montrent bien que la plupart des patients et des médecins lèvent l'insu.

Pour les patients, c'était particulièrement vrai s'ils étaient dans le groupe médicament : 89 % des patients du groupe antidépresseur avaient deviné juste, contre 59 % seulement dans le groupe placebo[15].

Les antidépresseurs comme placebos actifs

Le fait que les patients dans les essais cliniques devinent à quel groupe ils appartiennent pourrait expliquer pourquoi tous les types de médicaments dans notre méta-analyse, y compris ceux qui n'étaient pas des antidépresseurs, avaient le même effet sur la dépression.

Quand les patients sont testés à l'aveugle, ils ne savent pas s'ils ont reçu le médicament ou le placebo. Leur espoir d'aller mieux est donc tempéré parce qu'ils savent qu'ils ont peut-être reçu un placebo. Mais quand l'insu est levé, leurs attentes changent.

S'ils découvrent qu'ils sont dans le groupe placebo, leur espoir de guérison diminue. Comme nous le verrons dans le chapitre 6, les espoirs de guérison sont un facteur central de l'effet placebo. Les gens s'attendent à aller mieux quand on leur donne un traitement et, dans de nombreux cas, cette attente peut produire l'amélioration espérée, comme une prophétie qui s'accomplit. Autrement dit, les patients pour qui l'insu est levé dans les essais cliniques peuvent connaître une amélioration plus importante avec le médicament qu'avec le placebo, simplement parce qu'ils savent

15 J. G. Rabkin et *al.*, 1986.

qu'ils reçoivent le vrai médicament, et pas un comprimé factice. S'ils pensent qu'ils prennent le véritable médicament, ils ont un plus grand espoir de guérison et, grâce à cela, leur état s'améliore vraiment plus. À l'inverse, s'ils réalisent qu'on leur a donné un placebo, ils s'attendent à moins d'améliorations et en ressentent donc moins.

Il ne s'agit pas d'une simple hypothèse. Ce phénomène est prouvé. Certains essais d'antidépresseurs sont réalisés sans groupe placebo. C'est ce que l'on appelle des essais comparatifs, parce qu'ils comparent un antidépresseur à un autre. Dans ce type d'essai, les patients savent qu'ils reçoivent tous un médicament actif. Un groupe de chercheurs dirigé par Joel Sneed de l'Université de Columbia, à New York, a comparé la réaction des patients dans des essais comparatifs à celle de patients dans des essais contrôlés avec un placebo. Les chercheurs ont découvert que les patients dans les essais comparatifs avaient beaucoup plus de chance d'aller mieux. Plus précisément, 60 % des patients réagissaient aux antidépresseurs dans les essais comparatifs, contre 46 % seulement dans les essais contrôlés avec placebo[16]. Cette différence s'explique par le fait que les patients étaient certains de recevoir un médicament, au lieu de se demander s'ils recevaient un placebo. Comme cet effet est produit par ce que les patients savent du médicament et non par le médicament lui-même, on peut le considérer comme un effet placebo.

Pour résumer notre propos jusqu'ici, nous avons trouvé une différence relativement faible entre la réaction aux antidépresseurs et la réaction aux placebos. En d'autres termes, l'effet du médicament est plutôt faible. Nous avons aussi découvert que la différence, petite mais pas insignifiante, entre les médicaments actifs et les placebos ne se limitait pas aux antidépresseurs. D'autres médicaments actifs soulagent aussi la dépression, mieux que les

16 Joel R. Sneed et *al.*, 2008 ; Martin Enserink, 1999 ; Martin Keller et *al.*, 2006.

placebos. Le point commun de ces médicaments, c'est qu'ils produisent des effets secondaires. Or, dans un essai clinique, les patients attribuent généralement les effets secondaires au médicament actif. Enfin, découvrir qu'on reçoit un médicament actif renforce l'efficacité du médicament, alors que découvrir qu'on a reçu un placebo diminue son efficacité. En mettant tous ces éléments ensemble, nous en arrivons à la conclusion suivante : la différence relativement faible entre les médicaments et les placebos pourrait ne pas être un effet du médicament. Il pourrait plutôt s'agir d'un effet placebo renforcé, produit par le fait que certains patients ont compris à quel groupe ils appartenaient. Si c'est le cas, les antidépresseurs n'ont donc pas du tout de véritable effet.

Au lieu de comparer des placebos à des médicaments, nous avons comparé des placebos « normaux » à des placebos « extra forts ». Quand Sapirstein et moi-même avons publié notre analyse, nous ne pouvions pas prouver que la différence entre le médicament actif et le placebo dans les essais des antidépresseurs était dû à un effet placebo renforcé. Sur base des données à notre disposition, il s'agissait seulement d'une hypothèse, mais elle s'appuyait sur de solides preuves. Pour l'étayer, deux autres preuves s'ajoutent à celles dont j'ai déjà parlé. D'abord, la corrélation entre l'amélioration et le ressenti des effets secondaires des ISRS est particulièrement forte[17]. On pourrait s'attendre à trouver une association négative entre les effets secondaires et l'amélioration. Les effets secondaires des ISRS incluent : dysfonctionnement sexuel, insomnie, perte de poids à court terme, prise de poids à long terme, diarrhée, nausées, somnolence, réactions cutanées, nervosité, anorexie, bouche sèche et transpiration[18]. On pourrait penser que ce genre de symptômes aggrave la dépression. En effet, certains de ces effets secondaires pourraient également être interprétés comme des symptôme de la dépression. En réalité, le rapport est

17 Roger P. Greenberg et *al.*, 1994.
18 James M. Ferguson, 2001.

exactement inverse. Plus une personne ressent d'effets secondaires en prenant du Prozac dans un groupe test, plus son état s'améliore. Je ne vois qu'une raison de lier insomnie, diarrhée et nausées à une amélioration : ces effets amènent les gens à conclure qu'ils ont reçu le médicament, et pas le placebo.

L'association entre les effets secondaires et l'amélioration est si forte qu'elle est presque parfaite. De manière générale, les corrélations peuvent aller de zéro à un : la corrélation entre les effets secondaires et l'amélioration quand on prend du Prozac est de 0,96, ce qui est presque le niveau maximal d'une corrélation[19]. Il est extrêmement rare de trouver des corrélations aussi élevées dans une recherche. Mon collègue John Kihlstrom de l'Université de Californie à Berkeley qualifie ce genre de données de « faustiennes ». Il veut dire par là que les chercheurs seraient prêts à vendre leur âme pour les obtenir[20]. Une corrélation forte entre deux choses ne signifie pas que l'une a causé l'autre. Les tailles de chapeau et de chaussures sont fortement corrélées ; la longueur des pieds n'a pourtant aucun rapport avec le volume de la tête. De même, la corrélation entre les effets secondaires et l'amélioration ne prouve pas que les effets secondaires produisent l'amélioration. Elle correspond tout de même parfaitement à l'hypothèse de l'effet placebo augmenté et il est difficile de trouver une autre explication.

Quand j'écrivais ce livre, j'ai été invité à parler de ma recherche sur les antidépresseurs par Corrado Barbui et Andrea Cipriani, psychiatres à l'Université de Vérone, qui avaient mené des recherches avec des résultats similaires aux miennes mais qui croyaient toujours que les antidépresseurs avaient un effet chimique[21]. À la fin de ma présentation, nous avons débattu de mon assertion selon laquelle les petites différences entre les antidépresseurs et les placebos pourraient être imputables aux effets secondaires et à la

19 Greenberg et *al.*, 1994.
20 John F. Kihlstrom, 1998.
21 Corrado Barbui, Toshiaki A. Furukawa et Andrea Cipriani, 2008.

conséquence de la levée de l'insu chez les patients qui ont reçu le vrai médicament plutôt que le placebo. « *Si vous avez raison* », dit un des deux psychiatres de Vérone, « *contrôler statistiquement les effets secondaires devrait éliminer complètement l'effet du médicament* ». J'étais d'accord avec lui et nous avons décidé de tester son hypothèse en utilisant l'ensemble de tous les essais, publiés ou non, que GlaxoSmithKline avait réalisés sur leur ISRS, le Seroxat. Une fois les résultats ajustés pour gommer les différences entre les effets secondaires du médicament et du placebo, la différence d'amélioration n'était plus statistiquement significative[22].

Une autre preuve qui corrobore mon hypothèse vient d'études qui comparent les antidépresseurs à ce que l'on appelle les « **placebos actifs** ». Un placebo actif est un vrai médicament qui produit des effets secondaires mais n'est pas censé avoir de bénéfices thérapeutiques pour la maladie qu'il traite. Il est utilisé pour empêcher les patients dans les essais cliniques de lever l'insu – c'est-à-dire, de deviner le groupe auquel ils ont été assignés sur base des effets secondaires. Si ressentir des effets secondaires conduit les patients à penser qu'ils sont dans le groupe médicament et pas dans le groupe placebo, alors le recours à des placebos actifs permet de les maintenir dans l'ignorance.

Que se passerait-il si des placebos actifs étaient utilisés dans des essais cliniques, à la place de placebos inactifs ? Obtiendrait-on toujours la différence relativement faible mais significative entre le médicament et le placebo ? Nous avons déjà un début de réponse à cette question.

Les placebos actifs ont été comparés aux antidépresseurs dans neuf essais cliniques[23]. Ils comparaient les antidépresseurs à de l'atropine. C'est un médicament utilisé dans le traitement de dysfonctionnements gastriques comme le syndrome du côlon

22 Corrado Barbui, Andrea Cipriani et Irving Kirsch, 2009.
23 Joanna Moncrieff, S. Wessely et R. Hardy, 2005 ; Joanna Moncrieff, 2008b.

irritable, la diarrhée et les ulcères peptiques. On peut aussi l'utiliser pour traiter le mal des transports, les fuites nocturnes et des symptômes de la maladie de Parkinson, mais ce n'est pas un antidépresseur. Ses effets secondaires incluent bouche sèche, insomnie, maux de tête et somnolence, lesquels sont également des effets secondaires des antidépresseurs. L'atropine a nettement moins d'effets secondaires que les antidépresseurs auxquels elle était comparée dans ces essais, mais devait tout de même permettre d'éviter que les patients ne se rendent compte qu'ils avaient reçu un placebo, du moins jusqu'à un certain point.

La plupart des essais cliniques publiés qui comparent les antidépresseurs aux placebos inertes – c'est-à-dire aux placebos qui ne produisent pas d'effets secondaires – montrent des différences significatives entre le médicament et le placebo. Quand un placebo actif est utilisé, la plupart des essais cliniques ne révèlent pas de bénéfice significatif en faveur des antidépresseurs. Sur les neuf essais cliniques dans lesquels un antidépresseur a été comparé à l'atropine, deux seulement ont mis en évidence une différence significative entre le médicament et le placebo. De plus, dans deux études où on demandait aux évaluateurs de deviner à quel groupe appartenaient les patients, ils l'ont fait avec un taux de réussite supérieur au hasard. Malgré cela, dans la grande majorité (78 %) des essais cliniques avec placebos actifs, aucune différence significative n'a été trouvée entre le médicament et le placebo.

Les comparaisons avec des placebos inactifs ont donc beaucoup plus de chance de mettre en lumière une différence entre médicament et placebo que les essais avec des placebos actifs. La différence entre les antidépresseurs et les placebos pourrait donc s'expliquer en partie par les effets secondaires plus importants du médicament actif.

Résumons les arguments de l'hypothèse du placebo actif.

1. Les antidépresseurs produisent nettement plus d'effets secondaires que les placebos inertes.

2. La plupart des patients dans les essais cliniques parviennent à savoir s'ils ont été assignés au groupe médicament ou au groupe placebo avant qu'on le leur dise.

3. Il y a des différences relativement faibles mais significatives entre les médicaments actifs et les placebos inertes et ces différences ne dépendent pas du type de médicament. Il n'est d'ailleurs même pas nécessaire que le médicament soit un antidépresseur.

4. Bien qu'un médicament n'ait pas besoin d'être un antidépresseur pour être plus efficace qu'un placebo, il faut qu'il entraîne suffisamment d'effets secondaires pour que les patients comprennent qu'on ne leur a pas donné un placebo.

5. Quand on compare les antidépresseurs à des placebos actifs, il est nettement plus difficile de trouver des différences de résultat.

6. Plus les patients déprimés ressentent d'effets secondaires avec le médicament actif, plus leur état s'améliore.

7. Quand on ne tient pas compte des différences imputables aux effets secondaires, les différences entre le médicament et le placebo ne sont pas significatives statistiquement.

Prises ensemble, ces données soutiennent avec force l'idée que les effets secondaires conduisent les patients d'essais cliniques à comprendre qu'ils ont reçu le médicament actif, ce qui entraîne une amélioration plus importante que celles des patients dans le groupe placebo. Ce n'est peut-être pas une preuve scientifique établie, mais c'est une preuve solide.

Conclusion

Dans ce chapitre, nous avons examiné les résultats d'essais cliniques d'antidépresseurs publiés. Les études publiées ont montré que l'effet des antidépresseurs était significatif mais étonnamment faible par rapport aux placebos. Mais comme je l'ai souligné au début de ce chapitre, ces données n'étaient qu'une partie des études réalisées. J'ai découvert plus tard que d'autres études avaient été soustraites à la publication. Il s'agissait d'essais cliniques qui ne montraient pas de bénéfice significatif des médicaments par rapport au placebo – des essais que les firmes pharmaceutiques ont choisi de ne pas rendre publics. Dans le chapitre suivant, j'explique comment j'ai appris l'existence de ces essais cliniques cachés, puis comment les firmes pharmaceutiques et les agences régulatrices ont gardé ces données secrètes.

Chapitre 2

Le « secret honteux »

Quand nous avons rédigé notre méta-analyse en vue de sa publication, Sapirstein et moi-même nous sommes montrés prudents dans notre interprétation des données. Malgré les patients qui réalisaient à quel groupe ils appartenaient, nous avons conclu que nos résultats « indiquaient un bénéfice considérable du médicament par rapport au placebo ». L'article rapportant notre analyse des données publiées a tout de même semblé suffisamment polémique pour que les éditeurs de la revue incluent un message d'avertissement en liminaire, comme celui qui figure sur les paquets de cigarettes ou sur les notices des antidépresseurs, à l'attention des patients. Les éditeurs avaient écrit : « *L'article qui suit est sujet à controverse. Il aboutit à une conclusion polémique : la plupart des bénéfices thérapeutiques des antidépresseurs proviennent en réalité d'une réaction placebo. Cet article parvient à cette conclusion en utilisant une approche statistique critiquée – en méta-analysant des études très hétérogènes dans les critères de sélection des sujets, dans les traitements employés et dans les méthodes statistiques employées. Nous avons choisi de publier tout de même l'article parce qu'un certain nombre de collègues qui ont révisé le manuscrit pensent qu'il a un intérêt considérable, tout en admettant que les conclusions sont nettement litigieuses et les méthodes statistiques clairement discutables*[24]. »

Dix ans se sont écoulés depuis la publication de cet article et, aujourd'hui, la question de la méta-analyse n'est plus sujette à controverse. Désormais, toutes les revues médicales de pointe publient régulièrement des méta-analyses d'essais cliniques et l'Institut national d'excellence en santé (NICE), qui publie les recommandations de traitement utilisées par le système de santé britannique, se fonde lui aussi sur des méta-analyses.

24 Peter Nathan et Martin E. P. Seligman, 1998.

Cependant, les éditeurs avaient raison de dire que notre article était sujet à controverse. Certains spécialistes étaient convaincus par nos méta-analyses, mais d'autres étaient pour le moins sceptiques[25]. Pour eux, les antidépresseurs étaient efficaces et si nos recherches prouvaient le contraire, c'est que nous nous étions trompés quelque part. Il devait certainement y avoir d'autres essais cliniques d'antidépresseurs que ceux que nous avions inclus dans nos analyses ; une analyse de ces études mènerait à une conclusion différente.

Il existait en effet des essais cliniques que nous n'avions pas inclus dans notre méta-analyse. Ces effets avaient même fait l'objet d'une méta-analyse qui avait utilisé des méthodes similaires aux nôtres. Cette méta-analyse aboutissait cependant aux mêmes résultats que les nôtres. La différence entre le médicament et le placebo dans les essais des antidépresseurs publiés était modeste[26]. La controverse continua tout de même.

C'est alors que j'ai reçu une lettre de Thomas J. Moore, chercheur en politique de santé à l'École de santé publique et de services de santé de l'Université George Washington. Il me proposait de reproduire mon étude avec un ensemble de données différentes et plus complètes. Il suggéra que j'invoque la loi américaine sur la liberté de l'information pour obtenir les données que les firmes pharmaceutiques avaient envoyées à l'administration américaine des denrées alimentaires et des médicaments (FDA) pour faire approuver la commercialisation de leurs médicaments. La FDA est l'agence régulatrice qui autorise les médicaments aux États-Unis. Les données qui lui sont envoyées sont les mêmes que celles qui sont envoyées aux agences régulatrices à travers le monde – comme l'agence britannique de régulation des médicaments et des produits de santé (MHRA), qui approuve la commer-

25 Larry E. Beutler, 1998 ; Donald F. Klein, 1998.
26 Russell Joffe, Stephen Sokolov et David Streiner, 1996.

cialisation des médicaments au Royaume-Uni et l'Agence médicale européenne (EMEA), qui autorise les médicaments pour l'Union européenne. Il s'agissait donc des données à partir desquelles les médecins avaient été autorisés à prescrire les antidépresseurs qui sont sur le marché aujourd'hui. Si quelque chose clochait dans ces données, alors les médicaments n'auraient pas dû être approuvés. Analyser les rapports de la FDA présente un certain nombre d'avantages. D'abord, ils incluent des études publiées et non publiées. Avant d'approuver un médicament, la FDA exige que les firmes pharmaceutiques lui envoient l'information sur tous les essais qu'elles ont réalisés, qu'ils aient été publiés ou non. C'est important car de nombreux essais cliniques – surtout ceux qui n'ont pas été couronnés de succès – ne sont jamais publiés. D'après un rapport de l'Agence suédoise des produits médicaux (MPA), 40 % des essais cliniques d'antidépresseurs ne sont pas publiés[27]. En général, on diffuse les études réussies, mais les études qui ont échoué sont refusées par les revues ou ne leur sont tout simplement pas soumises. Cette tendance est appelée « **le biais de publication** ». Elle pose de sérieux problèmes quand on analyse les publications. Les chercheurs risquent de surestimer l'effet du médicament qu'ils analysent. En ayant accès aux résumés statistiques et à l'ensemble des données complètes de la FDA, mes collègues et moi-même pouvions éviter ce biais de publication. Un autre avantage de ces rapports est que la FDA analyse de près les données fournies par les firmes pharmaceutiques. Elle étudie la conception de chaque étude et évalue les procédures statistiques utilisées pour analyser les résultats. Elle demande aux laboratoires de fournir plus d'informations et de mener d'autres analyses de données, si nécessaire. Et, plus important encore, la FDA rejette les essais inadéquats et mal contrôlés. Cela nous a permis de régler facilement l'un des épineux problèmes des méta-analyses – qui consiste à s'assurer que toutes les études incluses dans l'analyse sont à la hauteur.

27 Hans Melander et *al.*, 2003.

Cette partie de notre travail avait déjà été prise en charge par une équipe d'experts médicaux et statisticiens habilités à obtenir des informations auxquelles nous n'avions pas accès.

En outre, tous les essais aux mains de la FDA évaluaient la dépression d'une manière uniforme, avec ce que l'on appelle « **l'échelle de dépression de Hamilton** » ou « **échelle HDRS** ». Les médecins complètent cette échelle sur la base d'entretiens et d'observations du patient. Ils évaluent son humeur, ses pensées suicidaires, les troubles du sommeil et d'autres symptômes de la dépression.

Le médecin attribue, par exemple, un point si le patient trouve que la vie ne vaut pas la peine d'être vécue et quatre points si la personne a fait une véritable tentative de suicide. Le résultat est une note chiffrée qui va de 0 à 51.

On peut débattre des avantages et des inconvénient de l'échelle d'Hamilton, mais elle est très couramment utilisée et ses propriétés cliniques sont reconnues. La FDA l'utilise comme mesure principale de l'efficacité des médicaments, l'Association américaine de psychiatrie (APA) s'est basée sur cette échelle pour mettre au point des catégories de gravité de la dépression et l'Institut national d'excellence en santé (NICE) l'a utilisée pour définir l'impact clinique de certains phénomènes. Disposer des scores Hamilton pour les essais nous permettait d'interpréter le sens des résultats aussi bien en termes cliniques que statistiques. **Nous pouvions ainsi mesurer l'efficacité du médicament en fonction de son impact sur la vie des gens.**

L'effet du médicament s'évapore

L'idée de Moore d'analyser les données de la FDA paraissait excellente et j'ai proposé que nous collaborions sur ce projet. Nous nous sommes mis au travail. Moore écrivit à la FDA en invoquant la loi sur la liberté d'information. Il demanda les rapports médicaux et statistiques de tous les essais cliniques contrôlés avec placebo des six antidépresseurs « nouvelle génération » les plus utilisés alors : le Prozac, le Seroxat (Paxil aux États-Unis), le Lustral (Zoloft), l'Effexor, le Dutonin (Serzone) et le Cipramil (Celexa). À part le Dutonin, qui a été retiré du marché suite à des cas d'insuffisance hépatique, ces médicaments sont encore aujourd'hui les antidépresseurs les plus prescrits au monde. Obtenir les dossiers de la FDA s'est avéré assez facile. J'ai alors demandé à deux étudiants de troisième cycle, Alan Scoboria et Sarah Nicholls, de travailler avec moi sur cette analyse. Ensemble, nous avons calculé le degré d'amélioration des patients pour chaque antidépresseur et celui obtenu avec les placebos. Premier obstacle : nous avons découvert qu'il manquait des données, même dans les rapports médicaux et statistiques de la FDA. Nous avions des données de tous les essais cliniques du Prozac, de l'Effexor et du Dutonin, mais certaines études du Seroxat, du Lustral et du Cipramil étaient incomplètes. Nous savions que ces essais cliniques existaient car ils étaient mentionnés dans les documents de la FDA. Nous savions aussi qu'il s'agissait d'essais « bien conçus et bien contrôlés » parce qu'ils étaient décrits en ces termes dans les rapports de la FDA. Enfin, nous savions qu'il s'agissait d'essais négatifs – c'est-à-dire, qui n'avaient pas montré de différence significative entre le médicament et le placebo. Cette information figurait également dans les dossiers de la FDA. Il ne manquait que les chiffres. Pour ces essais cliniques, nous ne savions pas de combien de points exactement avaient baissé les scores de dépression suite à la prise du placebo ou du médicament. De toute façon, comme Sapirstein et moi-même l'avions déjà montré et comme d'autres l'ont depuis confirmé, il y a peu de différence d'efficacité entre les antidépresseurs[28] et nous disposions de toutes les données pour le Prozac, l'Effexor et le Dutonin. Nous avons fini par obtenir également les données manquantes pour le Seroxat. Dans le cadre de l'accord à l'amiable suite à la plainte déposée par l'État de New York contre GlaxoSmithKline, fabricant du Seroxat, la firme pharmaceutique a publié sur un site Internet les résumés de tous ses essais cliniques. En utilisant l'information disponible sur ce site, nous avons pu combler les lacunes des données de la FDA et nous avons refait notre analyse. Au bout du compte, les résultats étaient les mêmes. Et même sans les données de leurs pires essais, le Lustral et le Cipramil ne s'en sortaient pas mieux que les autres.

En analysant les données que nous avions obtenues de la FDA – données qui comprenaient aussi bien des études publiées que non publiées – nous avons trouvé encore moins d'effet du médicament que dans notre analyse qui se limitait aux essais publiés[29]. Nos analyses montraient que 82 % des réactions au médicament avaient aussi été produites par un simple placebo inerte. Interprété conventionnellement, cela signifie que moins de 20 % de l'effet de l'antidépresseur est attribuable au médicament.

Pour mettre ces résultats en perspective, comparons-les à des calculs effectués par mon collègue Tom Moore sur d'autres données obtenues de la FDA. Ceux-ci indiquent que près de 50 % de l'effet d'un antidouleur peut également être produit par des placebos mais que l'effet placebo des médicaments de régulation de la glycémie est nul. En revanche, la plupart des améliorations constatées dans les essais d'antidépresseurs effectués par les firmes pharmaceutiques étaient dues à l'effet placebo. En réalité, la plupart des essais cliniques soumis par les laboratoires ne

28 Irving Kirsch et Guy Sapirstein, 1998 ; Richard A. Hansen et *al.*, 2005 ; Gerald Gartlehner et *al.*, 2007.
29 Irving Kirsch, Thomas J. Moore et *al.*, 2002a ; Irving Kirsch, Brett J. Deacon et *al.*, 2008.

parvenaient pas à montrer un bénéfice significatif de leurs médicaments. Et, plus important encore, la différence moyenne entre l'amélioration constatée dans le groupe médicament par rapport à celle constatée dans le groupe placebo n'était que de 1,8 point sur l'échelle d'Hamilton. L'échelle d'Hamilton va jusqu'à 51, une différence de moins de deux points est donc très faible. On peut par exemple obtenir une réduction de six points simplement en dormant mieux, même s'il n'y a aucun autre changement dans les symptômes.

Connaître les différences dans les scores Hamilton était particulièrement important, car quand des chercheurs font état d'une différence significative, ils veulent généralement dire que cette différence est significative statistiquement. On parle de « **pertinence statistique** » pour dire si un effet – la différence entre un médicament et un placebo, par exemple – est réel ou est juste le fruit du hasard. Cela indique si vous avez des chances d'obtenir le même résultat en refaisant plusieurs fois la même étude. Mais cela ne vous dit pas si l'effet est grand ou important. Pour qu'une différence soit significative, cela dépend d'un certain nombre de facteurs, parmi lesquels le nombre de personnes prises en compte par l'étude. Plus l'étude est vaste, plus il est facile de trouver des différences statistiquement significatives. Si l'étude est assez vaste, chaque petite différence sera statistiquement significative. Dans les très petites études, même des effets relativement grands peuvent ne pas être statistiquement significatifs.

C'est comme les deux plateaux d'une balance. Quand la taille de l'étude monte, le seuil de la pertinence statistique descend ; et quand la taille de l'étude descend, le seuil de la pertinence statistique monte.

Pour évaluer l'importance de la différence d'un effet, il faut examiner la **pertinence clinique** des découvertes. Contrairement à la pertinence statistique, la pertinence clinique évalue l'importance de l'effet. Elle regarde si cet effet implique des changements importants dans la vie du patient.

Un exemple permettra d'y voir plus clair. Imaginons une étude, menée auprès de 500 000 personnes, qui révèle que sourire augmente l'espérance de vie. Cela paraît impressionnant mais en poursuivant la lecture, vous vous rendez compte que l'espérance de vie n'augmente que de dix secondes. Avec 500 000 personnes, l'effet risque d'être statistiquement pertinent mais il n'est pas cliniquement pertinent. Alors comment juger la pertinence clinique de la différence de 1,8 point entre l'amélioration imputable aux antidépresseurs et celle imputable aux placebos ? On peut utiliser l'échelle d'Hamilton pour voir comment obtenir une différence de cette taille. Il y a deux versions courantes de l'échelle d'Hamilton : une qui comporte 17 items et une de 21 items. Heureusement, nous ne devons pas nous tracasser de la différence entre ces deux versions parce que généralement, seuls les 17 premiers items sur les 21 sont évalués. Donc, pour les scores, les deux versions sont identiques.

Comme je l'ai expliqué plus haut, l'échelle d'Hamilton se fonde sur un entretien avec un médecin. Celui-ci complète l'échelle après l'entretien, en indiquant des scores pour des symptômes tels que : humeur dépressive, sentiment de culpabilité, pensées suicidaires, insomnie, etc. Les scores totaux vont de 0 à 51. On peut obtenir une différence de deux points si on ne se réveille plus en pleine nuit ou tôt le matin, si on est moins nerveux pendant l'entretien ou si on mange mieux. Un de ces petits changements suffit à faire gagner au patient deux points dans son score de dépression, même si aucun changement n'est constaté dans son humeur dépressive, son sentiment de culpabilité, ses pensées suicidaires, son anxiété, son agitation ou dans n'importe quel autre symptôme de dépression.

À mon avis – et c'est également l'avis d'à peu près tous les spécialistes avec qui j'ai abordé le sujet – une différence de deux points dans les scores de dépression de l'échelle Hamilton n'est pas cliniquement significative. Mais nous ne devons pas nous fier à mon opinion. L'Institut national d'excellence en santé (NICE) a établi des critères pour évaluer l'importance clinique des différences entre les médicaments et les placebos sur l'échelle d'Hamilton[30]. D'après le NICE, la différence entre le médicament et le placebo doit être d'au moins trois points pour être considérée cliniquement significative.

L'amélioration moyenne de 1,8 point que nous avons trouvée dans les essais financés par les firmes pharmaceutiques pour leurs produits est donc loin d'être cliniquement significative.

Gravité de la dépression et efficacité des antidépresseurs

Quand je suis invité comme orateur dans des facultés de médecine ou des hôpitaux, on me demande souvent quelle était la gravité de la dépression des patients dans les essais cliniques des firmes pharmaceutiques. Certaines personnes ont émis l'idée que les antidépresseurs n'étaient peut-être pas plus efficaces que les placebos pour les patients légèrement déprimés, mais qu'ils fonctionnaient pour les patients gravement atteints. En d'autres termes, nous avions peut-être mal interprété la petite différence d'effet entre placebos et antidépresseurs. Elle pouvait cacher un effet substantiel pour des patients atteints de dépression grave, masqué par une absence d'effet pour les personnes légèrement déprimées. Les recommandations du NICE allaient dans le même sens. Elles concluaient que l'effet du médicament est cliniquement significatif chez les patients atteints de dépression grave mais pas

30 NICE, « Depression : Management of Depression in Primary and Secondary Care ».

chez ceux qui sont légèrement ou modérément déprimés[31]. Mais les conclusions du NICE se fondaient uniquement sur des données publiées, alors que mes collègues et moi-même avions également accès aux données non publiées. Nous avons analysé à nouveau les données de la FDA pour déterminer si la gravité de la dépression était un facteur pertinent. Pour nous aider dans ce projet, j'ai fait appel à des experts de la théorie et de la pratique de la méta-analyse, le Professeur Blair Johnson et son associée, le Docteur Tania Huedo-Medina de l'Université du Connecticut, ainsi qu'au Docteur Brett Deacon, chercheur à l'Université du Wyoming, qui avait identifié les articles de revues correspondant aux essais qui avaient été publiés. Nous avons étudié les données selon diverses méthodes. Nous avons d'abord utilisé le système de classification établi par l'Association des psychiatres américains (APA) pour classer les niveaux de dépression. Le système de l'APA, qui a également été adopté par le NICE, divise les scores de l'échelle de dépression d'Hamilton en cinq catégories :

- Pas de dépression (0–7)
- Dépression légère (8–13)
- Dépression modérée (14–18)
- Dépression sévère (19–22)
- Dépression très sévère (23 et plus).

En examinant le niveau de référence des scores de dépression (c'est-à-dire, en mesurant la sévérité de la dépression des patients avant le début des essais cliniques), la première chose que nous avons remarquée, c'est que tous les essais, sauf un, avaient été menés sur des patients atteints de « dépression très sévère ». La seule exception était un essai clinique du Prozac mené avec des patients modérément déprimés. Notre découverte d'une diffé-

31 *Ibid.*

rence insignifiante entre médicaments et placebos se fondait donc principalement sur des essais réalisés avec les patients les plus déprimés selon la classification de l'APA et du NICE. Le médicament n'avait pas d'effet du tout pour les patients modérément déprimés. Leur état s'améliorait considérablement avec des antidépresseurs, mais on atteignait exactement le même résultat avec des placebos. En fait, les gens légèrement et modérément déprimés sont ceux qui ont le plus de chance de se débarrasser complètement de la dépression quand ils reçoivent un traitement. Parmi les patients atteints de dépression sévère, il y avait une différence statistiquement significative entre le médicament et le placebo, mais elle était quasiment identique à la différence que nous avions trouvée en analysant les essais sans nous préoccuper de la gravité initiale de la dépression.

Enlever les données concernant les patients modérément déprimés n'a guère affecté le résultat de notre analyse. La différence entre le médicament et le placebo était toujours inférieure à deux points sur l'échelle d'Hamilton, bien en deçà du critère des trois points du NICE pour la pertinence clinique. Donc, si nous ne trouvions pas de différence entre le médicament et le placebo, ce n'était pas parce que les patients n'étaient que légèrement déprimés avant l'essai ; l'effet du médicament était encore plus faible pour les patients atteints de dépression sévère.

Pourtant, il y avait un lien entre la gravité de la dépression et l'effet de l'antidépresseur. La Figure 2.1 p.54 montre cette relation. Ce schéma indique l'amélioration manifestée en fonction de la gravité de la dépression. Il est relativement compliqué, je vais donc vous l'expliquer. Les triangles représentent la réaction au médicament dans chacun des essais cliniques ; les cercles indiquent la réaction au placebo. La taille du triangle ou du cercle reflète le nombre de sujets de l'essai. Plus la forme est grande, plus l'essai était vaste. C'est important car les données d'essais plus vastes sont plus fiables que les données d'essais plus petits. Donc, en effectuant une méta-analyse, on donne plus de poids aux essais vastes qu'aux plus petits.

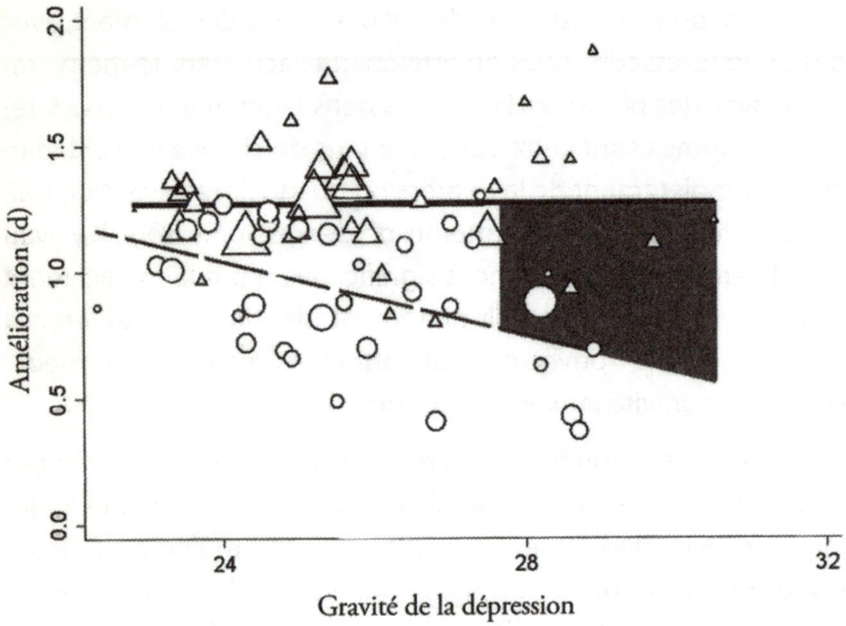

Figure 2.1 – la réaction au médicament et au placebo en fonction de la gravité de la dépression avant l'essai[32].

Les éléments les plus importants de la figure 2.1 sont la ligne horizontale continue, qui représente **la réaction moyenne au médicament**, et la ligne diagonale en pointillé, qui représente **la réaction moyenne au placebo**. La différence entre ces deux lignes est l'effet du médicament. Cette différence augmente à mesure que la gravité de base de la dépression augmente, jusqu'à atteindre finalement une importance clinique (la zone grisée) pour les patients atteints de la dépression la plus grave – ceux avec des scores d'Hamilton d'environ 28 et plus au début de l'essai.

32 Kirsch, Deacon et *al.*, 2008.

La différence moyenne entre le médicament et le placebo dans ces quelques études relativement petites était juste au-dessus de quatre points dans l'échelle Hamilton.

Une différence de quatre points est importante cliniquement, d'après le NICE, mais demeure tout de même assez faible. On se souviendra que des modifications du sommeil, par exemple, peuvent produire une différence de six points dans les scores de dépression sans aucune autre différence dans les symptômes de la dépression. Cette relation semble tout de même fiable : plus la dépression est grave, plus le médicament fait effet.

Si vous examinez à nouveau le schéma, vous remarquerez une chose étrange. La réaction au médicament n'augmente pas avec la gravité de la dépression. C'est plutôt la réaction au placebo qui diminue, c'est ça qui rend la différence entre le médicament et le placebo plus grande. Voilà qui est étonnant. Pourquoi il y a-t-il moins de réaction au placebo chez les patients très déprimés, alors que la réaction au médicament change à peine ? Je vois deux facteurs qui pourraient l'expliquer. D'abord, ces patients souffrent généralement d'une dépression chronique. Ils ont beaucoup plus de chance d'avoir déjà pris des antidépresseurs et connaissent leurs effets. Ensuite, les médecins ont tendance à prescrire des doses plus fortes aux patients dont la dépression est plus sévère. Comme je l'expliquerai plus tard dans ce chapitre, les études sur la réaction à la dose nous apprennent que cela ne change pas grand chose à l'effet de l'antidépresseur. De faibles doses d'ISRS sont aussi efficaces que des doses plus importantes. Mais, contrairement aux effets thérapeutiques, les effets secondaires des ISRS varient en fonction de la dose : plus elle est élevée, plus il y a d'effets secondaires. Si l'on met ensemble ces deux facteurs, on comprend que les patients dont la dépression est plus sévère sont particulièrement susceptibles de déterminer s'ils ont reçu le placebo ou le vrai médicament. S'ils ne ressentent pas les effets secondaires auxquels ils sont habitués, même avec de fortes doses du nouveau médicament, ils en déduiront sans doute qu'ils sont dans le groupe placebo et cette prise de conscience risque de diminuer l'effet placebo. **Si c'est le cas, alors même l'effet relativement faible mais cliniquement significatif du médicament constaté chez les patients extrêmement déprimés pourrait en réalité être un effet placebo déguisé.**

Je dois bien admettre que ma théorie, selon laquelle l'importance de l'effet est due au fait que la personne a deviné si elle a reçu le médicament ou non, n'est que conjecture. Il peut y avoir d'autres explications. Je n'ai pas pu en trouver et personne n'a pu m'en proposer de plausible. Je considère tout de même l'explication que j'avance comme une simple hypothèse, qui pourrait tout à fait s'avérer erronée. Mais elle pourrait aussi être juste. Si c'est le cas, le médicament pourrait ne pas avoir d'effet du tout, même chez les patients les plus déprimés.

Petite dose, grands effets

Avant de soumettre notre méta-analyse à une revue pour publication, Sapirstein et moi-même craignions d'avoir sous-estimé l'effet du médicament en mettant sur un même pied les médicament efficaces et les inefficaces. Cette inquiétude n'était pas fondée, car il n'y avait aucune différence significative entre un type de médicament et un autre, même en prenant en compte ceux qui ne sont pas des antidépresseurs. Mes collègues et moi-même avons eu une inquiétude analogue au sujet des données de la FDA. Cette fois, ce n'était pas la différence entre les types de médicament qui nous tracassait – tous les médicaments étaient censés inhiber la recapture de la sérotonine, un neurotransmetteur – mais plutôt les différences dans les doses prescrites.

Les essais cliniques peuvent, en effet, être menés de deux manières. Une méthode consiste à permettre aux médecins d'ajuster la dose de médicament pour chaque patient, comme ils le feraient dans une pratique clinique normale. Une réaction inadéquate au traitement peut donc conduire le médecin à augmenter la dose. Des inquiétudes au sujet des effets secondaires peuvent en revanche l'amener à diminuer la dose. C'est une excellente pratique d'essai clinique, car elle simule ce qui pourrait se passer quand le médicament sera sur le marché. Mais cette méthode laisse sans réponse une question importante : quelle dose de médicament testé peut être considérée comme efficace ?

Pour y répondre, on a recours à un autre type d'essai clinique. Dans les études « **effet-dose** », on décide au hasard quels patients recevront des doses faibles, modérées ou importantes du médicament – ou pas de médicament du tout s'ils sont dans le groupe placebo. Nous craignions que les patients qui avaient reçu de faibles doses d'antidépresseurs aient eu une réaction peu importante parce que la dose était trop faible. En incluant ces patients dans notre analyses, nous risquions d'avoir sous-estimé l'effet du médicament. Pour vérifier si cela avait pu biaiser nos résultats, nous avons comparé l'effet du traitement à faible dose avec l'effet du traitement à la dose maximale. Cela nous a menés à une nouvelle surprise. En mettant ensemble les données de tous les essais effet-dose, nous avons découvert qu'il n'y avait pas de différence d'effet entre une haute dose d'antidépresseurs et une faible dose. L'amélioration moyenne sur l'échelle d'Hamilton était de 9,7 points pour la plus forte dose et de 9,57 pour la plus faible.

En examinant les essais individuellement, nous avons réalisé quarante comparaisons statistiques entre des doses spécifiques du même médicament. Une seule découverte intéressante en est ressortie : de faibles doses de Prozac sont plus efficaces que des doses importantes. Quand on effectue un grand nombre de comparaisons statistiques, on s'attend à obtenir des résultats erronés dus au hasard. C'était sans doute le cas de cette découverte surprenante.

Dans l'ensemble, il n'y a pas de lien entre la quantité d'antidépresseurs administrée et le degré d'amélioration de l'état du patient.

Certains produits font de l'effet à des doses relativement faibles et il n'y a aucune raison d'en administrer plus. Une petite dose de cyanure, par exemple, tue aussi bien qu'une dose importante.

Mais l'effet de la plupart des produits dépend de la dose administrée. Un petit verre de vin au dîner a beaucoup moins d'effets que quatre bières après le repas. Même les effets thérapeutiques des placebos dépendent de la dose.

Ainsi, un chercheur néerlandais, Ton de Craen, avec ses collègues, a découvert que les ulcères guérissaient beaucoup plus vite quand les patients étaient traités quatre fois par jour plutôt que deux, alors qu'il s'agissait d'un traitement placebo[33].

Toutefois, contrairement à l'alcool ou aux placebos, les effets thérapeutiques des antidépresseurs ne dépendent pas de la dose – du moins pas quand les patients ne savent pas s'ils reçoivent une forte ou une faible dose. Bien que des doses plus fortes d'antidépresseurs peuvent produire plus d'effets secondaires[34], ils ne soulagent pas mieux la dépression.

Cette absence de lien entre la dose et l'effet est une raison supplémentaire de soupçonner que l'efficacité des antidépresseurs est indépendante de leur action chimique.

L'équivalence entre les faibles et les fortes doses d'antidépresseurs est bien connue, pourtant les médecins augmentent sou-

33 Anton J. M. de Craen et *al.*, 1999.
34 Carl Sherman, 1998.

vent la dose d'antidépresseurs quand l'état de leurs patients ne s'améliore pas. Pour quelle raison ? Le Résumé des Caractéristiques du Produit officiel pour le Prozac apporte un élément de réponse. Il note que « *dans les études à dose fixe chez des patients souffrant d'épisode dépressif majeur, on observe une courbe dose-réponse aplatie qui n'indique aucun avantage en termes d'efficacité à utiliser des doses supérieures aux doses recommandées* ». Même si rien ne prouve que des doses supérieures produisent de meilleurs effets, le même document poursuit : « *La posologie recommandée est de 20 mg/jour. Elle sera revue et adaptée si nécessaire au cours des 3 à 4 premières semaines du traitement et par la suite si cela est cliniquement justifié. Bien que le risque d'effets indésirables augmente avec la dose, la posologie peut être augmentée progressivement chez certains patients présentant une réponse insuffisante à la posologie de 20 mg/jour, jusqu'à un maximum de 60 mg/jour. Les adaptations posologiques seront effectuées avec prudence et de façon individuelle, afin de maintenir les patients à la dose minimale efficace.* »

Donc, en augmentant la dose d'antidépresseurs, les médecins suivent simplement le conseil du laboratoire, tel qu'il apparaît dans le Résumé des Caractéristiques du Produit.

Pourquoi le Résumé des Caractéristiques du Produit conseille-t-il aux médecins de tripler la dose dans le cas où le patient ne réagit pas assez bien à une dose plus faible, alors que la courbe dose-réponse est aplatie et que l'augmentation de la posologie augmente « le risque d'effets indésirables » ?

Pour justifier cette contradiction, les laboratoires sortent le joker de « l'expérience clinique ». La firme note que, malgré les données négatives, « *l'expérience clinique montre que l'augmentation posologique peut être bénéfique pour certains patients* ».

Une étude rapportée par Otto Benkert et ses collègues du Département de psychiatrie de l'Université de Mainz explique en détail comment ce mécanisme fonctionne[35]. Les patients déprimés qui ne répondent pas aux antidépresseurs ont reçu une dose plus forte du médicament, à la suite de quoi 72 % ont vu leur état s'améliorer de façon significative et ont connu une réduction d'au moins 50 % des symptômes de la dépression. Cependant, la dose n'avait été augmentée que pour la moitié des patients. Les autres croyaient que la dose avait été augmentée, alors qu'elle ne l'avait pas été. Et pourtant, le taux de réponse est de 72 % dans les deux groupes. Un patient dont la dose est augmentée peut donc montrer des améliorations, mais cela n'a sans doute rien à voir avec l'effet chimique du médicament, c'est peut-être simplement lié au fait que le patient sait que la dose a été augmentée. Si c'est bien le cas, on conseillerait aux médecins d'augmenter la posologie – et le risque d'effets secondaires indésirables – dans le seul but de renforcer l'effet placebo.

Secrets et révélations

Notre premier rapport publié des données de la FDA était accompagné de neufs commentaires d'experts, dont ceux de chercheurs ayant réalisé des essais cliniques d'antidépresseurs.

Pour cette seconde publication, il n'y avait aucun doute sur l'exactitude de notre analyse, même si les interprétations étaient divergentes. Pour certains, notre analyse avait surestimé l'effet réel des antidépresseurs. D'autres, au contraire, pensaient que les essais cliniques financés par l'industrie pharmaceutique sont imparfaits et sous-estiment peut-être le véritable bénéfice des antidépresseurs. Mais tous ces experts étaient d'accord sur un point : notre description des données était correcte. Comme l'a dit un défenseur des antidépresseurs : « *Les données sont les données. Il est clair que les antidépresseurs ont des effets spécifiques relativement*

35 Otto Benkert et *al.*, 1997.

faibles pour les patients qui participent aux ECR (essais cliniques randomisés) conduits par l'industrie pharmaceutique[36]. »

Après les réactions provoquées par la publication des autres méta-analyses, j'ai été agréablement surpris par le consensus qui se formait autour des fondements de notre recherche. J'ai été encore plus surpris d'apprendre que les chercheurs qui participaient aux études sur les antidépresseurs étaient déjà au courant de nos découvertes. Un groupe de chercheurs a d'ailleurs écrit : « *Nous sommes nombreux à avoir remarqué depuis longtemps que la différence entre médicament et placebo est faible. C'est ce que certains confrères, dans les articles scientifiques, appellent "le secret honteux"*[37] ».

Nous n'avions donc rien découvert de nouveau. Nous avions juste révélé « un secret honteux » connu de longue date. Les firmes qui produisent les médicaments étaient au courant, de même que les instances de régulation qui approuvent leur mise sur le marché. **Mais la plupart des médecins prescripteurs n'en avaient jamais entendu parler et leurs patients encore moins.**

Le silence des firmes pharmaceutiques

Comment ce secret était-il gardé ? Comment est-il possible que même les médecins qui prescrivent les antidépresseurs ne soient pas au courant de leur effet limité par rapport aux placebos ? Les firmes pharmaceutiques ont eu recours à plusieurs méthodes pour que leurs médicaments aient l'air plus efficaces qu'ils ne l'étaient en réalité.

36 David O. Antonuccio, David D. Burns et William G. Danton, 2002 ; Roger P. Greenberg, 2002 ; Walter A. Brown, 2002 ; Michael E. Thase, 2002.
37 Steven D. Hollon et *al.*, 2002.

Elles ont :

• soustrait à la publication des études négatives ;

• publié des études positives à de multiples reprises ;

• publié une partie seulement des résultats d'études multi-sites ;

• publié des données différentes de celles qui avaient été soumises à la FDA.

C'est Hans Melander et ses collègues de l'Agence des produits médicaux (MPA) en Suède qui a le mieux documenté la tendance à ne publier que les essais les plus réussis[38]. La MPA, qui est chargée d'approuver la mise sur le marché de nouveaux médicaments en Suède, est l'équivalent suédois de la FDA aux États-Unis, du MHRA au Royaume-Uni et de l'EMEA dans l'Union européenne. Melander et ses collègues ont cherché dans la littérature médicale les publications correspondant aux essais cliniques soumis par les firmes pharmaceutiques à la MPA. Ils ont découvert que presque tous les essais concluants étaient publiés, alors que la plupart des essais négatifs ne l'étaient pas. Solvay Pharmaceuticals, par exemple, a rapporté dix essais de l'ISRS Faverin aux autorités suédoises. Trois de ces études seulement montraient un bénéfice significatif du médicament ; les sept autres n'en montraient pas. Les trois essais cliniques réussis ont été publiés individuellement. Une étude négative sur sept, seulement, a été publiée. La commercialisation du Faverin a été autorisée en Suède en 1991.

Au début de ce chapitre, j'ai mentionné ce problème du biais de publication – la tendance qui consiste à publier des études réussies et à ne pas publier les études négatives et qui pose de multiples problèmes. Quand les résultats d'une étude ne sont pas significatifs, celle-ci a moins de chances d'être proposée à la publication. Et même si elle est proposée, elle a moins de chances

38 Melander et *al.*, 2003.

de recevoir des évaluations favorables ou d'être publiée. Le biais de publication est particulièrement aigu dans le cas des essais de médicaments. En effet, la plupart des essais cliniques de médicaments sont financés par les laboratoires qui les produisent et qui pourraient en tirer profit. Les sociétés sont propriétaires des données qui ressortent des essais qu'elles financent et elles sont libres de choisir comment les présenter au public – ou même de les garder pour elles. Dans le cas de médicaments massivement prescrits, des milliards d'euros sont en jeu. Dans ce cas, ce ne sont pas les experts ou les éditeurs de revues qui empêchent la publication de résultats négatifs, ce sont les firmes pharmaceutiques elles-mêmes.

Cette affirmation n'est pas juste mon opinion ou une déduction, c'est un fait établi[39]. Dans les années 1990, GlaxoSmithKline a mené trois études cliniques sur l'efficacité de la paroxétine, commercialisée sous le nom de Seroxat, dans le traitement des dépressions majeures chez les enfants et les adolescents. La première a montré des résultats mitigés, la deuxième n'a pas montré de différence significative entre le médicament et le placebo, et la troisième suggérait que le placebo pourrait en réalité être plus efficace que le Seroxat pour les enfants de 7 à 11 ans. Un seul de ces essais a été publié et le public aurait pu ne jamais entendre parler des deux autres, si un document interne de la société n'était tombé aux mains du Journal de l'Association médicale canadienne[40]. D'après ce document, le « but » de la firme pharmaceutique était de « *gérer efficacement la diffusion de ces données afin de minimiser un possible impact commercial négatif* ». La société reconnaissait que les données n'étaient « *pas assez solides* », mais proposait tout de même la publication de l'étude qui avait donné des résultats mitigés. Le document précisait encore « *qu'il serait commerciale-*

39 Wayne Kondro and Barbara Sibbald, 2004 ; « Major Pharmaceutical Firm Concealed Drug Information », 2004.
40 Kondro et Sibbald, 2004.

ment inacceptable de déclarer que l'efficacité de la paroxétine n'avait pas été démontrée, car cela nuirait à son image ». Par conséquent, quand l'étude a été publiée en 2001, l'article concluait que « *la paroxétine est efficace pour les dépressions majeures chez les adolescents*[41]».

En juin 2004, Eliot Spitzer, qui était alors procureur général de l'État de New York, a entamé des poursuites contre Glaxo-SmithKline, accusant la société de « fraude constante et répétée » pour dissimulation et refus de dévoiler aux médecins l'information sur le Paxil (le nom commercial du Seroxat aux États-Unis)[42]. L'affaire s'est terminée deux mois plus tard par la signature d'un accord. La société a accepté de verser 2,5 millions de dollars à l'État et de mettre en ligne les résumés des résultats de tous les essais cliniques qu'elle finance[43]. C'est sur ce site Internet que mes collègues et moi-même avons trouvé les données sur les essais négatifs qui manquaient dans les dossiers de la FDA. Spitzer pensait que d'autres fabricants d'antidépresseurs suivraient cet exemple mais, d'une manière générale, ils ne l'ont pas fait[44]. La plupart des études qui aboutissent à des résultats négatifs restent inédites et, à moins d'introduire une requête officielle auprès des agences gouvernementales, leurs données restent inaccessibles aux chercheurs, aux médecins et au grand public.

Trier sur le volet et découper

Cacher les données négatives et publier uniquement les essais réussis pourrait sembler suffisant pour garder le « secret honteux ». Mais les firmes pharmaceutiques ont bien plus d'un tour dans leur sac. Certains essais positifs ont été publiés à de nom-

41 Martin Keller, Neal D. Ryan et *al.*, 2001.
42 « Major Pharmaceutical Firm Concealed Drug Information », 2004.
43 Gardiner Harris, 2004.
44 Alex Berenson, 2005.

breuses reprises, une pratique appelée « le découpage ». Cette pratique était souvent utilisée de manière à ce qu'il soit difficile pour les experts qui souhaitaient réviser les études de s'assurer qu'elles étaient fondées sur les mêmes données[45]. Dans certains cas, les auteurs étaient différents. Les référence aux publications antérieures des données manquaient souvent. Parfois, il y avait de légères différences entre les données d'une publication à l'autre. Il y avait aussi des différences entre les données présentées aux agences de régulation et les données publiées. Un expert qui cherchait à résumer les données risquait de prendre en compte les résultats positifs plus d'une fois.

Une autre astuce consistait à publier une partie seulement des données d'un essai clinique, une manœuvre que les chercheurs appellent « trier sur le volet ». Certains essais cliniques sont réalisés à plusieurs endroits, c'est ce qu'on appelle « **les études multicentriques** ». Elles permettent de trouver plus facilement le nombre de patients nécessaires. Elles permettent aussi de trier plus facilement les données sur le volet. Par exemple, une étude multicentrique du Prozac a été présentée à la FDA avec des résultats qui montraient une différence médicament-placebo de trois points sur l'échelle d'Hamilton. Quand les données de cet essai clinique ont été publiées, la différence rapportée était de quinze points – soit une efficacité cinq fois plus grande. Comment est-on arrivé à cette augmentation magique des effets du Prozac ? L'étude complète a été menée auprès de 245 patients. L'article publié ne faisait état des données que de 27 de ces patients. Dans la version publiée, les données de la majeure partie des patients ont été laissées de côté, pour que le médicament paraisse beaucoup plus efficace qu'il ne l'était.

Les firmes pharmaceutiques publient également des « analyses collectives » des essais qu'elles ont menés. Cela signifie qu'elles

45 B. J. Deacon, K. Glassner et Irving Kirsch, 2006 ; Melander et *al.*, 2003.

rassemblent les données de différents essais et effectuent une synthèse de la différence d'effet entre médicament et placebo. C'est un peu le même principe que les méta-analyses que mes collègues et moi-même avons réalisées, à une grande différence près : nos méta-analyses, comme la plupart de celles que l'on trouve dans la littérature scientifique, se fondent sur toutes les études que nous avons pu trouver. Les firmes pharmaceutiques, en revanche, trient sur le volet les études qu'elles incluent dans leurs analyses collectives. Par exemple, GlaxoSmithKline a soumis 15 essais cliniques du Seroxat aux régulateurs suédois. Les études positives ont non seulement été publiées individuellement – parfois plus d'une fois – mais elles ont également été incluses dans six analyses collectives. La plupart des études avec des résultats négatifs étaient bien sûr écartées.

Ces analyses permettent encore d'occulter les données négatives d'une autre façon : les sociétés mélangent les résultats négatifs avec les données des essais positifs afin que le résultat global soit positif. Ce stratagème leur permet d'affirmer sans mentir qu'ils ont publié les données d'un essai négatif, tout en cachant le fait que ces données ne montraient aucune différence entre le médicament et le placebo. Selon le rapport de l'agence suédoise, environ 20 % des essais cliniques n'étaient jamais publiés. De plus, 20 % des données négatives étaient combinées avec des données d'essais plus positifs, afin d'occulter les résultats négatifs. Au total, ce sont donc environ 40 % des données qui sont dissimulées[46]. Des pratiques comme celles-là font croire que les antidépresseurs sont beaucoup plus efficaces qu'ils ne le sont et compliquent le travail des experts qui veulent mesurer leur efficacité réelle.

Les problèmes rencontrés par le NICE lorsque cette institution a voulu rédiger les recommandations 2004 pour le traitement de la dépression en est un bon exemple. Après avoir lu notre méta-

46 Melander et *al.*, 2003.

analyse des données de la FDA, le NICE a voulu ajouter les données non publiées à son analyse des données publiées. Il voulait publier les deux types de données, mais pas plus d'une fois chacune pour ne pas biaiser les résultats. Ils me demandèrent donc si je pouvais leur dire quels essais de la FDA avaient été publiés et à quelle publication correspondait chaque donnée. Il n'y avait aucun moyen de le déterminer facilement. Le NICE a finalement dû renoncer et a souligné dans ses recommandations que, bien qu'ils avaient l'intention de combiner leurs données avec les nôtres, « *il n'était pas possible de déterminer quelles données de la FDA avaient été publiées ultérieurement*[47] ».

Pour que les médecins, les chercheurs et les législateurs puissent faire leur travail correctement, ils doivent avoir accès à des informations exhaustives et complètes.

C'est possible, si l'on exige que les firmes pharmaceutiques :

1. enregistrent tous les essais cliniques avant qu'ils ne démarrent ;

2. rendent publics les résumés des données de tous les essais terminés et des essais qui ont été interrompus avant la fin ;

3. décrivent les méthodes utilisées dans ces essais de façon aussi détaillée que dans les revues scientifiques ;

4. incluent les références aux publications et aux rapports de données antérieurs pour éviter que les réviseurs les comptabilisent deux fois ;

5. partagent les données brutes, pour que les chercheurs indépendants et les agences puissent procéder à leurs propres analyses.

....

47 NICE, « Depression : Management of Depression in Primary and Secondary Care »

La première exigence a déjà été mise en œuvre. En 2004, le Comité des éditeurs de journaux médicaux (ICMJE) a instauré l'obligation pour tous les essais cliniques d'être enregistrés publiquement avant de commencer à recruter des patients[48]. Un essai qui ne serait pas enregistré ne serait pas recevable par le comité de lecture des revues qui ont adhéré à cette réglementation. La menace est assez forte pour que cette exigence soit respectée. Cela signifie que l'existence de l'essai sera connue publiquement – mais pas spécialement son résultat. Connaître l'existence d'un essai est utile mais ce n'est pas suffisant. Les données qui ressortent de l'essai doivent également être rendues publiques, avec les détails des méthodes utilisées et les publications qui en ont résulté. Sans cela, les chercheurs qui analysent la littérature des essais cliniques ne pourront pas évaluer avec exactitude l'efficacité des médicaments et les médecins qui les prescrivent n'auront pas assez d'informations pour émettre des recommandations éclairées.

L'importance de ma cinquième recommandation – que les véritables données soient disponibles et pas juste les résumés – est illustrée à nouveau par un problème auquel le NICE a été confronté pendant la préparation des recommandations 2004 pour le traitement de la dépression. Il aurait aimé analyser les effets de l'âge, du sexe et de l'ethnie sur les résultats du traitement. En effet, les médicaments peuvent s'avérer plus efficaces pour certains groupes de patients que pour d'autres. D'après Sir David Goldberg, qui présidait la commission chargée de rédiger les recommandations 2004, le NICE a demandé cette information aux firmes pharmaceutiques, mais elles ont refusé de la dévoiler. « *S'ils l'avaient fait, nous aurions été capables de procéder à des analyses,* dit-il. *Et ça, il n'en était pas question !* »

48 Catherine DeAngelis, Jeffrey M. Drazen et *al.*, 2004.

S'il y a des sous-groupes de patients déprimés qui répondent bien aux antidépresseurs, ce serait très important de pouvoir les identifier, pour que les prescriptions d'antidépresseurs puissent les cibler directement. Mais les laboratoires n'ont pas envie de dévoiler cette information car, si certains patients réagissent mieux que la moyenne, cela signifie que d'autres réagissent moins bien. C'est ce que montre notre analyse des données sur la gravité de la dépression. Le médicament est un peu plus efficace pour les patients atteints de dépression très sévère, mais son effet est nul pour ceux qui étaient modérément déprimés. **Savoir qui répond à un médicament et qui ne répond pas est très important, non seulement pour que les premiers puissent recevoir un médicament efficace mais également pour que les seconds ne reçoivent pas les médicaments qui ont des effets secondaires potentiellement graves et n'apportent pas de bénéfice thérapeutique.**

Les agences régulatrices gardent le secret

Dans notre méta-analyse, plus de la moitié des essais cliniques soumis à la FDA ne révélaient aucune différence entre le médicament et le placebo. Si la plupart des experts qui commentent les essais cliniques n'ont pas eu accès aux études non publiées et ne connaissent peut-être même pas leur existence, la FDA et d'autres agences régulatrices dans le monde disposaient de ces données. Pourtant, leur existence n'est même pas mentionnée dans les notices de produits, les brochures d'informations ni dans les Résumés officiels des caractéristiques du produit (RCP) de la plupart des antidépresseurs.

Pourquoi les instances de régulation ont-elles caché au public que de nombreux essais cliniques d'antidépresseurs n'ont mis en évidence aucun bénéfice significatif du médicament par rapport au placebo ? Dans le cas de la FDA, nous connaissons la raison.

Ce n'était pas par inadvertance. Mes collègues et moi-même avons trouvé, enterré dans les dossiers sur l'ISRS Cipramil, un mémo de la FDA stipulant que « *fournir ce type d'information n'apportera aucune valeur pratique au patient ou au prescripteur* » et qu'il n'est pas nécessaire de l'inclure dans la notice du médicament. Aux États-Unis, l'information des notices est publiée dans le *Physicians' Desk Reference*, un dictionnaire des médicaments qui rassemble toutes les informations approuvées par la FDA. Les médecins le consultent souvent pour décider quel médicament prescrire. Exclure l'information sur les essais négatifs signifie que la plupart des médecins qui prescrivent le médicament ne seront pas au courant de l'existence de ces essais. L'auteur du mémo de la FDA était le Dr Paul Leber, Directeur de la division chargée des médicaments neuropharmacologiques. Voici ce qu'il a écrit au sujet de la notice du Cipramil, appelée dans le document par son nom générique, Citalopram :

« *Un des aspects de la notice mérite une mention spéciale. La sous-section Essais cliniques sur l'efficacité décrit non seulement les essais cliniques qui apportent des preuves des effets antidépresseurs du Citalopram, mais fait état d'études cliniques bien conçues et bien contrôlées qui n'ont pas pu apporter ces preuves. Sur base de discussions antérieures, je sais que le Directeur du Bureau pense que cette information n'apporterait aucune valeur pratique au patient ou au prescripteur. Je ne suis pas d'accord. À mon avis, il est utile pour le prescripteur, le patient et le tiers payant de savoir, sans devoir accéder à des rapports officiels de la FDA, que les effets antidépresseurs du Citalopram n'ont pas été détectés dans chacun des essais cliniques contrôlés visant à démontrer ces effets. Je suis conscient du fait que les essais cliniques ne parviennent pas toujours à démontrer l'efficacité d'un médicament efficace, mais je doute que le grand public, ou même la plupart des membres de la communauté médicale, le sachent. De plus, je pense qu'une notice qui décrit de façon sélective les études positives et ne mentionne pas les études négatives peut être considérée comme potentiellement "fausse et trompeuse"*[49]. »

Ce n'est peut-être pas sans raison qu'en Italie, on appelle parfois la notice un « *bugiardino* » – littéralement, un « petit menteur ». La plaidoirie de Leber a eu relativement peu d'effet. Bien qu'on ait ajouté une brève mention de ces essais à la notice du Cilopram, la FDA a continué à approuver des notices d'antidépresseurs qui ne font aucun état de l'existence de données négatives. L'agence est même allée plus loin. Elle a conseillé aux firmes pharmaceutiques de dissimuler ces études. Voici un extrait d'article publié dans le *Washington Post* :

« *D'après des documents et des témoignages rendus publics lors d'une audition au congrès, la FDA a préconisé de façon répétée aux laboratoires de ne pas révéler aux médecins et au public que certains essais cliniques de médicaments sur des enfants ont montré qu'ils n'étaient pas plus efficaces que des comprimés de sucre. D'après le témoignage de directeurs de la firme pharmaceutique, les régulateurs ont supprimé l'information négative sous prétexte qu'elle risquait de dissuader les familles et les médecins d'utiliser ces médicaments. Selon les directeurs, la FDA a empêché la société de révéler les études négatives dans les notices pour trois médicaments au moins*[50]. »

Pourquoi ce comportement étrange des agences régulatrices ? Il s'explique en partie par leur mode de financement. À une époque, la FDA était financée uniquement par le gouvernement. Mais en 1992, George Bush senior a promulgué une loi autorisant la FDA à faire payer des honoraires aux firmes pharmaceutiques pour accélérer le processus d'approbation de leurs produits. Le projet de loi stipulait notamment que la FDA ne pouvait utiliser ces fonds pour vérifier la sécurité des médicaments. Cette interdiction a été un

49 Paul Leber, 1998.
50 Shankar Vedantam, 2004.

peu assouplie lors de la nouvelle approbation de la loi, une première fois sous Bill Clinton, en 1997, puis sous George W. Bush en 2007. Mais, aujourd'hui encore, seul un petit pourcentage de ces honoraires peut être affecté à la vérification de la sécurité.

En avril 2007, quand la loi approuvant le financement de la FDA par les firmes pharmaceutiques devait être renouvelée, elle a été très critiquée dans un brillant article publié dans le *New England Journal of Medicine*[51]. Jerry Avorn, Professeur de médecine à l'Université de Harvard, y décrit les conséquences que cette loi a entraînées sur le processus de régulation de la FDA. Cette loi a été introduite suite à des plaintes d'activistes du sida au sujet des délais d'approbation des nouveaux médicaments. Une de ses clauses imposait des dates butoirs strictes pour les décisions. Pour essayer de respecter ces échéances, la FDA a réduit les effectifs de son Bureau pour la sécurité des médicaments et a réalloué les ressources à l'approbation des médicaments. D'après Avorn, par exemple : « *Un scientifique de la FDA était souvent critiqué parce qu'il se souciait trop des risques liés aux médicaments. Son superviseur lui a rappelé que le client de l'agence était l'industrie pharmaceutique. "Bizarre, a répondu le scientifique, je pensais que notre client était le peuple américain"*[52]. »

Ne croyez pas que les liens financiers étroits entre l'industrie pharmaceutique et ceux qui la régulent soit un problème spécifiquement américain. Les firmes pharmaceutiques participent au budget de la FDA à hauteur de 40 % mais elles apportent plus de 70 % des revenus de l'EMEA et depuis que, suite à l'intervention de Margaret Thatcher, le Département de la santé britannique ne régule plus les firmes pharmaceutiques, le MHRA est entièrement financé par l'industrie pharmaceutique[53]. Ce n'est pas exactement comme faire garder la bergerie par des loups, mais c'est un peu

51 Jerry Avorn, 2007.
52 *Ibid.*
53 EMEA, 2008 ; Rob Evans et Sarah Boseley, 2004.

comme demander aux voleurs de nourrir le chien de garde. **Si l'on veut éviter un conflit d'intérêt, il vaudrait mieux financer les agences régulatrices avec des fonds provenant des impôts généraux, quitte à ce que le gouvernement fasse ensuite payer les firmes pharmaceutiques.**

Pourquoi les antidépresseurs ont-ils été approuvé ? – La pseudo-science

Puisque les instances de régulation étaient parfaitement au courant de l'existence des essais négatifs non publiés et du manque d'efficacité des médicaments, comment la mise sur le marché de ces médicaments a-t-elle pu être approuvée ? C'est une question légitime et je ne suis pas le seul à la poser. Des membres des agences de régulation des médicaments de l'Union européenne, de France, des Pays-Bas et de Suède, ont soulevé la même question dans une *Apologie de la régulation* qu'ils ont publiée après la sortie de notre méta-analyse de 2008. Dans ce contexte, ils ont écrit : « *On peut se demander pourquoi ces antidépresseurs de nouvelle génération ont été approuvés* [54]. »

Pour répondre à cette question, les régulateurs ont mené leur propre méta-analyse de certaines données contenues dans leurs dossiers. Leurs résultats furent très similaires aux nôtres. Ils étaient d'accord que la différence moyenne d'amélioration observée entre le médicament et le placebo n'était que d'environ deux points sur l'échelle d'Hamilton. Leurs données ont également montré que la plus grande partie de l'efficacité du médicament pouvait être un effet placebo. Ils ont pourtant soutenu que les médicaments étaient plus efficaces que les placebos, non seulement statistiquement mais également cliniquement.

54 Hans Melander, Tomas Salmonson et *al.*, 2008.

Comment les régulateurs européens ont-ils réussi l'exploit de transformer une différence de deux points sur l'échelle de la dépression d'Hamilton en bénéfice cliniquement significatif ? Ils y sont parvenus en utilisant, pour évaluer l'amélioration, un critère différent du nôtre. Nous avions analysé le degré moyen d'amélioration des symptômes ressentie par les patients. C'est une mesure courante de l'efficacité du médicament. Le NICE l'a d'ailleurs utilisé pour établir un critère d'efficacité clinique. Les régulateurs européens ont, quant à eux, examiné les taux de réponses, au lieu d'examiner les améliorations moyennes. Un « **taux de réponse** » est le pourcentage de gens dont les symptômes ont diminué d'un degré spécifique. Dans les essais d'antidépresseurs, une diminution de 50 % des symptômes est le critère le plus souvent utilisé pour séparer les « répondants » des « non-répondants », et c'est le critère que les régulateurs européens ont utilisé.

Les régulateurs européens ont ainsi rapporté que 49 % des patients dans le groupe médicament avaient vu leur état s'améliorer, contre 33 % dans le groupe placebo. La différence entre ces deux pourcentages est de 16 %. Les régulateurs ont donc soutenu que ces patients avaient tiré un bénéfice du fait d'avoir reçu le vrai médicament et pas le placebo ; et cela, conclurent-ils, est cliniquement significatif.

Il y a deux façons d'observer ces données. D'un côté, elles indiquent que les antidépresseurs n'ont aidé que 16 % des patients à qui ils ont été prescrits. Le reste des patients dont l'état s'est amélioré se seraient également senti mieux avec un placebo. D'un autre côté, étant donné la popularité des antidépresseurs, 16 %, cela représente beaucoup de personnes et on pourrait argumenter qu'un médicament qui aide autant de gens mérite d'être commercialisé.

Mais cela ne dit pas tout. Cette conclusion est en réalité une illusion fondée sur un tour de passe-passe statistique – même si je pense que les régulateurs n'en étaient pas conscients. Ma collègue Joanna Moncrieff et moi-même avons montré comment fonctionne l'illusion du taux de réponse[55]. Les gens dont les symptômes ont diminué de 49 % ou moins sont classés comme « non-répondants » et ceux dont les symptômes se sont améliorés de 50 % ou plus sont classés comme « répondants ». L'illusion réside dans l'implication que les « non-répondants » ne vont pas mieux du tout. En réalité, nombre d'entre-eux ont ressenti une amélioration clinique substantielle, à tel point qu'une toute petite amélioration – aussi faible qu'un point de plus sur l'échelle d'Hamilton, qui en compte 51 – peut les pousser au-delà du critère des 50 %, les transformant en « répondants ». Ce sont ces 16 % de gens classés comme « répondants » quand on leur donne un antidépresseur et comme « non-répondants » quand on leur donne un placebo.

En d'autres termes, même le petit pourcentage de gens qui « répondent » uniquement au véritable antidépresseur ne tirent pas beaucoup de bénéfice chimique du médicament. La plus grande partie de leur amélioration peut s'expliquer comme un effet placebo. En moyenne, le médicament ajoute deux points d'amélioration sur l'échelle d'Hamilton, en plus de ce que les patients auraient obtenu du placebo. Cela suffit pour les pousser au-delà du critère de 50 % – arbitraire mais largement utilisé, qui sépare les « répondants » des « non-répondants ». Cette hausse peut s'expliquer par un léger effet spécifique des médicaments sur la dépression mais, comme je l'ai expliqué dans le chapitre 1, elle pourrait aussi être due aux effets secondaires ressentis par les patients du groupe médicament, ce qui les amène à comprendre qu'ils prennent le vrai médicament et augmente ainsi l'effet placebo. Dans les deux cas, de toute façon, l'effet est faible et ne répond pas aux critères conventionnels de pertinence clinique.

55 Irving Kirsch et Joanna Moncrieff, 2007.

Alors pourquoi les médicaments ont-ils été approuvés ? La véritable réponse réside dans les critères d'approbation des médicaments antidépresseurs. Le critère d'efficacité utilisé par les régulateurs de médicament exige, en théorie, deux études cliniques « bien conçues et bien contrôlées » qui montrent qu'un médicament est meilleur qu'un placebo. Mais il y a quelques astuces. La première, c'est qu'il n'y a pas de limite au nombre d'études qui peuvent être menées pour en trouver deux qui vont montrer un effet statistiquement significatif. Les essais négatifs ne comptent pas. La deuxième astuce, c'est que la taille de la différence médicament-placebo – sa pertinence clinique – n'est pas prise en compte, même si « l'apologie » dont on a parlé p.75 suggère que cela pourrait changer.

L'approbation du Citalopram (Cipramil) par la FDA est un très bon exemple de ce fonctionnement. Sept essais d'efficacité contrôlés par un placebo ont été menés. Deux ont montré des différences, petites mais significatives, entre le médicament et le placebo. Deux autres essais n'ont pas pu montrer de différence significative mais ont été considérés trop petits pour être pris en compte. Trois autres essais bien conçus et bien contrôlés ne sont pas parvenus non plus à montrer de différence significative entre le médicament et le placebo. Pour chacune d'entre elles, le responsable de l'équipe de candidature du nouveau médicament a déclaré que « *les raisons qui expliquaient les résultats négatifs de cette étude étaient inconnues* » et, pour deux d'entre-elles, il ajouta qu' « *il y avait une réponse placebo substantielle, ce qui permettait difficilement de distinguer le médicament du placebo* ». Dans son résumé de ces trois essais négatifs, le chef d'équipe a écrit : « *Je pense qu'il y a des raisons suffisantes pour mettre en doute les résultats négatifs et, donc, de ne pas compter ces études contre le Citalopram.*[56] » En accord avec cette évaluation, le Directeur de

56 Thomas P. Laughren, 1998.

la division a conclu que « *des preuves établies, provenant de plus d'une étude clinique bien conçue et bien contrôlée, montrent que le Citalopram exerce un effet antidépresseur*[57] ». Ceci, à mon sens, est de la **pseudo-science**. Les firmes pharmaceutiques peuvent mener autant d'essais qu'elles le souhaitent, jusqu'à en trouver deux qui montrent des effets significatifs. Les essais négatifs ne seront pas pris en compte.

Même si on feint d'ignorer les cinq essais négatifs, la taille de la différence médicament-placebo pour le Citalopram était faible. Elle était en moyenne de deux points seulement sur l'échelle d'Hamilton, bien en-deçà de la différence de trois points utilisée par le NICE comme critère de pertinence clinique. Le chef d'équipe a écrit qu' « *il est difficile de juger de la pertinence clinique de cette différence, des résultats similaires d'autres ISRS et d'autres antidépresseurs récemment approuvés ont été considérés suffisants pour soutenir l'approbation de ces autres produits* ». En bonne logique, le Citalopram fut donc approuvé à son tour.

La sensibilité à l'essai

Quand j'ai lu les mémos de la FDA sur le Citalopram, j'ai été frappé par une phrase étonnante. Le chef d'équipe de la FDA pour la candidature du nouveau médicament a écrit que les trois essais négatifs bien conçus et bien contrôlés n'étaient « *pas facilement interprétables car il n'y avait pas de groupe de contrôle actif*[58]. »

Un « groupe de contrôle actif » est un groupe de patients qui reçoit un médicament plus ancien reconnu, dont les effets peuvent être comparés à ceux du nouveau médicament. Il y a en réalité des études « à deux bras », dans lesquelles on compare l'effet du médicament à un placebo et des études « à trois bras », dans lesquelles

57 Leber, 1998.
58 Laughren, 1998.

on compare un nouveau médicament à un placebo et à un médicament plus ancien.

Pourquoi inclure un médicament plus ancien reconnu dans un essai clinique ? On pourrait supposer que c'est pour voir si le nouveau médicament est plus efficace. C'est ce que je croyais, jusqu'à ce que je lise le mémo de la FDA, qui me laissa songeur. Pourquoi l'absence d'un autre médicament dans l'étude rendrait-elle plus difficile l'interprétation de l'absence de différence entre le nouveau médicament et le placebo ?

En fait, il y a une autre raison pour laquelle on inclut un deuxième médicament dans un essai clinique. Vous vous souviendrez peut-être qu'il n'y a pas beaucoup de différence d'efficacité entre un médicament et un autre dans le traitement de la dépression. Donc, essayer de montrer que le nouveau médicament est plus efficace risque de ne pas porter ses fruits et, étant donné le coût élevé des études cliniques et la difficulté de recruter des patients, une firme pharmaceutique n'inclura pas de « bras » supplémentaire, à moins que cela ne lui rapporte. Alors pourquoi le ferait-elle ?

Je vais vous expliquer comment cela fonctionne. Imaginons que le nouveau médicament parvienne à surperformer les placebos dans l'étude. C'est bien ; cela signifie que le médicament est efficace. Dans ce cas, ce n'est pas important que le nouveau médicament ne soit pas plus efficace que l'ancien et ce n'est pas important de savoir si l'ancien fonctionnait mieux que les placebos. Mais si le médicament n'est pas beaucoup plus efficace que les placebos ? C'est le cas dans environ la moitié des études cliniques qui comparent les antidépresseurs aux placebos. Dans ce cas-là, on peut essayer de voir si l'ancien médicament fonctionnait mieux que les placebos. Si ce n'est pas le cas, alors on conclut que l'étude manquait de « sensibilité à l'essai », ce qui signifie qu'elle n'était pas assez sensible pour analyser l'efficacité du médicament et qu'elle ne devrait pas être prise en compte. Voici la logique sous-jacente à ce raisonnement : nous savons que l'ancien médicament fonctionne, puisqu'il a déjà été approuvé. Donc si cet essai clinique ne montre pas qu'il est efficace, ça doit être parce que l'essai n'est pas assez « sensible » pour détecter les différences. Peu importe si l'ancien médicament n'a pas fonctionné dans de nombreux essais qui ont conduit à son approbation. Il n'est pas nécessaire d'expliquer ou même de s'interroger sur la raison pour laquelle l'essai n'était pas assez sensible. La sensibilité de l'essai est simplement une façon de piper les dés en faveur du nouveau médicament.

C'est un peu comme tirer à pile ou face en appliquant les règles suivantes : on lance deux pièces. Si la première tombe sur face, je gagne et la seconde pièce ne compte pas. Si la première tombe sur pile, on décide si le jet compte. Et pour le décider, on regarde la deuxième pièce. Si elle tombe également sur pile, le jet ne compte pas et c'est match nul. Avec ces règles, je gagnerai 50 % du temps et ce sera match nul 25 % du temps. Les chances sont donc très nettement de mon côté. Si vous en doutez, n'hésitez pas à me contacter. Je serai très heureux de jouer avec vous pour de l'argent. **Utiliser ces standards pour juger de l'efficacité d'un médicament, c'est de la pseudo-science au énième degré.**

Conclusion

Nos analyses des données de la FDA avaient révélé peu de différence entre les effets des antidépresseurs et ceux des placebos. Ces effets étaient si faibles qu'ils n'étaient pas cliniquement pertinents. Les firmes pharmaceutiques le savaient, de même que la FDA et d'autres instances de régulation. Les laboratoires ont trouvé diverses manières de présenter les données sous un jour plus favorable. La FDA les a aidés à garder leurs données négatives secrètes. Dans certains cas, la FDA a même fortement encouragé les firmes pharmaceutiques à les occulter, même quand elles voulaient les révéler. Mes collègues et moi-même n'avions rien découvert de nouveau. Nous avions simplement dévoilé un « secret honteux ». Comment nos révélations ont-elles été accueillies ? Dans le chapitre qui suit, je passe en revue les réactions – favorables et défavorables – suscitées par la publication de nos analyses et je réponds aux critiques émises par certains défenseurs des antidépresseurs.

Chapitre 3

Contrer les critiques

J'ai d'abord été surpris de la faible différence entre les effets des antidépresseurs et ceux des placebos. Les médias ont aussi jugé cette nouvelle étonnante, et ce à trois reprises. Il y a dix ans, la méta-analyse des données des essais cliniques publiés réalisée par Guy Sapirstein et moi-même avait été relayée dans les journaux, les magazines et les documentaires télévisés du monde entier, ainsi que dans les pages d'actualité de *Science*, l'une des revues scientifiques les plus prestigieuses du monde. Notre première analyse de l'ensemble de données de la FDA avait aussi été largement relayée par les médias. Je n'étais pourtant pas préparé à la réaction provoquée par notre dernière analyse. Je me suis réveillé le matin du 26 février 2008 et j'ai découvert qu'elle était en une du *Times*, du *Guardian*, de l'*Independent* et du *Daily Telegraph*. On en parlait à la BBC, sur iTV, Sky News, Channel 4 et Channel 5. L'info s'est retrouvée dans des journaux et émissions de télé ou de radio aux États-Unis, en Espagne, au Portugal, en Allemagne, en Italie, en Afrique du Sud, en Australie, au Canada, en Chine et dans bien d'autres pays encore. Notre analyse a également été rapportée et débattue dans un certain nombre de journaux médicaux et scientifiques de premier plan. Du jour au lendemain, je semblais être passé du statut de brave professeur d'université à celui de superstar des médias – ou de super-vilain, selon le point de vue.

La publication de cette méta-analyse a non seulement attiré l'attention des médias, elle a aussi eu des effets concrets. Le 23 mai 2008, trois mois à peine après sa publication, le site d'informations médicales britannique *Onmedica.com* a publié une étude réalisée auprès de 490 médecins du Royaume-Uni, à qui on avait demandé quelles conséquences notre analyse aurait sur leurs habitudes de prescription. Près de la moitié (44 %) ont déclaré qu'ils envisageraient désormais d'autres traitements que les ISRS pour leurs patients déprimés[59].

59 « Doctors Change Prescribing Habits on Back of SSRI Study », 2008.

Ces chiffres révèlent que l'opinion est partagée. La plupart des médecins n'envisagent pas de modifier leurs habitudes de prescription. Notre analyse a lancé un débat sur l'efficacité des antidépresseurs et les circonstances dans lesquelles ils devraient être prescrits. Dans ce chapitre, je réponds aux critiques qui ont été émises contre nos conclusions.

« Les antidépresseurs sont efficaces en pratique clinique »

De nombreux médecins et patients ont réagi avec incrédulité à notre méta-analyse. David Nutt, chef de l'unité de psychopharmacologie à l'Université de Bristol, a déclaré : « *Les antidépresseurs sont efficaces en pratique clinique – tout le monde le sait.* » Un autre critique a écrit :

« *Des dizaines d'essais cliniques, des dizaines d'années de pratique clinique et des millions de patients satisfaits ne peuvent pas se tromper à ce point. Quel que soit le biais des études, le bon sens le démontre clairement : la somme des parties attestant de l'efficacité des antidépresseurs surpasse nettement les preuves attestant du contraire. L'usage des antidépresseurs est maintenant profondément ancré et bien établi dans la société médicale du monde entier, ils sont sûrs, ils fonctionnent. Il n'y a pas l'ombre d'un doute à ce sujet*[60]. »

D'une certaine manière, ces critiques ont raison. L'expérience clinique montre effectivement que ça marche de prescrire un antidépresseur – et notre méta-analyse l'a montré aussi. Les patients à qui on a administré des antidépresseurs dans les essais cliniques que nous avons analysés ont connu une amélioration substantielle et cliniquement pertinente. Mais cela a aussi été le cas pour ceux à qui on a administré des placebos, et la différence d'efficacité entre le mé-

60 David Nutt, cité dans Martin Enserink, 2008 ; Rachel Werner, 2008.

dicament et le placebo n'était pas énorme. La question n'est pas de savoir si les antidépresseurs sont efficaces mais pourquoi ils le sont. Est-ce parce que les produits chimiques du comprimé ciblent spécifiquement la dépression ou s'agit-il d'un effet placebo ?

Les médecins ne prescrivent pas systématiquement des placebos à leurs patients. Ils n'ont donc aucun moyen de comparer les effets des médicaments qu'ils prescrivent aux placebos. Quand ils prescrivent un traitement et qu'il fonctionne, ils attribuent naturellement la guérison à ce traitement. Mais il y a des milliers de traitements qui se sont avérés efficaces en pratique clinique tout au long de l'Histoire. C'était notamment le cas de la pierre en poudre, du sang de lézard, des excréments de crocodile, des dents de cochon, des organes génitaux de dauphins et du sperme de grenouille. À travers le temps, les patients ont reçu à peu près toutes les substances que l'on peut ingérer – même si elles étaient souvent indigestes. On les a « *purgés, empoisonnés, perforés, coupés, saignés, chauffés, brûlés, congelés, choqués, on les a fait suer, on leur a appliqué des ventouses ou des sangsues*[61]. » Et si ces traitements ne les tuaient pas, ils les soulageaient parfois.

L'effet placebo est si puissant qu'à condition d'y croire, il peut soulager certains types de problèmes médicaux. C'est pourquoi Arthur K. Shapiro décrivait l'histoire de la médecine comme, en grande partie, celle de l'effet placebo[62]. Voilà aussi pourquoi l'expérience clinique ne peut, à elle seule, nous dire si une substance constitue un traitement efficace. Les essais contrôlés par placebo doivent démontrer l'efficacité du médicament avant que leur commercialisation soit approuvée.

61 Arthur K. Shapiro et L. A. Morris, 1978.
62 Arthur K. Shapiro, 1960.

Le problème, c'est que de nombreux médecins sont réticents à l'idée d'abandonner des traitements qui semblent efficaces en pratique clinique, même quand les études cliniques montrent qu'il s'agit en réalité de placebos. Ce problème ne se limite pas aux antidépresseurs. Comme nous le verrons dans le chapitre 5, cette attitude a freiné les progrès de la médecine dans d'autres domaines.

La pratique clinique contre les essais cliniques : l'étude STAR-D

La **pratique clinique** se distingue des essais cliniques que nous avons analysés à de nombreux points de vue. Ces différences sont souvent invoquées pour invalider nos découvertes. Par exemple, dans les essais cliniques, les patients sont avertis qu'ils recevront peut-être un placebo. Comme je l'ai expliqué dans le chapitre 1, cette information diminue l'effet antidépresseur[63]. Mais cette information diminue aussi l'efficacité des placebos. Les placebos sont plus efficaces quand les patients pensent qu'ils reçoivent un traitement actif puissant[64]. Si cette information influence tant l'effet du placebo que celui du médicament, son impact sur la différence entre le médicament et le placebo devrait être nul.

Autre différence, les patients des essais que nous avons analysés ne recevaient qu'un seul type de traitement, tandis qu'en pratique clinique, quand un patient ne répond pas à un antidépresseur, les psychiatres lui en prescrivent souvent un autre. Parfois, le second antidépresseur est efficace mais, si ce n'est pas le cas, on peut lui en prescrire un troisième, puis un quatrième et un cinquième, jusqu'à ce qu'on en trouve enfin un qui soit efficace. L'idée est que des patients différents souffrent de déséquilibres chimiques

63 Joel R. Sneed et *al.*, 2008.
64 Lene Vase, Joseph L. Riley III et Donald D. Price, 2002.

différents. Certaines personnes peuvent être déprimées parce que leur cerveau manque de sérotonine, un neurotransmetteur : les ISRS, qui sont censés cibler de façon sélective la sérotonine, devraient donc être efficaces pour elles. D'autres peuvent manquer de norépinéphrine, en plus de la sérotonine, un IRSNa leur conviendrait donc mieux. Il s'agit d'un médicament qui augmente la concentration des deux types de neurotransmetteurs. D'autres encore peuvent avoir des niveaux de sérotonine parfaitement normaux mais manquer de norépinéphrine et de dopamine ; il leur faudrait un traitement comme le Bupropione, qui cible ces deux neurotransmetteurs. Autrement dit, il s'agit de trouver le bon médicament pour le bon patient. C'est ce que nous pourrions appeler la théorie du « sur mesure », puisque la tâche du médecin est d'ajuster le traitement par rapport au déséquilibre chimique spécifique qui cause la dépression de chaque patient.

Les patients vont parfois mieux quand on change leur antidépresseur, ce qui passe pour un argument en faveur de la théorie du sur mesure. Cela laisse également penser que les antidépresseurs sont efficaces, même si les essais cliniques montrent que leur effet est plutôt faible. L'antidépresseur administré aux patients dans un essai clinique était peut être le bon pour certains mais ne convenait pas à d'autres. Peut-être est-ce pour cela que les effets du médicament ne semblent pas importants quand on calcule la moyenne. Comme certains patients en pratique clinique se sentent mieux après avoir changé d'antidépresseur, de nombreux médecins sont persuadés qu'il faut trouver l'antidépresseur qui convient au patient pour que le médicament soit efficace.

Une étude clinique inhabituelle et dont on a beaucoup parlé confirme cette expérience clinique. Il s'agit de l'**étude STAR-D** (*Sequenced Treatment Alternatives to Relieve Depression*)[65].

65 Madhukar H. Trivedi et *al.*, 2006 ; A. John Rush et *al.*, 2006a ; A. John Rush et *al.*, 2006b.

Son objectif était d'être plus représentative de la pratique clinique que les études traditionnelles et de montrer l'efficacité des antidépresseurs dans les meilleures circonstances possibles. L'étude STAR-D comptait un éventail de patients plus large que les autres études et elle ne comportait pas de groupe de contrôle placebo et – c'est le plus important pour la discussion qui nous occupe – les patients dont l'état ne s'améliorait pas avec le premier médicament recevaient un autre traitement. Ceux qui étaient encore déprimés après avoir reçu un deuxième médicament en changeaient pour un troisième et ceux qui ne répondaient pas au troisième en recevaient un quatrième.

Comme je l'ai expliqué dans le chapitre 2, il y a différentes façons de mesurer les résultats d'un essai clinique. On peut, par exemple, examiner le degré d'amélioration des patients – c'est-à-dire, la diminution moyenne de leurs symptômes. Une autre méthode consiste à analyser le nombre de patients qui vont mieux. Le seuil de « réponse clinique » est généralement fixé à 50 % de réduction des symptômes. Le problème avec cette méthode est que la plupart des patients souffrant de dépression sévère qui manifestent une réponse clinique sont pourtant encore déprimés à la fin de l'essai, bien que leurs symptômes aient diminué de moitié[66]. Cela fait partie de l'illusion du taux de réponse dont je parle dans le chapitre 2. Le traitement semble dès lors plus efficace qu'il ne l'est en réalité. Les chercheurs qui ont conçu l'essai STAR-D ont, quant à eux, utilisé un critère plus strict. Ils ont examiné le nombre de patients en rémission, c'est-à-dire qui n'étaient plus déprimés à la fin de l'essai.

Sur base de ce critère, les chercheurs du STAR-D ont conclu que 37 % des patients de l'essai étaient sortis de leur dépression avec le premier médicament reçu. Sur l'ensemble du groupe, 19 % des patients ont eu une rémission avec le deuxième médicament,

66 Blair T. Johnson et Irving Kirsch, 2008.

6 % avec le troisième et 5 % avec le quatrième. Au total, 67 % des patients ont eu une rémission. Hélas, elle s'est révélée temporaire pour bon nombre d'entre eux – environ la moitié des patients en rémission ont connu une rechute au cours de l'année.

Cela brosse un tableau plutôt sombre de l'effet des antidépresseurs. Dans les meilleures circonstances – et souvenons-nous que cet essai avait précisément été conçu pour évaluer les antidépresseurs dans les meilleurs conditions – un patient déprimé sur trois seulement a guéri de façon durable et, comme il n'y avait pas de comparaison de ce taux avec un placebo, il est impossible de savoir si leur guérison était vraiment imputable au médicament.

Cependant, l'étude semble montrer que passer d'un antidépresseur à un autre peut avoir de l'effet : est-ce vraiment le cas ? Pour comprendre la véritable importance de l'essai STAR-D, il est utile de se pencher sur une étude beaucoup plus ancienne[67]. En 1957, une équipe de chercheurs de l'École de médecine de l'Université d'Oklahoma a donné de l'Ipecac (un médicament qui sert à provoquer des nausées et des vomissements) à un groupe de volontaires. Après avoir vérifié que l'Ipecac produisait l'effet attendu sur ces sujets, les chercheurs leur ont donné un traitement pour prévenir les nausées et les vomissements, suivi à nouveau par de l'Ipecac. La question était la suivante : le traitement inhiberait-il les nausées et les vomissements induits par l'Ipecac ? Comme dans l'essai STAR-D, les chercheurs passaient d'un médicament à un autre, à la différence près qu'ils ne se souciaient pas de savoir si le précédent avait fonctionné. Ils changèrent de médicament à sept reprises et, à chaque fois, ils mesurèrent l'efficacité du traitement pour prévenir les nausées et les vomissements. L'étude d'Oklahoma a montré le même type de résultats que l'essai STAR-D. Plus de la moitié des sujets répondirent avec succès au premier traitement ; 17 % n'ont pas répondu au premier traitement, mais ont

67 S. Wolf et *al.*, 1957.

répondu au deuxième. Le troisième traitement a fonctionné pour 20 % de sujets qui n'avaient pas répondu aux premiers traitements et une fois arrivé le sixième traitement, 100 % des sujets avaient réagi avec succès à au moins l'un d'entre eux.

Comme l'étude STAR-D, cet essai semblait montrer que différentes personnes répondent à différents médicaments et que le secret pourrait consister à trouver le bon traitement pour la bonne personne. Pourtant, dans l'étude d'Oklahoma, aucun médicament n'était un véritable traitement contre la nausée ou les vomissements. Il s'agissait uniquement de placebos.

En gardant à l'esprit l'étude d'Oklahoma, nous pouvons reconsidérer la signification des données STAR-D et ce qui se passe en pratique clinique quand des médecins changent le médicament d'un patient. Les résultats de l'essai STAR-D n'ont peut-être aucun rapport avec le changement d'antidépresseur. Ils pourraient être imputables à l'effet placebo qui, comme l'a montré l'étude d'Oklahoma, peut s'activer à n'importe quel moment. D'autres facteurs peuvent également entrer en ligne de compte. Les patients se sont peut-être sentis moins déprimés à cause de changements dans leur vie ou simplement parce que les niveaux de dépression ont tendance à fluctuer avec le temps. En outre, ces diverses possibilités ne sont pas mutuellement exclusives. Les raisons pour lesquelles un patient se sent mieux peuvent varier d'une personne à l'autre. L'essentiel est que les patients auraient pu se sentir mieux, même si on avait remplacé leur antidépresseur par un placebo, comme cela a été fait dans l'essai d'Oklahoma, ou même si on ne leur avait rien donné du tout. De même, quand des patients en pratique clinique se sentent mieux après avoir changé d'antidépresseur, ça n'a peut-être aucun rapport avec le changement de médicament. Cela peut être l'effet placebo qui se fait sentir – peut-être parce que le patient sait qu'on change de traitement – ou cela peut être dû aux fluctuations naturelles de la dépression.

Le médecin ajuste le traitement parce qu'il est convaincu que la dépression peut être causée par différents déséquilibres chimiques du cerveau. Mais l'essai STAR-D contredit cette théorie, même sans prendre en compte les résultats de l'étude d'Oklahoma. Le premier médicament administré à tous les patients était un ISRS. « ISRS » signifie « inhibiteur sélectif de la recapture de la sérotonine ». Ce médicament est donc censé inhiber la recapture de la sérotonine, mais pas des autres neurotransmetteurs. Si l'ISRS ne marchait pas, on donnait aux patients un des trois autres types d'antidépresseurs. Certains passaient alors à un IRSNa, un médicament qui bloque également la recapture de la norépinéphrine, en plus de la sérotonine. D'autres recevaient du Bupropione, qui n'affecte pas la sérotonine, mais inhibe la recapture de norépinéphrine et de dopamine. Un troisième groupe de patients passait simplement à un autre ISRS, le même type de médicament auquel il n'avait pas répondu la première fois.

Faire passer les patients non-répondants d'un ISRS à un IRSNa a conduit à une amélioration dans 25 % des cas. Un changement d'un ISRS au Bupropione produisait pratiquement le même taux de rémission (26 %). Mais qu'en était-il des patients qui ne passaient pas à une autre classe de médicament mais qui recevaient simplement un autre ISRS ? Quelques 27 % de ces patients ont également vu leur état s'améliorer – un taux de rémission à peu près identique à celui produit par un changement de type de médicament. En clair, le taux de rémission ne dépendait pas du type de médicament. Passer simplement d'un ISRS à l'autre était aussi efficace que changer complètement de type d'antidépresseur. Nous nous trouvons à nouveau face à l'étrange « coïncidence » d'effets quasiment identiques produits par des médicaments chimiquement différents. **Cela indique que ce n'est pas l'action chimique spécifique du médicament qui soulage la dépression. Ce serait plutôt le simple fait de changer de traitement.**

Les essais cliniques sont mal conçus

On a souvent accusé notre méta-analyse de se fonder sur des essais cliniques mal conçus. Selon certains critiques, les essais étaient trop courts pour montrer les véritables effets des antidépresseurs ; les patients recrutés étaient trop déprimés, ou pas assez. Dans tous les cas, ils n'étaient pas représentatifs des patients que l'on voit généralement en pratique clinique.

Étranges critiques de la part de défenseurs des antidépresseurs. En effet, c'est sur la base de ces études que les médicaments ont été approuvés. Si elles étaient si mal conçues, les antidépresseurs n'auraient jamais dû être approuvés, tout simplement. En outre, ces essais étaient financés par les firmes pharmaceutiques : on peut donc penser qu'ils avaient été conçus pour maximiser les bénéfices du produit dans lequel les laboratoires avaient investi tant d'argent.

Les études financées par les firmes pharmaceutiques montrent en effet généralement des effets positifs pour leurs produits et de moins bons résultats pour ceux de leurs concurrents, tandis que les études indépendantes donnent des résultats à mi-chemin entre ces deux extrêmes. Une équipe de chercheurs du Centre médical de Beth Israel à New York a examiné les résultats d'essais cliniques en fonction de leur financement. **Ils ont découvert qu'environ 75 % des études financées par les firmes pharmaceutiques démontrent des résultats positifs pour leurs propres médicaments, mais que 25 % d'entre elles seulement montrent des résultats favorables pour le produit d'un laboratoire concurrent.** Dans les études indépendantes, le taux de succès est d'environ 50 %[68]. Il est dès lors peu probable que les études financées par l'industrie que nous avons évaluées aient sous-estimé l'effet du médicament. Nous avons tout de même étudié les défauts de conception repro-

68 Robert E. Kelly, Jr, et *al.*, 2006.

chés par nos détracteurs pour voir s'ils avaient pu entraîner une sous-estimation de l'effet de l'antidépresseur.

Les essais étaient trop courts

Les essais cliniques que nous avons analysés étaient relativement courts. La plupart ne duraient que six semaines, certains duraient huit semaines et quelques autres ne duraient que quatre semaines. Peut-être n'était-ce pas suffisant pour montrer le véritable effet du médicament ?

On pense généralement que les effets des antidépresseurs mettent deux à trois semaines à se faire sentir et qu'une amélioration ressentie avant cela est sans doute un effet placebo. Quatre à six semaines devraient donc être largement suffisant pour observer les effets d'un médicament. De plus, cette théorie selon laquelle il faut un certain temps pour que les effets thérapeutiques des antidépresseurs se fassent sentir se fonde sur l'expérience clinique. Mais une récente méta-analyse la met à mal[69]. L'analyse, menée par des chercheurs de l'Université d'Oxford, de l'Université de Yale et de l'Université de Birmingham, a montré que la plus grande diminution des symptômes de dépression se manifestait à la fin de la première semaine de traitement. Même si l'amélioration continuait pendant au moins six semaines – la durée habituelle d'un essai clinique – le taux d'amélioration baissait chaque semaine et, pendant les dernières semaines, la différence entre le médicament et le placebo ne semblait pas augmenter du tout. Pour les auteurs de l'étude, ces preuves semblent réfuter l'idée « qu'il faut du temps avant qu'un antidépresseur fasse de l'effet ». **Augmenter la durée des essais cliniques au-delà des quatre à huit semaines habituelles n'augmenterait donc pas l'effet du médicament.**

69 Matthew J. Taylor et *al.*, 2006.

Les défenseurs des antidépresseurs s'appuient quant à eux sur des essais de « prévention des rechutes » ou « d'interruption du traitement » pour soutenir leur thèse, selon laquelle il faut des essais plus longs pour que le médicament manifeste pleinement ses effets. Les essais de prévention des rechutes évaluent ce qui se passe quand les patients arrêtent leur traitement. Voici comment ils fonctionnent : des patients qui ont relativement bien réagi au médicament actif continuent à le prendre ou reçoivent à la place un placebo. Les taux de rechute sont ensuite comparés. Ces essais montrent généralement que remplacer le médicament par un placebo aggrave l'état des patients, par rapport aux autres.

Mais ces études présentent quelques défauts. D'abord, de nombreuses personnes qui arrêtent les antidépresseurs ressentent des symptômes de sevrage qui, dans les cas graves, peuvent durer plusieurs mois. Certains de ces symptômes – tristesse, pensées suicidaires, crises de larmes, problèmes de concentration, irritabilité, anxiété, agitation et insomnie, par exemple – sont également des symptômes de dépression[70]. Ces symptômes de sevrage peuvent amener les patients et les chercheurs à conclure à une rechute.

De plus, les symptômes de sevrage des antidépresseurs peuvent vraiment provoquer une rechute. Imaginez que vous êtes un patient déprimé, qui a été aidé par un antidépresseur. Dans le cadre d'une étude sur la prévention des rechutes, on vous supprime le médicament et on vous donne un placebo. Peu après, vous commencez à vous sentir triste, déprimé, anxieux et agité. Tous ces symptômes, vous les ressentiez quand vous étiez déprimé. Pire encore, vous commencez à ressentir de nouveaux symptômes. Vous vous sentez nauséeux, vous avez des vertiges, votre vision se trouble et vos muscles tressautent. Comme vous ne savez pas qu'il s'agit de symptômes de sevrage, vous pourriez penser que vous avez fait une rechute et que votre état est encore pire qu'avant le

70 Joseph Glenmullen, 2006 ; Christopher H. Warner et *al.*, 2006.

traitement. Interpréter à tort les symptômes de sevrage comme une rechute peut déclencher un cercle vicieux menant à une véritable rechute.

Deuxième problème : la recherche suggère que les patients traités avec des antidépresseurs montrent une vulnérabilité spécifique à la rechute que ne montrent pas les patients guéris sans médicament[71]. La rechute dont souffrent les patients dans les essais pourrait être imputable à une vulnérabilité biologique provoquée par le médicament lui-même. J'expliquerai en détail ces essais dans le chapitre suivant, dans lequel je déconstruis le mythe de la dépression comme maladie causée par un déséquilibre chimique du cerveau.

Enfin, comme je l'ai dit au début de ce livre, la différence entre les effets secondaires peut permettre aux patients de deviner s'ils ont été assignés au groupe médicament ou au groupe placebo. Ce problème est particulièrement aigu dans les essais de prévention des rechutes. Imaginez que vous ayez accepté de participer à une de ces études. Vous avez déjà participé à l'essai d'efficacité, plus court, et on vous a dit que vous étiez dans le groupe du médicament actif. Vous avez ressenti les effets du médicament, ainsi que quelques effets secondaires. À présent, on vous dit que vous allez soit continuer à recevoir le médicament actif soit recevoir un placebo. Ne décèlerez-vous pas quelques différences si on vous donne le placebo, surtout dans les effets secondaires ? Peut-on encore parler d'essai en double aveugle ? Dans ces études, c'est sans doute plutôt parce que le patient sait qu'on ne lui donne plus le médicament qu'il rechute, et pas parce qu'il a arrêté le traitement.

71 H. G. Ruhé, N. S. Mason et Aart H. Schene, 2007 ; Giovanni A. Fava, 2003.

Il y a une raison pour laquelle les essais d'efficacité sont relativement courts. À mesure que le temps passe, les patients ont tendance à arrêter l'expérience, parce que le médicament n'est pas assez efficace ou à cause des effets secondaires désagréables. Si trop de patients abandonnent l'essai, il est compromis et sa validité est remise en question[72]. On a cependant déjà mis sur pied des essais à long terme. Ces études de « prolongation » comportent plusieurs différences importantes par rapport aux études de prévention des rechutes ou d'arrêt du médicament. Au lieu de simplement examiner des patients qui ont répondu au médicament actif, les essais de prolongation examinent aussi des patients qui ont répondu à un placebo. Les gens dont l'état s'est amélioré grâce au médicament continuent à recevoir le médicament et ceux dont l'état s'est amélioré grâce au placebo continuent à recevoir le placebo. Comme personne ne passe du médicament au placebo ou du placebo au médicament, il y a moins de chances pour que les patients des essais de prolongation devinent ce qu'on leur administre.

En 2002, le prestigieux journal de l'Association médicale américaine a publié un essai clinique de six mois qui comparait l'ISRS Seroxat au placebo et au millepertuis, un remède à base de plantes très utilisé pour traiter la dépression, surtout en Allemagne, où c'est une substance homologuée pour le traitement de la dépression légère à modérée[73]. La première partie de l'étude était un essai d'efficacité à court terme qui dura huit semaines. On demanda à ceux dont l'état s'était amélioré de continuer le traitement qu'on leur avait donné, quel qu'il soit, pendant encore dix-huit semaines, ce qui amena la durée totale du traitement à six mois, une durée suffisante pour démontrer une différence entre le médicament et le placebo, s'il y en a une.

72 Arif Khan, Nick Redding et Walter A. Brown, 2008.
73 Hypericum Depression Trial Study Group, 2002.

À la fin des huit premières semaines, il n'y avait pas de différence significative entre les groupes. Les patients des trois groupes avaient vu leur état s'améliorer de façon substantielle, qu'ils aient reçu l'ISRS, le remède à base de plantes ou le placebo. Au bout de six mois, il n'y avait toujours pas de différence entre les groupes. Ceux dont l'état s'était amélioré grâce au médicament actif maintinrent leur amélioration et ce fut également le cas de ceux dont l'état s'était amélioré grâce au placebo. En fait, un seul patient dans toute l'étude fit une rechute et c'était un patient qui avait reçu le traitement à base de plantes.

Si vous pensez que six mois n'est pas assez long, sachez que des résultats similaires sont apparus dans une étude d'un an financée par l'industrie pharmaceutique. Il s'agissait d'un essai de prolongation qui comparait deux antidépresseurs (le Seroxat et l'imipramine) au placebo. Dans cette étude, des patients qui avaient répondu, soit aux antidépresseurs, soit au placebo, pendant l'essai initial de six semaines, continuaient le traitement pendant encore un an. Les patients des trois groupes conservèrent leur amélioration. En fait, à la fin de cette période d'un an, ceux qui avaient été traités au placebo étaient les moins déprimés, bien que les différences entre les groupes étaient faibles et pouvaient facilement être imputables au hasard[74].

Ces essais de prolongation nous apprennent bien d'autres choses que les essais de prévention des rechutes. Ils montrent qu'il y a peu de différence entre les antidépresseurs et les placebos, même quand l'essai clinique est étendu sur une plus longue période. Dans les huit essais de continuation qui ont été publiés, 79 % des patients qui prenaient le placebo et 93 % des patients qui prenaient le médicament actif ont continué à bien se porter pendant toute la période de traitement. Dans ces études à long terme, le traitement placebo était à 95 % aussi efficace que

74 James L. Claghorn and John P. Feighner, 1993.

le traitement au médicament. Les auteurs de la méta-analyse de ces essais concluent : « *La croyance très répandue – et probablement fausse – que la réponse au placebo dans la dépression est de courte durée semble se fonder surtout sur l'intuition et prend les désirs des chercheurs pour des réalités*[75]. »

Quand le NICE rédigeait ses recommandations pour le traitement de la dépression, l'Institut était également arrivé à la conclusion qu'il y a peu de différence entre le médicament et le placebo dans les études à long terme. En plus d'analyser les essais à court terme, ils ont mené une analyse séparée des études publiées de longue durée. Ils ont conclu que « *dans les essais qui duraient huit semaines ou plus, des preuves suggèrent* [...] *une différence statistiquement significative en faveur des ISRS par rapport aux placebos pour la réduction des symptômes de la dépression* [...] *mais la taille de cette différence est probablement cliniquement non significative*[76]. »

Les deux méta-analyses des études à long terme se limitaient aux données publiées, comme la plupart des méta-analyses. Les différences entre le médicament et le placebo y étaient pourtant insignifiantes cliniquement. On peut se demander s'il y a aussi des études à long terme, financées par l'industrie pharmaceutique et non publiées, et quels sont alors leurs résultats. Mais on peut déjà être certain d'une chose : les essais non publiés, quand ils existent, ne montrent jamais de meilleurs résultats que les essais publiés. Nous savons que les laboratoires pharmaceutiques publient leurs essais concluants, souvent plus d'une fois. Ce sont les essais ratés qui restent inédits.

75 Khan, Redding, et Brown, 2008.
76 NICE, « Depression : Management of Depression in Primary and Secondary Care ».

Un groupe de chercheurs de l'Université de la Santé et des Sciences d'Oregon a brillamment démontré que seules les études qui ont débouché sur des résultats positifs ont été publiées. Ils ont effectué un suivi de notre analyse initiale des données de la FDA, en comparant les conclusions de la FDA avec celles rapportées par les firmes pharmaceutiques dans des articles de journaux. Sur trente-huit essais cliniques de laboratoires que la FDA considérait comme positifs, tous ont été publiés, sauf un. Parmi les trente-six études dont la FDA a jugé les résultats négatifs ou discutables, la grande majorité n'a jamais été publiée et les rares qui l'ont été ont été présentées dans les articles de revues comme positives – alors que la FDA avait conclu le contraire[77].

Les sujets n'étaient pas assez déprimés

L'une des critiques les plus étonnantes de notre analyse la plus récente des données de la FDA prétendait que les patients dans ces essais n'étaient pas assez déprimés pour montrer un fort effet du médicament. Les antidépresseurs ne sont pas efficaces pour les patients légèrement déprimés, notaient certains critiques, mais ils le sont pour les gens atteints de dépression sévère. Cette critique est étonnante car l'objectif même de notre article était d'analyser à quel point les effets des antidépresseurs peuvent dépendre de la sévérité de la dépression. Ce que nous avons découvert, c'est que tous les essais, sauf un, impliquaient des patients qui étaient classés comme atteints de dépression très sévère – la catégorie la plus sévère de dépression utilisée par l'Association des psychiatres américains et par le NICE. Alors, pourquoi nos détracteurs prétendent-ils que les patients n'étaient pas assez déprimés pour montrer un effet important du médicament ?

77 Erick H. Turner et *al.*, 2008.

La réponse la plus courante à cette question est que les chercheurs manipulent les données – plus précisément, que les médecins, qui évaluent le degré de dépression des patients, leur attribuent un degré de dépression plus élevé que la réalité pour qu'ils répondent aux conditions de l'essai. Cela peut être difficile de trouver assez de patients pour un essai clinique et les médecins font parfois en fonction du nombre de patients recrutés. Ils peuvent donc être sous pression pour recruter le plus de patients possible.

Manipuler les données est une accusation très grave. Si c'est vrai, alors la véritable réponse au médicament est encore plus faible que ce qu'indiquent les essais cliniques (à moins, évidemment, que les chercheurs qui évaluent la dépression des patients à la fin de l'essai manipulent eux aussi les données, mais pourquoi le feraient-ils ?). Faut-il prendre au sérieux l'accusation selon laquelle les médecins falsifient les données des essais cliniques ? Pour évaluer la probabilité que les chercheurs aient vraiment manipulé les données, on peut examiner de plus près ceux qui portent ces accusations. Une de ces sources est le Docteur Janet Woodwock, directrice du centre de recherche et d'évaluation des médicaments de la FDA, qui a déclaré dans une interview à un journaliste du *USA Today* : « *Les patients peuvent être considérés comme plus malades qu'ils ne le sont en réalité au début, car les médecins désirent à tout prix les inclure dans des tests de médicaments*[78]. »

Le Dr Woodwock a poursuivi en précisant que « *nous* [la FDA] *nous assurons que ces médicaments fonctionnent avant de les mettre sur le marché* » mais en accusant les médecins de déformer intentionnellement les données, elle sape sa propre affirmation. Si les médecins subissent des pressions pour falsifier les données au début d'un essai, pourquoi n'en subiraient-ils pas aussi du même ordre pour les falsifier à la fin de l'essai, afin que les patients paraissent moins malades après la prise d'antidépresseurs ?

78 Cité dans Maryline Elias, 2002.

Bien sûr, les essais sont en double aveugle, les évaluateurs ne sont pas censés savoir à quels patients ils doivent attribuer des scores plus bas, mais, comme nous l'avons vu plus avant, la plupart des médecins parviennent à découvrir quels patients sont dans le groupe médicament et lesquels sont dans le groupe placebo[79], il ne leur serait donc pas très difficile de manipuler les données. De ces essais dépend l'approbation des médicaments : si les données ont été manipulées d'une façon ou d'une autre, alors la validité du processus d'approbation des médicaments est sérieusement compromise.

Heureusement, un aspect méthodologique des études cliniques rend l'accusation de falsification des données de départ moins plausible – si la fraude se limite juste à ces données initiales. Tous les essais que nous avons analysés comportaient ce que l'on appelle une phase de « **run-in** » du placebo ou une phase de sevrage. Je vais expliquer à présent son fonctionnement en détail. Après une première évaluation qui les juge aptes à prendre part à l'étude, les patients reçoivent un placebo pendant une semaine ou deux. À la fin de cette période de run-in, on évalue une deuxième fois les patients et tous ceux dont l'état s'est amélioré sont exclus de l'essai. Les scores d'évaluation de la dépression de référence que nous avons utilisés dans nos analyse étaient ceux qui avaient été mesurés après la période de run-in ; il ne s'agissait donc pas des premières évaluations de la dépression faites par les médecins en tout début de traitement. Les patients étaient donc encore considérés comme atteints de dépression très sévère après deux semaines de traitement au placebo.

Évidemment, si les médecins ont déformé les scores de référence sur lesquels nous avons fondé notre classification, ils peuvent aussi avoir manipulé leur seconde évaluation des niveaux de dépression des patients. Ils peuvent avoir manipulé les don-

79 J. G. Rabkin et *al.*, 1986.

nées initiales pour recruter plus de patients et puis une deuxième fois pour les garder dans l'essai à la fin de la période de run-in. Mais cela rend l'accusation de manipulation des données encore plus troublante. Si les données ont été déformées intentionnellement au moins deux fois, comment pourrions-nous faire confiance à l'évaluation des résultats effectuée à la fin de l'essai ?

La période de run-in pourrait elle-même influencer les données de l'essai clinique, mais pas dans le sens dénoncé par les critiques de notre méta-analyse. Au contraire, en écartant les patients qui réagissent au placebo, la période de run-in devrait faire passer les médicaments pour plus efficaces qu'ils ne le sont en réalité. C'est un défaut potentiel de la méthodologie des études cliniques : il favorise le médicament face au placebo. La pratique est, par ailleurs, douteuse en termes d'éthique[80]. Les patients ne sont pas informés qu'ils vont recevoir un traitement placebo pendant un temps et on ne les en informe pas non plus lors du débriefing en fin d'études. Le run-in constitue donc une violation du consentement éclairé.

Sandra Lee, avec ses collègues de l'hôpital général Saint Boniface à Winnipeg, au Canada, a étudié les effets de l'inclusion d'une période de run-in avec placebo et de la mise à l'écart des patients dont l'état s'est amélioré. Bien que le run-in tende à produire de plus grands effets du médicament, la différence n'est pas statistiquement significative. Une partie du problème vient du fait qu'il y a relativement peu d'études sans phase de run-in. Il est donc difficile d'atteindre le seuil de pertinence statistique. Les auteurs ont conclu que « *d'un point de vue scientifique, il n'y a pas de raison d'utiliser la phase de run-in avec placebo pour éliminer ceux qui répondent au placebo car elle est coûteuse en temps et en effort* ». Mais ils ont également prédit que la pratique du run-in avec placebo serait maintenue malgré son coût, car elle entraîne des résultats

80 Ted J. Kaptchuk, 1998b.

qui amplifient l'effet du médicament[81].

Les sujets étaient trop déprimés

Alors que certains critiques se sont plaints que les patients des essais cliniques que nous avons évalués n'étaient pas assez déprimés, d'autres ont affirmé qu'ils étaient trop déprimés. Un éditorial de la revue *Nature Reviews Drug Discovery*, par exemple, regrettait que « *tous les essais analysés, sauf un, concernaient des groupes avec des scores de dépression initiaux moyens classée comme "très sévère", ce qui limitait les extrapolations*[82]. » Ils soupçonnent, semble-t-il, que les antidépresseurs soient plus efficaces pour les patients atteints de « dépression sévère » et moins pour les groupes « légèrement déprimés » ou « très sévèrement déprimés », puis qu'ils soient à nouveau plus efficaces pour ceux atteints de la dépression la plus extrême.

C'est une version assez tortueuse. Elle suggère que, comme le corps invertébré du monstre du Loch Ness, qui s'élève et s'abaisse au dessus et en dessous du niveau de la mer, les effets des antidépresseurs pourraient monter et descendre au-dessous et au-dessus du seuil de pertinence clinique, selon la sévérité de la dépression initiale.

Dans le chapitre 2, j'ai présenté une analyse des données sur les antidépresseurs fournies par les firmes pharmaceutiques, effectuée par les instances européennes de régulation des

81 Sandra Lee et *al.*, 2004.
82 Éditorial « A Double-Edged Sword », 2008. Je voudrais aussi noter que *Nature*, qui est la revue de premier plan du Groupe Nature Publishing Group, a réagi à notre méta-analyse avec un excellent éditorial le 6 mars 2008. On y citait les difficultés que nous avions rencontrées pour avoir accès à des données complètes. Ils ont défendu l'idée d'une base de données obligatoire qui donnerait accès aux résultats de tous les essais cliniques réalisés, et pas juste à ceux qui sont publiés.

médicaments[83]. Cette analyse montre que l'inquiétude soulevée par les rédacteurs de *Nature Reviews Drug Discovery* n'est pas fondée. Les données de l'agence régulatrice comportent des essais de patients atteints de dépression sévère, ainsi que des essais avec des patients modérément déprimés ou très sévèrement déprimés et, comme elle inclut des essais publiés et non-publiés, cette analyse peut parfaitement répondre à la question de savoir si les patients atteints de dépression sévère répondent mieux que d'autres. Les régulateurs européens n'ont trouvé aucune preuve que les réponses aux antidépresseurs étaient liées à la sévérité de la dépression. Les patients qui souffraient de dépression sévère n'étaient pas plus susceptibles de répondre aux antidépresseurs – ou aux placebos, d'ailleurs – que ceux qui étaient modérément ou très sévèrement déprimés.

Les patients n'étaient pas représentatifs

De nombreux patients sont exclus des essais cliniques. Certaines personnes qui critiquent de notre méta-analyse ont suggéré que les antidépresseurs pourraient mieux fonctionner pour ces patients-là que pour les patients qui sont étudiés dans les essais cliniques. Voyons si cette hypothèse est plausible.

L'un des objectifs principaux, lorsqu'on exclut un patient d'un essai clinique, est d'améliorer la différence entre le médicament et le placebo[84]. Deux méthodes permettent d'y arriver. La première consiste à éliminer tous ceux qui sont le plus susceptibles de répondre à un placebo. Pour y parvenir, on exclut des essais cliniques les patients qui ne sont déprimés que depuis peu de temps, ceux qui sont seulement légèrement déprimés et ceux qui répondent au traitement placebo pendant la phase de run-in.

83 Hans Melander, Tomas Salmonson et *al.*, 2008.
84 D. S. Charney et *al.*, 2002 ; Michael A. Posternak et *al.*, 2002.

La seconde méthode consiste à se débarrasser des patients qui ne sont pas susceptibles de réagir assez bien au médicament actif. C'est pour cette deuxième raison que l'on exclut les patients qui sont déprimés depuis très longtemps, pour qui des traitements antérieurs n'ont pas fonctionné, qui abusent de l'alcool ou d'autres drogues, ou qui, en plus d'être déprimés, souffrent aussi d'anxiété, de trouble de la personnalité ou d'autres troubles médicaux. Les patients qui présentent ces caractéristiques ne répondent pas aussi bien que d'autres au traitement médicamenteux.

Les critères d'exclusion utilisés dans les essais cliniques rendent difficile une évaluation précise de l'efficacité réelle des antidépresseurs dans la population générale et dans la pratique clinique. Mais, si les essais sont biaisés, ils le sont en faveur des médicaments plutôt que du placebo.

La plupart des essais cliniques, y compris ceux que mes collègues et moi-même avons analysés, sont menés sur des volontaires, dont beaucoup sont recrutés au moyen de publicités. Peut-être ces gens déprimés ne répondent-ils pas aussi bien aux médicaments que les patients que l'on rencontre dans la pratique clinique. Il faut alors rappeler que l'essai STAR-D, que j'ai décrit plus avant, a été conçu spécifiquement pour évaluer l'effet des antidépresseurs sur les patients rencontrés en pratique clinique. Aucun des patients de cet essai n'a été recruté par de la publicité. Il s'agissait de simples patients qui cherchaient un traitement pour la dépression auprès de cabinets de médecine générale ou d'établissements psychiatriques de jour. De plus, comme les critères d'exclusion habituels avaient été allégés, l'étude évalue un éventail de patients plus large que les autres essais cliniques. Elle excluait tout de même les patients qui avaient déjà essayé des antidépresseurs sans succès, mais cette exclusion devrait produire de meilleurs taux de réponse, pas de moins bons.

Si les critiques de notre méta-analyse ont raison, l'essai STAR-D devrait montrer une réponse au médicament plus importante que celle rapportée habituellement dans les essais cliniques. En réalité, ce n'est pas le cas[85]. L'essai a montré des taux de rémission et de réponse très similaires à ceux rapportés dans les essais cliniques contrôlés par placebo, du même type que ceux que nous avons analysés, mes collègues et moi-même. Et cela, même si l'essai STAR-D ne comportait pas de groupe de contrôle placebo, de manière à augmenter la réponse au traitement antidépresseur[86]. De toute façon, comme je l'ai expliqué, les essais cliniques que nous avons analysés montraient de meilleurs résultats que ce qu'auraient montré des essais avec des groupes de patients plus représentatifs.

La charge de la preuve

Enfin, des critiques, qui jugent notre méta-analyse imparfaite, considèrent implicitement que c'est à moi de prouver que les antidépresseurs ne marchent pas. Mais à qui incombe la charge de la preuve ? Plus tôt dans ce chapitre, j'ai dressé une liste de quelques-unes des substances qui ont été utilisées en médecine au cours des siècles. Parmi ces substances, on trouve également la viande avariée, les crottes de mouche, la sueur humaine, les vers de terre, les araignées, la fourrure et les plumes. Ces traitements semblaient marcher par le passé, du moins suffisamment pour que les médecins et leurs patients leur accordent toute leur confiance. Nous ne pouvons pas non plus démontrer scientifiquement qu'ils ne marchent pas parce qu'ils n'ont pas été testés dans des études cliniques. Peut-être devrions-nous recommencer à les utiliser jusqu'à ce que des essais cliniques adéquats prouvent leur

85 Trivedi et *al.*, 2006.
86 Sneed et *al.*, 2008.

inefficacité ? Après tout, si l'on en croit les critiques que j'ai cités au début de ce chapitre : « *Des dizaines d'essais cliniques, des dizaines d'années de pratique clinique et des millions de patients satisfaits ne peuvent pas se tromper à ce point*[87]. »

La pierre angulaire, c'est que la pratique de la médecine devrait se fonder sur des preuves empiriques, et non sur leur absence. Je n'ai pas à prouver que les antidépresseurs ne fonctionnent pas. C'est aux firmes pharmaceutiques qu'il revient de prouver qu'ils fonctionnent. Si les essais sont réalisés selon les règles déontologiques, alors on doit admettre les conclusions tirées des données : « *Des différences significatives entre le médicament et le placebo n'ont pas pu être établies pour la plupart des patients*[88] ». En tout cas, l'objectif de prouver l'efficacité des antidépresseurs n'a pas été atteint.

En outre, il ne suffit pas de prouver que les antidépresseurs sont **statistiquement** meilleurs que les placebos. Pour que des médicaments soient commercialisés et pour que des patients soient exposés à leurs effets secondaires et à d'autres risques, il faut prouver que le bénéfice par rapport aux placebos est **cliniquement** significatif.

Dans les dossiers que j'ai obtenus de la FDA, les collaborateurs de l'agence ont reconnu que **les médicaments qu'ils avaient approuvés n'avaient pu montrer un bénéfice cliniquement significatif**. Ils avaient démontré la « **preuve de principe** » de leur efficacité. La « preuve de principe » signifie simplement que les médicaments sont statistiquement supérieurs aux placebos, même si la différence clinique est extrêmement faible. En approuvant le Cipramil (qui porte le nom de Celexa aux États-Unis), le Directeur de la division des médicaments neuropharmacologiques de la FDA a résumé la situation ainsi :

87 Werner, 2008.
88 *Ibid.*

« La taille de l'effet et, ce qui est plus important, la valeur clinique de cet effet ne peuvent être mesurés de façon valide, du moins pas dans le genre d'expériences qui ont été menées.

Par conséquence, la preuve substantielle, dans le cas présent, comme dans toutes les autres évaluations, de l'efficacité des antidépresseurs, démontre la preuve de principe de l'efficacité du médicament. »

Et le responsable d'équipe des Médicaments psychiatriques a commenté :

« Il est difficile de juger de la pertinence clinique de cette différence, des découvertes similaires pour d'autres ISRS et d'autres antidépresseurs récemment approuvés ont été considérées suffisantes pour soutenir l'approbation de ces autres produits. »

Autrement dit, la « valeur clinique » d'un antidépresseur ne fait pas partie des critères d'approbation de la FDA.

Mais les essais cliniques soumis à la FDA établissent-ils même la preuve de principe ? Souvenez-vous que les petites différences entre le médicament et le placebo trouvées dans les essais de la FDA pouvaient être dues à la levée de l'insu sur la base de la perception d'effets secondaires. Il pourrait simplement s'agir d'un effet placebo accru, plutôt que d'un véritable effet du médicament. Comme je l'ai noté dans le chapitre 1, une fois qu'on tient compte des effets secondaires, la différence entre les ISRS et le placebo n'est même plus statistiquement significative[89].

Même si la FDA ne tient pas compte de la valeur clinique d'un antidépresseur quand elle l'approuve, le NICE, lui, a pris en compte la pertinence clinique quand il a rédigé ses directives cliniques. Plus récemment, les régulateurs européens, dans leur « apologie » rédigée suite à la publication de notre dernière méta-analyse, ont

89 Corrado Barbui, Andrea Cipriani et Irving Kirsch, 2009.

reconnu que **la pertinence clinique devrait être un élément à prendre en compte pour approuver un médicament**. Ils ont essayé – sans y parvenir, à mon avis – de montrer rétrospectivement que les données démontraient une pertinence clinique et statistique. C'est un changement bienvenu et j'espère qu'il sera adopté comme mesure officielle.

Des essais ultérieurs ont donné des résultats différents

Dans l'ensemble, les firmes pharmaceutiques ont assez bien réagi aux diverses analyses de leurs données que nous avons effectuées. D'eux d'entre elles m'ont d'ailleurs engagé pour de brèves missions de consultance. Elles n'étaient pas du tout surprises par nos découvertes – elles savaient tout cela depuis toujours et se demandaient pourquoi nous en faisions toute une histoire. En fait, si elles m'ont engagé, c'est parce que l'effet placebo est redoutablement fort. Elles avaient du mal à démontrer les effets des médicaments et espéraient trouver un moyen d'identifier les personnes susceptibles de répondre à un traitement placebo. Si les firmes pharmaceutiques en étaient capables techniquement, elles pourraient exclure des essais cliniques celles qui répondent au placebo et, une fois ces personnes exclues, il serait plus facile de montrer un effet du médicament.

GlaxoSmithKline (GSK), le fabriquant du Seroxat, semble être la seule firme pharmaceutique à avoir commenté publiquement notre méta-analyse[90]. Nous nous étions limités à l'analyse des données soumises à la FDA, qui comprenaient 16 essais du Seroxat. Ils ont dit qu'ils avaient réalisé plus de 170 essais ; les 16 essais que nous avions analysés n'étaient donc qu'une petite part des études existantes.

90 GlaxoSmithKline, 2008.

Comme je l'ai expliqué dans le chapitre 2, suite à un procès dans lequel GSK était accusé d'occulter une partie des données négatives des essais cliniques, la société a été obligée de publier sur un site Internet les résultats de toutes ses études du Seroxat. J'ai examiné toutes ces études. La plupart n'ont pas de groupe de contrôle placebo. Elles ne sont donc pas pertinentes quant à savoir si les ISRS sont meilleurs qu'un placebo pour le traitement de la dépression.

Mais le site de GSK révèle aussi quelques études « post-commercialisation » contrôlées par placebo. Il s'agit d'études réalisées après que la FDA a approuvé le Paxil (le nom du Seroxat aux États-Unis). Comme nos analyses se limitaient à l'ensemble des données de la FDA, nous n'avions pas inclus ces données ultérieures. Leurs résultats étaient-ils différents ?

Coïncidence, des chercheurs au centre de l'Organisation mondiale de la santé (OMS), de l'Université de Vérone en Italie et de l'Université de Nagoya City au Japon avaient déjà analysé tous les essais d'antidépresseurs contrôlés par placebo disponibles sur le site Internet de GSK et publié les résultats à peu près au même moment que notre analyse des données de la FDA. Ils ont trouvé quarante études contrôlées par placebo du Seroxat pour le traitement de dépression majeure, parmi lesquels seize avaient été envoyées à la FDA. Les résultats de leur analyse des quarante études étaient pratiquement identiques à ceux des données qui avaient été soumises à la FDA.

Nous avions découvert que les placebos étaient à 82 % aussi efficaces que les antidépresseurs pour traiter les dépressions majeures. Dans l'étude postérieure, qui incluait les études post-commercialisation sur le site Internet de GSK, le placebo était à 83 % aussi efficace que le vrai médicament[91].

91 Corrado Barbui, Toshiaki A. Furukawa et Andrea Cipriani, 2008.

« Huile et eau » ou « armes à feu et armes blanches » ?

Il y a une autre possibilité. On pense généralement que l'effet du médicament s'ajoute à l'effet placebo, de sorte que l'amélioration que ressentent les patients est la somme de l'effet du médicament et de l'effet placebo. Cette supposition est implicite dans la conception des essais cliniques contrôlés par placebo, où l'effet du médicament est évalué comme la différence entre la réponse au médicament et la réponse au placebo. Anne Harrington, une historienne des sciences à l'Université d'Harvard et à la *London School of Economics*, appelle cela « **l'hypothèse de l'huile et de l'eau** ».

Cependant, les effets du médicament et du placebo pourraient ne pas s'additionner, comme le font l'huile et l'eau[92]. Ils pourraient être indépendants et la réponse serait alors la même, indépendamment de l'effet placebo. On pourrait, par exemple, comparer les médicaments à des armes à feu et les placebos à des armes blanches. Tirer avec un revolver sur quelqu'un peut le tuer aussi sûrement que de lui tirer dessus et de le poignarder en même temps ; etce n'est pas parce qu'une arme blanche suffit pour envoyer quelqu'un dans l'autre monde qu'une arme à feu est inofensive... De même, il est possible que les effets des antidépresseurs soient réels et qu'ils soient importants, malgré la petite taille de la différence entre le médicament et le placebo.

Peut-être que les patients déprimés se sentiraient mieux avec des antidépresseurs, même s'ils en prenaient à leur insu.

Autrement dit, la réponse aux antidépresseurs pourrait être un véritable effet du médicament qui est masqué par l'effet placebo dans les essais cliniques.

92 Irving Kirsch, 2000.

Un certain nombre d'études avec des volontaires sains cherchent à savoir si les effets des médicaments et des placebos s'additionnent. Ces études recourent à une méthode expérimentale appelée « **le modèle du placebo équilibré**[93] ». Le Tableau 3.1 ci-dessous montre comment ce type d'étude est réalisé. On dit à la moitié des sujets de l'étude (ceux dans le groupe A et B dans le tableau) qu'ils ont été placés dans le groupe médicament. On dit aux autres (groupes C et D) qu'ils sont dans le groupe placebo. Parfois, cette information est vraie, parfois non. Les sujets du groupe A reçoivent un médicament et savent qu'ils l'ont reçu. Ceux du groupe B pensent qu'ils ont reçu le vrai médicament mais ont, en réalité, reçu un placebo. Les sujets du groupe C reçoivent un médicament mais ils pensent qu'il s'agit d'un placebo. Le groupe D est un groupe de contrôle qui montre ce qui se passe quand les sujets ne reçoivent rien, pas même un placebo.

Reçoivent en réalité	On leur dit qu'ils reçoivent	
	Médicament	Placebo
Médicament	A	C
Placebo	B	D

Tableau 3.1 Le modèle expérimental du placebo équilibré.

Le modèle du placebo équilibré permet d'évaluer si les effets des médicaments et des placebos s'additionnent, comme l'huile et l'eau, ou si le placebo masque simplement des effets qui, en réalité, sont produits par le médicament. Si les effets du médicament et du placebo s'additionnent, les sujets qui savent qu'ils reçoivent le vrai médicament (ceux du groupe A) devraient voir leur état s'améliorer plus que ceux qui reçoivent un placebo (groupe B) ou ceux qui prennent le médicament sans le savoir (groupe C). D'autre part, s'il y a un véritable effet du médicament qui est masqué par l'effet placebo – c'est-à-dire, si les deux effets ne s'additionnent pas – alors les personnes qui reçoivent le médicament

93 G. A. Marlatt et D. J. Rohsenow, 1980.

sans le savoir (groupe C) devraient aller mieux que celles qui ne reçoivent ni le médicament, ni le placebo (groupe D), même si les effets du médicament et du placebo (groupe B et C) sont équivalents.

Des études de ce type indiquent que certains effets de médicaments s'additionnent et que d'autres ne le font pas. Par exemple, les effets du médicament et ceux du placebo s'ajoutent pour produire un effet combiné plus fort quand on évalue l'effet de la caféine sur la vigilance ou les effets de la morphine sur la douleur[94]. Mais tous les effets des médicaments et des placebos ne s'additionnent pas de cette manière. On trouve parfois des interactions bizarres. Ainsi, la tension ou la nervosité que certaines personnes ressentent quand ils boivent trop de café ne se produit que quand ils consomment trop de caféine et en sont conscients (groupe A dans le tableau). Le café caféiné ne rend pas les gens nerveux quand ils pensent qu'il est décaféiné (groupe C) et la caféine placebo ne les rend pas nerveux non plus (groupe B).

Des preuves indirectes suggèrent que l'effet antidépresseur du médicament – s'il y en a un – et les effets placebo s'additionnent. Comme je l'ai expliqué dans le chapitre 1, les patients des essais cliniques sans groupe placebo voient leur état s'améliorer beaucoup plus que dans les essais contrôlés avec placebo. Dans les essais cliniques contrôlés avec placebo, on dit aux patients qu'ils reçoivent peut-être un placebo et cette information diminue les effets de la prise du médicament[95].

Toutefois, l'effet pur du médicament n'a pas été évalué par une étude réalisée sur le modèle du placebo équilibré et il est possible qu'un test de ce genre révèle plus d'effets que dans les essais cliniques habituels.

....

94 Irving Kirsch et M. J. Rosadino, 1993 ; Fabrizio Benedetti, G. Maggi et *al.*, 2003.

95 Sneed et *al.*, 2008.

Comme cette possibilité existe, on pourrait penser que les firmes pharmaceutiques seraient désireuses de tenter une étude de ce genre, mais ce n'est pas le cas. Je fais campagne depuis des années en faveur de l'hypothèse de **l'addition des effets**[96], mais les firmes pharmaceutiques ne semblent pas prêtes à sponsoriser un essai qui pourrait permettre de le démontrer ou, si elles l'ont fait, les résultats n'ont pas été publiés. Bien que les résultats de pareils tests puissent défendre les antidépresseurs et montrer qu'ils fonctionnent indépendamment de l'effet placebo, ils pourraient aussi confirmer que les antidépresseurs sont à peine plus que des placebos actifs.

Qui souhaiterait prendre pareil risque ?

Conclusion

En écrivant ce livre et en répondant aux diverses préoccupations des critiques de notre méta-analyse, j'ai trouvé des données dont je n'avais pas connaissance auparavant – dont certaines n'avaient pas été publiées au moment où mes collègues et moi-même rédigions notre méta-analyse. Ces données indiquaient que nous avions été trop précautionneux dans notre interprétation des données reçues de la FDA.

Jusqu'à présent, j'ai soutenu que les effets thérapeutiques des antidépresseurs sont faibles et que des bénéfices cliniquement significatifs peuvent être limités à un petit sous-ensemble de patients et que les effets du médicament pourraient ne pas être dus à leur composition chimique spécifique : dès lors, au lieu d'être des agents thérapeutiques actifs, les antidépresseurs pourraient être simplement des placebos actifs. En cherchant à répondre aux objections des gens qui me critiquent, j'ai été poussé vers des conclu-

96 Irving Kirsch, « Are drug and placebo effects in depression additive ? » *Biological Psychiatry*, 47, 733-735, 2000.

sions qui aillaient au-delà de ce que j'imaginais. **J'ai toujours eu des doutes sur l'opinion répandue selon laquelle la dépression est une maladie du cerveau – un déséquilibre chimique qui peut être inversé par des médicaments antidépresseurs.**

Maintenant, en rassemblant toutes les données, j'en suis arrivé à penser que la théorie du déséquilibre chimique n'est pas du tout plausible.

Dans le chapitre qui suit, j'examine avec précision les données qui ont permis d'étayer la théorie du déséquilibre chimique. D'autres que moi ont soutenu que ces données n'apportent qu'un faible soutien à cette thèse[97]. Je vais plus loin. Je ne pense pas que les données sont faibles. Elles sont en réalité plutôt fortes. Mais au lieu de soutenir la théorie du déséquilibre chimique, elles la contredisent. **Il semble maintenant incontestable que la thèse traditionnelle qui présente la dépression comme un déséquilibre chimique est tout simplement erronée.**

97 Pedro L. Delgado, 2000.

Chapitre 4

Le mythe du déséquilibre chimique

On nous répète à l'envi que la dépression est une maladie du cerveau, un déséquilibre chimique qui peut être ajusté par les médicaments antidépresseurs. Dans une brochure publiée pour donner au public des informations sur la dépression, l'Institut américain de santé mentale explique que « *les maladies dépressives sont des déséquilibres du cerveau* » et ajoute que « *d'importants neurotransmetteurs – des substances chimiques que les cellules du cerveau utilisent pour communiquer – semblent être déséquilibrés* ». Cette vision est tellement répandue qu'elle a même été soutenue par les rédacteurs de la *Bibliothèque publique scientifique de Médecine* (*PLos Medicine*) dans leur résumé qui accompagnait notre article. Ils ont écrit que : « *la dépression est une maladie grave causée par des déséquilibres des substances chimiques du cerveau qui régulent l'humeur* » et ils ont ajouté que les antidépresseurs sont censés fonctionner en corrigeant ces déséquilibres. Les rédacteurs ont parlé des déséquilibres chimiques comme s'il s'agissait d'un fait établi et les firmes pharmaceutiques présentent cette thèse de la même manière. Alors qu'en réalité, elle n'est pas du tout avérée. Même les défenseurs de cette théorie doivent admettre que c'est une hypothèse controversée, qui n'a pas encore été prouvée[98]. Et, non seulement l'hypothèse du déséquilibre chimique n'est pas prouvée, mais j'affirme que rarement une théorie scientifique n'a été si proche d'être contredite par les preuves.

Comment fonctionne le cerveau ?

Pour comprendre la théorie du déséquilibre chimique, il sera utile de passer d'abord en revue des aspects basiques du fonctionnement du cerveau. Le cerveau humain contient environ cent milliards de cellules nerveuses appelées « **neurones** ». Chaque neurone est comme un fil électrique avec de nombreuses ramifi-

98 Jeffrey R. Lacasse et Jonathan Leo, 2005 ; P. J. Cowen, 2008.

cations. Quand un neurone est activé, des impulsions électriques voyagent sur toute sa longueur d'un bout à l'autre. Quand une impulsion atteint l'extrémité d'une ramification, elle peut stimuler le neurone suivant, déterminant s'il est activé ou non.

En réalité, les neurones ne se touchent pas. Des espaces emplis de fluides, appelés « synapses », séparent l'extrémité d'un neurone et le début d'un autre. Les impulsions électriques du cerveau ne sont pas assez fortes pour franchir ces zones. Comment l'impulsion électrique d'un neurone peut-elle alors influencer l'activation d'une cellule nerveuse voisine ? Elle le fait grâce à des substances chimiques appelées « **neurotransmetteurs** », qui sont fabriquées par les neurones. Ils franchissent la synapse et font passer l'information. La sérotonine est l'un des neurotransmetteurs à travers lequel un neurone influence l'activation d'un autre. On trouve également la norépinéphrine et la dopamine. Il y a de nombreuses autres sortes de neurotransmetteurs, mais on pense que ces trois-là – surtout la sérotonine – ont un rapport avec la dépression.

Une fois que les molécules neurotransmettrices ont influencé l'activation d'un neurone receveur (que l'on appelle techniquement un « **neurone postsynaptique** »), certaines d'entre elles sont détruites par des enzymes dans la fente synaptique (la synapse), d'autres sont réabsorbées par le neurone présynaptique émetteur dans un processus appelée la « **recapture** », et le reste demeure dans les espaces entre les deux neurones. L'hypothèse du déséquilibre chimique suggère qu'il n'y a pas assez de sérotonine, de norépinéphrine et/ou de dopamine dans les synapses du cerveau. C'est ce que l'on appelle plus précisément « **la théorie monoamine de la dépression** », parce que la sérotonine et la norépinéphrine appartiennent toutes deux à la classe de neurotransmetteurs appelés les « **monoamines** ».

Invention de la théorie du déséquilibre chimique

Les années 1950 virent l'avènement de la guerre de Corée, de la révolution cubaine, de la révolution hongroise, de la bombe à hydrogène, des hippies… et des antidépresseurs. Deux types d'antidépresseurs ont été développés au cours de cette décennie et, dans les deux cas, la découverte des effets antidépresseurs est le résultat du hasard. L'histoire de la découverte des antidépresseurs – le terme « invention » convient peut-être mieux – et de la façon dont ils ont conduit au développement de la théorie du déséquilibre chimique est assez compliquée[99]. Mais elle vaut la peine qu'on s'y intéresse car on peut en tirer des leçons importantes. Dès le début, la théorie du déséquilibre chimique s'est fondée sur des preuves fragiles et contradictoires, et les données qui la contredisaient ont tout simplement été ignorées. C'est un schéma qui allait se répéter. Pourtant, cette théorie demeure l'explication la plus répandue de la dépression et la majorité des données qui la contredisent continuent d'être ignorées.

Le premier antidépresseur était un médicament, l'iproniazide. Produit en 1951 à partir de restes de carburant de fusées allemandes par le laboratoire pharmaceutique Hoffmann-Laroche, il était utilisé pour le traitement de la tuberculose. Comme pour la plupart des médicaments, les essais cliniques de l'iproniazide révélèrent divers effets secondaires, mais tous n'étaient pas négatifs. Certains patients, par exemple, ressentaient une vitalité et un bien-être accrus. Au début, on ignora ce que l'on considérait comme un simple effet secondaire, mais il ne fallut pas longtemps pour que des cliniciens en France et aux États-Unis commencent à essayer l'iproniazide comme traitement de la dépression.

En 1957, Nathan Kline, Harry Loomer et John Saunders, de l'hôpital d'État de Rockland, à Orangeburg, dans l'État de New York, ef-

99 David Healy, 1997 ; Joanna Moncrieff, 2008a.

fectuent la première évaluation influente de l'iproniazide comme « énergisant psychique » sur des patients psychiatriques qui n'étaient pas atteints de tuberculose, dont certains souffraient de dépression. D'après leur rapport, environ deux tiers des patients montraient une « réponse mesurable » au médicament. C'est à peu près le même taux de réponse que celui qui est rapporté pour les essais cliniques des antidépresseurs aujourd'hui et, comme nous l'avons vu, une grande partie de cette réponse – sinon toute la réponse – peut être attribuée à l'effet placebo.

Mais l'étude réalisée par Kline et ses collègues ne comportait pas de groupe de contrôle placebo – les essais cliniques avec contrôle placebo n'étaient pas encore à la mode – et on pensait que l'effet antidépresseur était une réponse biologique au médicament. En moins d'un an, plus de 400 000 patients déprimés ont été traités avec de l'iproniazide. Les premiers antidépresseurs étaient nés[100]. Un an après que Kline et ses collègues eurent rapporté les effets de l'iproniazide sur les patients psychiatriques, un psychiatre suisse du nom de Roland Kuhn publia un article dans le *Journal américain de psychiatrie* sur les effets antidépresseurs du médicament tricyclique imipramine. Comme pour l'iproniazide, la découverte de l'imipramine était due au hasard. Kuhn étudiait les effets de l'imipramine sur la psychose, pas sur la dépression, mais trois de ses patients, chez qui on avait diagnostiqué une dépression psychotique, montrèrent une amélioration marquée et Kuhn essaya l'imipramine sur d'autres patients déprimés[101]. Il rapporta qu'un pourcentage élevé de ses patients s'étaient complètement rétablis, généralement après deux ou trois jours de traitement au médicament[102]. C'est assez remarquable, étant donné la croyance répandue depuis lors qu'il faut attendre des semaines avant que les antidépresseurs ne fassent effet.

100 Francisco López-Muñoz et *al.*, 2007.
101 Peter Fangmann et *al.*, 2008.
102 Roland Kuhn, 1958.

Il est important de noter que les affirmations sur l'efficacité de l'iproniazide et de l'imipramine ne se fondaient pas sur des essais cliniques contrôlés par placebo. Ils se fondaient sur des impressions cliniques[103]. En « découvrant » les effets antidépresseurs de l'imipramine, Kuhn n'utilisa même pas de mesures précises, d'échelles d'évaluation ou de statistiques. Il affirmait qu'en médecine, les mesures précises conduisaient à la stagnation et non au progrès, et il préférait plutôt s'appuyer sur sa grande expérience médicale et sur son « imagination artistique[104] ».

Malgré la faiblesse des données, l'idée que l'iproniazide et l'imipramine étaient des antidépresseurs efficaces fut largement acceptée. Ce n'est pas très étonnant, étant donné le contexte de l'époque. Dans les années 1950 et 1960, le pouvoir de l'effet placebo commençait à peine à être reconnu et les essais cliniques contrôlés par placebo étaient rares. Les nouveaux traitement étaient souvent acceptés sur la base de l'expérience clinique et du témoignage des experts du domaine.

L'iproniazide et l'imipramine semblaient marcher comme antidépresseurs, mais comment parvenaient-ils à faire effet ? Il allait encore falloir attendre une décennie pour que la théorie du déséquilibre chimique soit lancée. En 1965, Joseph Schildkraut, de l'Institut national de santé mentale à Washington, DC, publia un article novateur dans lequel il soutenait que la dépression était causée par une déficience du neurotransmetteur norépinéphrine dans les zones situées entre les neurones dans le cerveau[105]. Deux ans plus tard, Alec Coppen, un médecin de l'hôpital West Park, dans le Surrey, publia une autre version de la théorie du déséquilibre chimique. Elle différait de celle de Schildkraut car elle considérait en grande partie responsable un autre neurotransmetteur, la sérotonine, au lieu de la norépinéphrine[106].

103 Healy, 1997.
104 Roland Kuhn, 1990.
105 Joseph J. Schildkraut, 1965.
106 Alec Coppen, 1967.

Quelle était la base scientifique de ces théories du déséquilibre chimique ? Comme je l'ai noté plus avant, on sait maintenant que la norépinéphrine et la sérotonine sont des neurotransmetteurs, des substances chimiques qui transmettent les signaux nerveux d'un neurone à l'autre. Mais dans les années 1950, la connaissance de la neurotransmission était pour le moins vague. La présence de la norépinéphrine dans le système nerveux n'a été démontrée qu'en 1954 et la preuve du fonctionnement de la dopamine comme neurotransmetteur n'a pas été apportée avant 1958. Même dans les années 1960, l'idée que la neurotransmission soit de nature principalement chimique, bien que soutenue par un groupe de scientifiques en majorité britanniques, n'était pas encore largement acceptée[107].

Dans ce contexte, des chercheurs ont apporté des preuves que l'iproniazide, le médicament antituberculose qui allait devenir le premier antidépresseur, pouvait augmenter les niveaux de norépinéphrine et de sérotonine dans le cerveau. Comment avait-il cet effet ? Rappelez-vous que certaines molécules neurotransmettrices libérées par un neurone sont détruites par des enzymes dans la fente synaptique entre le neurone présynaptique émetteur et le neurone postsynaptique receveur. Quand le neurotransmetteur est une monoamine – comme la norépinéphrine et la sérotonine – ce processus s'appelle la « monoamine oxydase » (MAO). Dès 1952, des chercheurs de la faculté de médecine de la Northwestern University de Chicago ont rapporté que l'iproniazide inhibait l'oxydation des monoamines[108]. Cela signifiait que l'iproniazide était un inhibiteur de monoamine oxydase (IMAO), comme on appelle couramment ce type d'antidépresseur.

Voici donc la logique derrière la première version de la théorie du déséquilibre chimique. L'iproniazide est un inhibiteur de mo-

107 Healy, 1997.
108 López-Muñoz et *al.*, 2007 ; Healy, 1997.

noamine oxydase : il inhibe l'oxydation de la norépinéphrine et de la sérotonine dans les synapses, laissant ainsi plus de neurotransmetteurs disponibles dans le cerveau. Quand les gens déprimés prennent de l'iproniazide, ils vont mieux. L'insuffisance de norépinéphrine et/ou de sérotonine cause donc la dépression[109].

Cette première version de la théorie biochimique de la dépression posait un problème. L'iproniazide était le seul médicament rapporté comme efficace en tant qu'antidépresseur. L'imipramine, le médicament qui avait été testé par le psychiatre suisse Roland Kuhn, semblait avoir des effets similaires. Mais l'imipramine n'est pas un IMAO, il n'inhibe pas la destruction des neurotransmetteurs dans les synapses. Dès lors, si les antidépresseurs fonctionnaient en inhibant la monoamine oxydase, pourquoi l'imipramine était-elle efficace ? Comment concilier son apparente efficacité avec la théorie du déséquilibre chimique ? La réponse est qu'il y a deux façons d'augmenter les niveaux de neurotransmetteurs. Une est d'inhiber leur destruction après qu'elles ont été libérées dans la fente synaptique. C'est comme cela que sont censés fonctionner les IMAO. Rappelez-vous tout de même qu'après qu'un neurotransmetteur est libéré, certaines de ses molécules sont réabsorbées par le neurone présynaptique qui les a libérées par un processus qui s'appelle la « recapture ». Bloquer ce processus de recapture devrait aussi augmenter le niveau de neurotransmetteurs dans le cerveau.

En 1961, Julius Axelrod, qui reçut plus tard le prix Nobel de médecine pour son travail sur la libération et la recapture des neurotransmetteurs, rapporta que l'imipramine, comme quelques autres médicaments, inhibait la recapture de norépinéphrine chez les chats. Deux ans plus tard, il rapporta que ces médicaments inhibaient aussi la recapture de sérotonine[110].

109 Schildkraut, 1965.
110 Julius Axelrod, L. G. Whitby et George Hertting, 1961 ; Julius Axelrod et Joseph K. Inscoe, 1963.

La découverte d'Axelrod expliquait ainsi comment l'imipramine pouvait soulager la dépression, même si elle n'inhibait pas la destruction de neurotransmetteurs dans le cerveau. Une fois le problème de l'imipramine résolu, la théorie du déséquilibre chimique semblait fonctionner. La théorie disait que deux types de médicament soulagent la dépression et, bien qu'ils fonctionnent de façon différente, le résultat final est le même. L'un bloque la destruction de la norépinéphrine et de la sérotonine. L'autre inhibe leur recapture. Dans les deux cas, le résultat devrait être qu'il y a davantage de ces neurotransmetteurs disponibles dans le cerveau. Mais ce n'était encore que la moitié du raisonnement qui soutenait la théorie du déséquilibre chimique. L'autre moitié provient des études de la réserpine, un médicament extrait de la *Rauvolfia serpentina* ou « l'arbre aux serpents indien », qui était utilisé autrefois pour traiter les morsures de serpent, l'hypertension, l'insomnie et la folie. Des études sur des animaux ont montré que la réserpine provoquait la sédation et diminuait les niveaux de norépinéphrine, de sérotonine et de dopamine dans le cerveau. Des rapports cliniques ont indiqué que des gens étaient atteints de dépression sévère après avoir pris de la réserpine[111]. En mettant ensemble ces deux découvertes, il semblait probable que la réserpine déprimait les gens parce qu'elle diminuait les niveaux des neurotransmetteurs.

Quand on ajoute les études sur la réserpine aux études sur les antidépresseurs, la logique derrière la théorie du déséquilibre chimique commence à paraître convaincante. Les médicaments comme la réserpine diminuent les neurotransmetteurs monoamines et rendent les gens déprimés. Les médicaments qui augmentent ces neurotransmetteurs d'une façon ou d'une autre soulagent leur dépression. La dépression est donc due à un manque de monoamine.

111 Schildkraut, 1965.

La base empirique de la théorie du déséquilibre chimique

L'hypothèse de la monoamine est une belle explication. Elle ne présente qu'un défaut : elle ne correspond pas vraiment aux données, ni à celles qui étaient disponibles dans les années 1960 quand la théorie a été mise au point et ni à celles qui ont été accumulées depuis.

Le mythe de la dépression induite par la réserpine

Une partie de l'argument de départ pour justifier l'hypothèse du déséquilibre chimique était que la réserpine est censée diminuer la disponibilité des monoamines et donc rendre les gens déprimés. Mais est-ce bien le cas ? Tout comme les articles qui indiquent que l'iproniazide et l'imipramine fonctionnent comme antidépresseurs, la conclusion que la réserpine rend les gens déprimés se fonde sur des rapports cliniques, et non sur des essais contrôlés.

En 1971, la réévaluation de ces essais cliniques a montré qu'on avait fait beaucoup de bruit pour rien. Seuls 6 % des personnes à qui on avait donné de la réserpine ont développé une dépression clinique, même après avoir pris le médicament pendant des périodes plus longues. Cela signifie que 94 % des patients n'ont pas été déprimés par la réserpine. De plus, parmi le petit pourcentage de patients qui sont devenus dépressifs, la plupart avaient déjà souffert de dépression avant[112]. Leurs nouveaux épisodes de dépression pouvaient n'avoir aucun rapport avec la réserpine. Ils ont peut-être simplement connu une rechute, comme de nombreuses personnes dépressives après s'être remis d'une dépression[113].

112 F. K. Goodwin et W. E. Bunney, 1971.
113 A. John Rush et *al.*, 2006a.

Voilà qui met à mal l'idée que c'est la réserpine qui cause la dépression !

Le ré-examen de ces rapports cliniques, démontrant que la plupart des personnes qui avaient pris de la réserpine ne connaissaient pas de dépression, n'a été publié qu'en 1971, quelques années après que la théorie du déséquilibre chimique a été rendue populaire par Schildkraut et Coppen. Mais dix ans avant la publication de leurs articles influents, un essai clinique minutieusement contrôlé sur les effets de la réserpine sur l'humeur avait été entrepris[114]. Loin de confirmer la croyance qu'elle rendait les gens déprimés, l'étude semblait montrer l'inverse. Au lieu déprimer des personnes en bonne santé, la réserpine semblait améliorer l'état de ces patients. Comme l'a décrit le principal auteur de l'étude, Michael Shepherd, en 1956 :

« *Quand nous avons commencé à utiliser la réserpine à l'hôpital Maudsley il y a moins de deux ans, il y avait très peu de rapports de son usage dans le traitements des problèmes neuropsychiatriques et pratiquement aucune étude clinique. Le Dr D. L. Davies et moi-même avons donc réalisé un essai clinique sur un groupe mélangé de patients externes, dont la majorité souffrait d'anxiété et de réactions dépressives. On a donné à ces patients de la réserpine, prescrite sous le nom de Serpasil en dose de 0,5 mg par voie orale deux fois par jour, ou un placebo d'apparence identique. Les deux substances étaient administrées par le pharmacien de l'hôpital, qui employait une méthode randomisée et qui était le seul à connaître la nature du médicament dispensé à chaque patient ; la récolte habituelle de réactions placebo qui ont été observées pendant les examens hebdomadaires a rapidement montré l'importance de ce genre de précautions quand on teste des patients de ce type. À la fin de la sixième semaine, la réponse de chaque patient a été estimée grâce à des échelles d'évaluation qui étaient remplies par les médecins et les patients.*

114 D. L. Davies et Michael Shepherd, 1955.

Les résultats ont montré une différence très nette en faveur des patients traités à la réserpine[115]. »

Autrement dit, le médicament qui était censé provoquer la dépression, selon la théorie du déséquilibre chimique, la soulageait en réalité, quand on l'étudiait comme traitement possible, dans une étude contrôlée par placebo.

Comment la théorie du déséquilibre chimique a-t-elle été proposée et si largement acceptée alors que la seule étude scientifique contrôlée indiquait qu'on pouvait soulager la dépression et non la provoquer, en donnant aux patients un médicament qui augmente le niveau de monoamines dans le cerveau ? David Healy, dans son traité exhaustif sur l'histoire des antidépresseurs, apporte une réponse à cette question[116].

Cette étude a tout simplement été ignorée, bien qu'elle ait été publiée dans *The Lancet*, l'une des revues médicales les plus prestigieuses. L'essai clinique de la réserpine réalisé par Shepherd n'était d'ailleurs pas la seule preuve ignorée par les défenseurs de la théorie du déséquilibre chimique. Schildkraut et Coppen ont cité le travail de Julius Axelrod, le scientifique lauréat du prix Nobel, qui avait découvert quelques années plus tôt que l'imipramine inhibait la recapture de norépinéphrine et de sérotonine – les neurotransmetteurs qui sont censés être les causes de la dépression. Ce que Schildkraut et Coppen ont omis de dire, quand ils ont défendu leur théorie de la monoamine, était qu'Axelord avait trouvé d'autres médicaments qui inhibaient la recapture de ces neurotransmetteurs et l'un de ces autres médicaments était la réserpine : le médicament qui était censé provoquer la dépression, d'après la théorie du déséquilibre chimique.

....

115 Michael Shepherd, 1956.
116 Healy, 1997.

Schildkraut et Coppen auraient dû savoir que la réserpine inhibait la recapture de la norépinéphrine et de la sérotonine, puisque cela avait été rapporté dans les mêmes articles que ceux qui faisaient état des effets de l'imipramine. Et ils ne pouvaient avoir ignoré ce détail, parce que c'est la première chose qui est mentionnée dans ces articles. Le résumé au début du tout premier article sur le sujet commence par cette phrase :

« *La réserpine, l'amphétamine, l'imipramine et la chlorpromazine ont réduit de façon marquée la recapture de la norépinéphrine-H3 circulante*[117]. »

Dans un sens, il semble étrange que Schildkraut et Coppen aient omis ce fait essentiel, étant donné qu'il aurait pu expliquer la découverte de Michael Shepherd que la réserpine fonctionne comme antidépresseur quand on l'administre à des patients dans un essai clinique. Mais reconnaître que la réserpine avait le même effet que l'imipramine sur la recapture des neurotransmetteurs aurait démoli un des deux piliers empiriques de la théorie, le fait supposé que la réserpine diminue les niveaux de norépinéphrine et de sérotonine et cause donc la dépression.

Que se passe-t-il quand la sérotonine est réduite ?

Quand Schildkraut a introduit la théorie de la monoamine pour expliquer la dépression, il a admis qu'elle s'appuyait sur peu de preuves directes. Elle se fondait plutôt sur l'efficacité supposée des antidépresseurs et la croyance erronée que la réserpine rend les gens déprimés. Schildkraut a reconnu que :

« *La plus grande partie des preuves est indirecte, elle provient d'études pharmacologiques, avec des médicaments tels que la réserpine, les amphétamines et les antidépresseurs inhibiteurs de monoamine oxydase qui produisent des changements affectifs*[118]. »

117 Axelrod, Whitby et Hertting, 1961.
118 Schildkraut, 1965.

Un demi-siècle s'est écoulé depuis l'introduction de sa théorie du déséquilibre chimique, et l'efficacité présumée des antidépresseurs reste la preuve principale sur laquelle s'appuie cette théorie. Mais, comme nous l'avons vu, les effets thérapeutiques des antidépresseurs sont principalement dus à l'effet placebo, ce qui rend cette théorie biochimique caduque.

Pendant les cinquante dernières années, les chercheurs ont tenté de rassembler plus de preuves directes, afin d'étayer la théorie de la monoamine comme cause de la dépression mais, en général, ils ont échoué. Au lieu de trouver des confirmations, ils ont surtout abouti à des conclusions contradictoires ou qui allaient à l'encontre de la théorie[119]. L'exemple le plus marquant étudie des techniques qui réduisent rapidement le taux de sérotonine, de norépinéphrine ou de dopamine dans le cerveau. Le raisonnement derrière ces études est simple : si un manque de ces neurotransmetteurs dans le cerveau cause la dépression, alors diminuer leurs niveaux devrait causer la dépression chez des personnes qui ne sont pas déprimées. L'étude montre que ce n'est pas le cas.

Il y a quelques substances qui peuvent réduire la sérotonine, la norépinéphrine ou la dopamine rapidement et de façon importante, en les abaissant à des niveaux que l'on pense plus bas que ceux des patients déprimés[120]. C'est ce que la réserpine était censée faire et, comme nous l'avons vu, cela ne provoquait pas la dépression – même si les premières impressions cliniques avaient laissé penser le contraire. D'autres substances ont été utilisées dans des études ultérieures, notamment des mélanges d'acides aminés qui ne contiennent pas les acides aminés nécessaires pour que le corps produise les neuro-transmetteurs. Par exemple, on faisait boire à des gens un breuvage riche en acides aminés mais qui ne contient pas de tryptophane (l'acide aminé nécessaire pour

119 Lacasse et Leo, 2005 ; Joanna Moncrieff, 2008b ; Eero Castrén, 2005.
120 Joseph Mendels et Alan Frazer, 1974.

produire la sérotonine) : cela abaissait leur taux de sérotonine en quelques heures.

La réduction des neurotransmetteurs a été tentée dans quatre-vingt dix études au moins et a fait l'objet de plusieurs analyses systématiques. La plus récente et la plus complète est une méta-analyse réalisée par une équipe de chercheurs de l'Université d'Amsterdam[121]. Ces études se fondaient sur la prémisse que des niveaux de monoamine abaissés causent la dépression, et que la réduction de ces neurotransmetteurs devrait provoquer la dépression chez des personnes qui ne sont pas déprimées. Voici ce qui se passe en réalité. Abaisser de façon expérimentale le taux de sérotonine, de norépinéphrine ou de dopamine disponible chez des volontaires sains, qui n'ont jamais été déprimés, n'affecte absolument pas leur humeur.

Il n'y a qu'un groupe de sujets étudiés chez qui une diminution rapide de la sérotonine provoque parfois une dépression clinique. Il s'agit de patients déprimés en rémission qui, à ce moment-là, prennent des ISRS. Environ la moitié de ces patients rechute quand la sérotonine est diminuée. Attention, cela ne se produit que quand ils prennent toujours des antidépresseurs. S'ils ont arrêté de prendre leur médicament, la diminution de la sérotonine peut avoir un petit effet transitoire sur leur humeur, mais cela ne les rend pas à nouveau déprimés. Et la rechute ne se produit que si le médicament qu'ils prennent est censé augmenter la disponibilité de sérotonine dans le cerveau. Abaisser le taux de sérotonine ne provoque pas la dépression chez les sujets qui prennent à ce moment-là un type d'antidépresseur qui n'affecte pas la sérotonine.

Il est difficile de savoir comment interpréter la découverte du fait qu'abaisser la sérotonine déprime certaines personnes qui

121 H. G. Ruhé, N. S. Mason et Aart H. Schene, 2007.

prennent conjointement des médicaments pour augmenter la sérotonine. Cela pourrait être parce que les ISRS induisent une vulnérabilité biologique temporaire à la diminution de sérotonine. D'un autre côté, il pourrait s'agir d'un effet « **nocebo** », c'est-à-dire un effet négatif causé par un placebo. Dans les deux cas, les résultats de plusieurs dizaines d'années d'études de la réduction des neurotransmetteurs pointent vers une conclusion inéluctable : **un niveau bas de sérotonine, de norépinéphrine ou de dopamine ne cause pas la dépression.** Voici comment les auteurs de la méta-analyse la plus complète de toutes ces études de la déplétion[122] de la sérotonine ont résumé les données :

« *Bien qu'auparavant, les systèmes monoamines étaient considérés comme responsables du développements de troubles dépressifs majeurs (TDM), les preuves disponibles à ce jour ne soutiennent pas une relation causale directe avec les TDM. Il n'y a pas de corrélation simple directe entre le taux de sérotonine ou de norépinéphrine dans le cerveau et l'humeur*[123]. »

Autrement dit, après un demi-siècle de recherches, l'hypothèse du déséquilibre chimique telle qu'elle a été prônée par les laboratoires pharmaceutiques qui produisent les ISRS et d'autres antidépresseurs ne s'appuie, non seulement sur rien de clair et de concret, mais a été formellement démontée par des preuves expérimentales.

Si la théorie du déséquilibre chimique comme cause de la dépression s'appuie sur des arguments si faibles, pourquoi cette théorie est-elle si largement acceptée et pourquoi continue-t-on à s'y accrocher ? La théorie de la sérotonine avait un avantage majeur : tout le monde pouvait la comprendre. La sérotonine était une bonne chose ; le manque de sérotonine, une mauvaise chose.

122 déplétion : réduction de la quantité normale d'un liquide contenu dans une cavité ou un système [note de l'éditeur (NDE)]
123 *Ibid.* Par soucie de clarté, j'ai changé la citation en donnant le nom complet de certaines abréviations.

Les preuves n'étayent pas vraiment cette jolie histoire, mais peu de médecins ont le temps d'analyser les données avec attention. Ils voient les publicités des firmes pharmaceutiques dans leurs revues professionnelles et ils lisent les notices d'information approuvées par la FDA et d'autres instances de régulation. Lors des congrès médicaux, ils rencontrent des représentants des firmes pharmaceutiques qui présentent l'interprétation des preuves faite par leur société, une interprétation en accord avec la théorie du déséquilibre chimique, si simple. Elle est peut-être fausse, mais elle aide à vendre des antidépresseurs et, jusqu'à il y a peu, les médecins avaient peu de raison de la remettre en question.

Trop d'antidépresseurs marchent trop bien

Quand la théorie du déséquilibre chimique a été introduite, il y a plus de quarante ans, la principale preuve en sa faveur était l'idée que les antidépresseurs – qui, pensait-on, augmentaient la disponibilité de sérotonine et/ou d'autres neurotransmetteurs dans le cerveau – semblaient efficaces dans le traitement de la dépression. Comme l'a écrit Alec Coppen en 1967 : « *L'une des raisons les plus convaincantes pour croire qu'il y a une base biochimique à la dépression ou à la folie est le succès étonnant des méthodes physiques de traitement de ces états*[124]. » La situation n'a guère changé depuis. Les gens citent toujours l'efficacité supposée des antidépresseurs comme soutien fondamental de l'hypothèse du déséquilibre chimique. Cette théorie, disent-ils, est soutenue par « l'efficacité thérapeutique indiscutable de ces médicaments[125] ».

Même si l'efficacité thérapeutique des antidépresseurs semblait « étonnante » il y a quarante ans et semble toujours « indiscutable » pour de nombreuses personnes aujourd'hui, c'est en

124 Coppen, 1967.
125 G. S. Malhi, G. B. Parker et J. Greenwood, 2005.

réalité une illusion. Comme je l'ai montré au début de ce livre, la différence entre les effets des antidépresseurs et des placebos est cliniquement insignifiante, malgré des méthodes d'essais cliniques qui devraient la souligner. Mais, bizarrement, ce n'est pas l'inefficacité des antidépresseurs qui scelle le destin de la théorie du déséquilibre chimique. C'est plutôt leur efficacité. Le problème, c'est que trop de différents types d'antidépresseurs marchent trop bien pour que la théorie soit pertinente d'un point de vue physiologique.

Différents types d'antidépresseurs sont censés fonctionner de différentes façons. Les **ISRS** (**inhibiteurs sélectifs de la recapture de la sérotonine**) sont censés augmenter le taux de sérotonine. Les **inhibiteurs de la recapture de la noradrénaline-dopamine** (**NDRI**) sont censés augmenter la norépinéphrine (ou noradrénaline) et la dopamine, pas la sérotonine. Ces deux types d'antidépresseurs sont censés être « sélectifs », c'est-à-dire qu'ils affectent les neurotransmetteurs désignés sans affecter les autres. Ce qui est étrange, c'est que ces deux types d'antidépresseurs sont aussi efficaces l'un que l'autre pour traiter la dépression. En utilisant des données rapportées dans une méta-analyse récente, publiée dans *The Lancet*, j'ai calculé que 60 % des patients répondent aux ISRS et 59 % des patients répondent aux NDRI[126]. Vous pourriez vous demander : « Où est le problème ? ». Peut-être que certaines personnes n'ont pas assez de sérotonine et que d'autres n'ont pas assez de norépinéphrine ou de dopamine. Le problème, c'est qu'au-delà de la coïncidence remarquable des taux de réponse qui sont pratiquement identiques, nous avons

126 Andrea Cipriani et *al.*, 2009. Les calculs sont assez simples. Le schéma 3 de l'article du *Lancet* fait état de taux de réponses pour des comparaisons en face à face de différents antidépresseurs, avec le nombre de sujets, sur lesquels se fondait chaque taux de réponse. J'ai simplement extrait le taux de réponse dans toutes les comparaisons en face à face des ISRS avec un NDRI, multiplié chaque taux de réponse par le nombre de sujets sur lequel il se fondait, additionné les produits et divisé la somme par le nombre total de sujets.

également comptabilisé trop de personnes. Si l'on ajoute 60 % et 59 %, on obtient 119 %, ce qui fait 19 % de trop.

Ce n'est peut-être pas grave. Peut-être que certaines personnes déprimées n'ont pas de déséquilibre chimique et répondraient à tout – même à un placebo – alors que d'autres ne vont mieux que quand on leur donne le bon médicament. Mais si c'était vrai, alors changer le médicament des patients devrait créer une différence. J'ai analysé les recherches sur les changements d'antidépresseurs dans le chapitre 3. Certaines personnes qui n'ont pas répondu à un antidépresseur précis vont effectivement mieux quand on change leur antidépresseur. Le problème concernant la théorie du déséquilibre chimique, c'est que le type d'antidépresseur qu'on leur administre ensuite n'a aucune importance. Dans l'étude STAR-D, qui a été conçue spécialement pour étudier ce qui se passe réellement en pratique clinique, changer l'antidépresseur des patients déprimés qui ne répondent pas en remplaçant un ISRS par un autre était exactement aussi efficace que de remplacer un ISRS par un NDRI. Quand on donnait des NDRI à des personnes déprimées qui ne répondaient pas à un ISRS, 26 % d'entre elles allaient mieux, mais 27 % d'entre elles allaient mieux aussi quand on leur donnait juste un autre ISRS[127]. Une fois encore, nous avons une coïncidence remarquable d'effets identiques pour des médicaments différents. L'essai STAR-D n'est pas le seul à trouver que tous les antidépresseurs ont été créés égaux.

Dans des méta-analyses de comparaisons directes de différents antidépresseurs, on observe parfois des différences statistiquement significatives, mais elles sont en général très petites : plus petites encore que les différences médicament-placebo cliniquement insignifiantes que nous avons trouvées dans notre méta-analyse de l'ensemble des données de la FDA[128]. Si la dif-

127 A. John Rush et *al.*, 2006b.
128 Gerald Gartlehner et *al.*, 2007 ; Richard A. Hansen et *al.*, 2005 ; Cipriani et *al.*, 2009.

férence entre un antidépresseur et un placebo est petite, la différence entre un antidépresseur et un autre est quasiment non existante. Comme l'ont conclu les auteurs d'une de ces analyses : « *Dans l'ensemble, les antidépresseurs de la deuxième génération diffèrent probablement très peu pour le traitement de troubles dépressifs majeurs*[129]. » De plus, quand de petites différences sont observées, elles peuvent être au moins partiellement dues au parti pris des études. Comme je l'ai expliqué dans le chapitre 3, les études financées par une firme pharmaceutique ont généralement observé des résultats positifs pour un médicament fabriqué par ce laboratoire et des résultats négatifs pour des médicaments fabriqués par les concurrents[130].

L'interprétation la plus courante quant à l'impossibilité de trouver des différences cliniquement importantes entre les effets des différents antidépresseurs est que « choisir l'agent le plus approprié pour un patient donné est difficile[131] ». Cela présuppose qu'il y a un médicament adéquat pour un patient donné. Pourtant, les données sur lesquelles s'appuie cette conclusion suggèrent exactement le contraire. Imaginons que certains patients manquent de sérotonine, d'autres de norépinéphrine et d'autres enfin manquent des deux neurotransmetteurs. Cela paraît une coïncidence plutôt remarquable que le nombre de personnes qui souffrent de ces trois types de déséquilibre soit exactement identique. Mais même ce niveau d'improbabilité sous-estime à quel point l'équivalence des données est subversive quant à l'hypothèse du déséquilibre chimique. Si certaines personnes souffrent d'un manque de sérotonine, d'autres d'un manque de norépinéphrine et d'autres encore des deux, alors les IRSN – qui sont conçus pour augmenter la concentration des deux neurotransmetteurs – devraient apporter un bénéfice clinique à bien plus de gens que les autres traitements

129 Hansen et *al.*, 2005.
130 Robert E. Kelly, Jr, et *al.*, 2006.
131 Hansel et *al.*, 2005.

plus sélectifs. Mais ce n'est pas le cas. Les effets des IRSN ne sont guère meilleurs que ceux des ISRS ou de médicaments, comme le bupropione, qui n'affectent pas du tout la sérotonine[132].

Il est difficile d'imaginer une explication biochimique convaincante pour la quasi équivalence des différents types d'antidépresseurs. L'hypothèse du « **sur mesure** » (l'idée qu'il faut trouver le bon antidépresseur pour le déséquilibre chimique particulier de chaque patient) ne fonctionne pas. Il y a trop de médicaments qui produisent le taux de réponse de 50 % ou plus dans le traitement de la dépression, et cela ne se limite pas aux antidépresseurs.

Parmi les autres médicaments qui fonctionnent mieux que les placebos pour le traitement de la dépression, on trouve les sédatifs, les excitants, les opiacés, les médicaments antipsychotiques et le millepertuis (ou « herbe de la St-Jean »)[133]. Il existe peut-être différents sous-types de dépression et il est plausible de supposer que différents traitements puissent être efficaces pour ces différents sous-types. Mais, la proportion de personnes souffrant de chaque sous-type de dépression ne peut être supérieure à 100 %. Et pourtant, c'est exactement ce que semble nous dire les données, si l'on part du principe que la théorie du sur mesure est exacte.

Cependant, alors que la théorie du sur mesure ne colle pas aux données, une autre hypothèse tient la route. C'est l'idée que **les antidépresseurs sont des placebos actifs.** C'est-à-dire que ce sont des médicaments actifs, avec des effets secondaires induits chimiquement mais que leurs effets thérapeutiques se fondent sur l'effet placebo, pas sur leur composition chimique. Leur petit avantage dans les essais cliniques provient de la production d'effets secondaires, qui amènent les patients à comprendre qu'on leur donne le médicament actif, ce qui augmente leur attente en termes d'amélioration.

132 Rush et *al.*, 2006b.
133 Moncrieff, 2008b ; Irving Kirsch et Guy Sapirstein, 1998 ; Irving Kirsch, 2003.

Les ASRS : derniers clous dans le cercueil

Différents types d'antidépresseurs sont censés agir sur différents neurotransmetteurs. Certains sont censés n'affecter que la sérotonine, d'autres sont censés affecter à la fois la sérotonine et la norépinéphrine et d'autres encore sont censés affecter la norépinéphrine et la dopamine. Mais il y a un antidépresseur relativement nouveau qui a un mode d'action complètement différent. C'est un médicament assez improbable et les preuves de son efficacité enfoncent le dernier clou dans le cercueil de la théorie du déséquilibre chimique. Ce médicament est la tianeptine. Il a été développé en France, où il est enregistré comme antidépresseur, et commercialisé sous le nom de Stablon. Il est également prescrit comme antidépresseur dans un certain nombre d'autres pays, parfois sous le nom de Coaxil ou de Tatinol. La tianeptine est **un accélérateur sélectif de la recapture de la sérotonine** (**ASRS**).

Au lieu d'augmenter la concentration de sérotonine dans le cerveau – comme sont censés le faire les ISRS ou les IRSN – la tianeptine la diminue[134].

Si la théorie du déséquilibre monoamine est exacte, la tianeptine devrait causer la dépression au lieu de l'améliorer. Mais les données des essais cliniques montrent exactement le contraire.

La tianeptine est nettement plus efficace que les placebos et aussi efficace que les ISRS et que les antidépresseurs tricycliques[135]. Dans des comparaisons directes de la tianeptine avec des ISRS et avec les antidépresseurs tricycliques plus anciens, les trois ont produit des taux de réponse pratiquement identiques. Dans ces études, 63 % des patients répondaient à la tianeptine, contre 62 % de patients qui répondaient aux ISRS et 65 % qui répondaient aux

134 Sheldon H. Preskorn, 2004 ; Milan Sarek, 2006.
135 Siegfried Kasper et Bruce S. McEwen, 2008 ; Antona J. Wagstaff, Douglas Ormrod et Caroline M. Spencer, 2001 ; Tayfun I. Uzbay, 2008.

tricycliques[136].

Je suppose qu'un esprit ingénieux trouvera un moyen d'adapter l'hypothèse du déséquilibre chimique à ces données, mais je pense que cette adaptation nécessitera des détours compliqués, comme ceux utilisés par la Société de la terre plate dans leurs efforts pour maintenir leur théorie face aux preuves photographiques de l'espace. Si la dépression peut être affectée de la même manière par des médicaments qui augmentent la sérotonine, par des médicaments qui la diminuent et des médicaments qui ne l'affectent pas du tout, alors le bénéfice de ces médicaments ne peut pas être dû à leur activité chimique spécifique. **Et si les bénéfices thérapeutiques des antidépresseurs ne sont pas dus à leur composition chimique, alors la théorie largement répandue du déséquilibre chimique pour expliquer la dépression est sans fondement. C'est un accident de l'Histoire produit par hasard par l'effet placebo.**

Les théoriciens quittent le navire

Dans l'un des livres sur la philosophie des sciences les plus influents du XXe siècle, Thomas Kuhn décrit ce qui se passe quand un paradigme scientifique prédominant est sur le point d'être remplacé par une autre théorie[137]. Le précurseur d'un changement de paradigme en science est la découverte d'anomalies, des découvertes qui ne devraient pas être possibles si les conceptions en vigueur étaient correctes. À mesure que ces anomalies se multiplient, le domaine tombe dans un état de crise duquel il émerge seulement quand les anciennes idées sont remplacées par un nouveau paradigme.

136 Wagstaff, Ormrod et Spencer, 2001.
137 Thomas Kuhn, 1970.

La théorie biochimique de la dépression est dans un état de crise

Les données ne correspondent pas à la théorie. Les études de la déplétion des neurotransmetteurs, que j'ai décrites un peu plus tôt dans ce chapitre, montrent qu'abaisser le niveau de sérotonine ou de norépinéphrine ne rend pas la majorité des gens déprimés. Quand ils sont administrés comme antidépresseurs, des médicaments qui augmentent, diminuent ou n'ont pas d'effet sur la sérotonine soulagent tous la dépression de la même manière, à peu de choses près. Et l'effet des antidépresseurs, qui a servi de base pour proposer la théorie du déséquilibre chimique, s'avère être largement un effet placebo.

Face à toutes ces données qui contredisent l'hypothèse du déséquilibre chimique, les chercheurs se sont mis à chercher d'autres explications biochimiques. Peut-être la dépression dépend-elle d'anomalies dans le système immunitaire, suggèrent-ils, ou dans une partie du cerveau appelée « l'hippocampe » ou dans les glandes pituitaires, surrénales ou thyroïdes[138].

La nouvelle mode, c'est la théorie de la **plasticité neuronale**. La plasticité neuronale est la capacité du cerveau à changer quand les gens apprennent. Comme explication des effets des antidépresseurs, l'idée est que la dépression implique des problèmes dans la façon dont les gens déprimés traitent l'information. Les antidépresseurs – malgré leurs mécanismes très différents et parfois contradictoires – pourraient faciliter le traitement de l'information, ce qui permettrait aux personnes d'apprendre de leurs expériences. Quant à savoir comment les médicaments pourraient y parvenir, c'est une question « qui doit encore être abordée[139] ».

138 I. Hindmarch, 2002.
139 Castrén, 2005.

Ce qui est bien avec l'hypothèse de la plasticité neuronale, c'est qu'elle semble expliquer beaucoup de choses. En réalité, c'est une meilleure explication des effets de la psychothérapie que de ceux des médicaments. **Si se remettre d'une dépression dépend de l'apprentissage de nouvelles façons de penser, alors la psychothérapie – et surtout la thérapie cognitivo-comportementale – devrait être efficace et c'est le cas, à vrai dire, comme nous le verrons dans le chapitre 7.** Le concept de la plasticité neuronale est aussi utilisé pour expliquer les effets thérapeutiques de la thérapie des électrochocs, et même des placebos, sur la dépression. Comme l'a dit un défenseur de la théorie :

« *Les thérapies psychologiques et pharmacologiques, les traitements aux électrochocs et les effets placebo pourraient tous conduire à un meilleur traitement de l'information et à une amélioration de l'humeur, grâce à des mécanismes qui initient des processus similaires de plasticité.*[140] »

Le problème avec l'hypothèse de plasticité neuronale est qu'elle n'explique pas comment ces traitements très différents – y-compris des médicaments qui sont censés avoir des effets biochimiques qui sont directement opposés l'un à l'autre – produisent leurs effets supposés sur les réseaux neuronaux. En paraissant expliquer tant de choses, l'hypothèse de la plasticité neuronale (du moins, comme explication des traitements antidépresseurs) pourrait en réalité ne rien expliquer du tout. Et si les placebos suffisent à produire des changements dans la plasticité neuronale, pourquoi risquer de prendre un médicament antidépresseur ?

140 *Ibid.*

Dépression, maladie et cerveau

Comme nous l'avons vu, il n'y a pas de preuve convaincante que la dépression est due à un déséquilibre chimique dans le cerveau. La théorie du déséquilibre chimique s'est répandue à partir d'observations de cas d'amélioration avec certains médicaments et de détérioration avec d'autres, dans des études non contrôlées, alors que des données contradictoires – dont certaines proviennent, elles, d'études bien contrôlées – sont tout simplement ignorées. Des tentatives ultérieures de tester la théorie en essayant de réduire la sérotonine ou la norépinéphrine chez des patients volontaires ont complètement réfuté cette théorie.

Si elle était valide, abaisser les niveaux de ces neurotransmetteurs dans le cerveau devrait provoquer la dépression. Mais ce n'est pas le cas. Chez les volontaires sains, cela n'a eu aucun effet. Enfin, nous avons été confrontés au fait que le nouveau type d'antidépresseur – un médicament qui fait exactement le contraire de ce que les antidépresseurs conventionnels sont censés faire – est pourtant aussi efficace que d'autres médicaments pour contrôler la dépression. **La théorie du déséquilibre chimique est morte et sa résurrection est peu probable.**

Je vais être clair. La dépression existe dans le cerveau. Tous les états subjectifs – tristesse, joie, appréhension, plaisir, peur et ennui – sont ancrés dans le cerveau[141]. À l'aide de techniques de neuro-imagerie sophistiquées, les scientifiques ont déjà établi une partie des corrélats neuronaux de la tristesse et de la dépression, et ont montré comment ces états cérébraux peuvent être modifiés quand des gens déprimés vont mieux suite à un traitement, même s'il s'agit d'un placebo[142]. Mais ce n'est pas parce qu'on a

141 Michael E. Hyland, 1985.
142 Helen S. Mayberg, Mario Liotti et *al.*, 1999 ; Helen S. Mayberg, J. Arturo Silva et *al.*, 2002.

trouvé que la dépression est représentée dans le cerveau que c'est une maladie, et encore moins une maladie qui peut être soignée en modifiant chimiquement le cerveau. La dépression peut surgir alors que le cerveau fonctionne normalement, lorsque des réseaux neuronaux sont formés en réponse à des événements de la vie, vécus subjectivement comme de la tristesse et du désespoir. Il est possible que ce soient les événements qui nous donnent la sensation d'être perdus et sans espoir, il se peut aussi que ce soit la façon dont nous avons appris à interpréter ces événements qui nous rend tristes. Dans les deux cas, les mécanismes cérébraux sous-jacents peuvent être normaux.

Si la théorie du déséquilibre chimique est fausse et si la dépression n'est pas une maladie du cerveau, comment se produit-elle et comment peut-on la prévenir et la guérir ? Pour le savoir, on peut étudier le processus qui nous a orientés, à tort, vers le royaume de la chimie. Il y a un coupable dans l'histoire de la théorie du déséquilibre chimique… un coupable qui a induit en erreur médecins et patients à de nombreuses reprises dans l'histoire de la médecine. **Ce coupable, c'est l'effet placebo et son jumeau plus sombre, l'effet nocebo**. Les gens déprimés vont mieux quand on leur donne comme antidépresseurs des MAO ou des inhibiteurs de la recapture et cela a conduit les chercheurs à conclure que la dépression doit être causée par une déficience chimique. Mais une grande partie (voire la totalité) de cette amélioration s'avère être un effet placebo. Pour comprendre la dépression et savoir comment la traiter efficacement, nous devons donc examiner plus attentivement l'effet placebo. Ce sera le sujet des deux prochains chapitres.

Chapitre 5

L'effet placebo et le pouvoir de la conviction

Quand notre méta-analyse la plus récente – et la plus aboutie – a été publiée, les gros titres de nombreux journaux clamaient que « les antidépresseurs ne marchent pas[143] ». La une du *Daily Telegraph* l'a exprimé plus spécifiquement en expliquant que « les antidépresseurs ne sont pas meilleurs que des médicaments factices[144] », mais même ce titre n'était pas tout à fait exact. **Ce que nos analyses ont montré en réalité, c'est que les antidépresseurs sont statistiquement plus efficaces que les placebos mais que cette différence statistique n'est pas cliniquement pertinente. La différence est trop faible pour avoir un réel impact dans la vie de patients souffrant de dépression sévère.**

Il y a plusieurs façons d'expliquer une faible différence entre un médicament et un placebo. Il est possible que ni l'un ni l'autre ne soient efficaces. Ils peuvent aussi être tous les deux efficaces. C'est le cas des antidépresseurs. L'état des patients s'améliore avec les médicaments et leur amélioration est cliniquement pertinente. Mais leur état s'améliore aussi avec des placebos. Cela laisse penser que ce n'est pas le médicament qui améliore leur état. Mais l'amélioration n'est pas non plus le résultat du temps qui passe ni le fruit d'une amélioration spontanée de la dépression. Notre toute première méta-analyse, qui étudiait l'évolution de la dépression chez des patients n'ayant reçu aucun traitement, montrait clairement que leur état ne s'améliorait pas du tout autant que celui des patients qui prenaient un médicament ou un placebo (voir chapitre 1, p.34). **Donc, plutôt que le médicament ou le temps qui passe, il semble que ce soit grâce à l'effet placebo que les patients se sentent mieux.**

Comment est-ce possible ? Comment un médicament factice, sans ingrédients actifs, peut-il produire une amélioration substantielle dans un état aussi grave que la dépression clinique ?

143 Jeremy Laurance, 2008 ; « Depression Drugs Don't Work, Says New Study », 2008 ; Sarah Boseley, 2008 ; Fiona McRae, 2008.
144 Rebecca Smith, 2008.

Les placebos peuvent être étonnamment efficaces, et pas seulement dans le traitement de la dépression. Comme nous allons le voir dans ce chapitre, les placebos peuvent inverser les effets de médicaments puissants. Ils peuvent affecter le corps et l'esprit. Ils produisent des effets secondaires et des effets bénéfiques. Ils peuvent rendre des gens malades et améliorer leur état. Les effets placebo font partie d'un phénomène plus large : le pouvoir de la suggestion pour changer la manière dont les gens se sentent, dont ils se comportent, et même leur physiologie. Si les placebos peuvent produire des effets aussi puissants, il est important de les comprendre. Pour maîtriser l'effet placebo et l'utiliser dans la pratique clinique, nous devons découvrir ses secrets. Dans ce chapitre, nous étudions son pouvoir : sa capacité à produire des changements thérapeutiques et à faire du mal.

La découverte de l'effet placebo

Le mot « *placebo* » signifie « je plairai » en latin. Il trouve son origine dans le rite catholique des Vêpres, au cours duquel la congrégation chantait « *placebo Domino in regione vivorum* » (« Je plairai au Seigneur au royaume des vivants »). En France, au Moyen Âge, des gens qui ne connaissaient pas les personnes de leur vivant venaient parfois à leur enterrement dans l'espoir de partager la nourriture et les boissons qui étaient distribuées ensuite. On les appelait « les chanteurs placebo ». Dans l'un des *Contes de Canterbury*, Geoffrey Chaucer a appelé « Placebo » un personnage flagorneur et dans un autre (*The Parson's Tale*) il a écrit « les flatteurs sont les chapelains du diable, toujours à chanter placebo[145] ».

Au XIXe siècle, le terme « placebo » fit son entrée dans le vocabulaire médical avec le sens « une méthode ou un remède courant ». Mais il n'y avait toujours pas de reconnaissance de l'effet placebo.

145 Jeff Aronson, 1999 ; Geoffrey Chaucer, 2003.

Comme le laissait entendre leur étymologie, les placebos pouvaient plaire aux patients, mais ils ne pouvaient améliorer leur état. L'expression « effet placebo » ne semble pas avoir été utilisée avant 1920 et il fallut attendre la seconde moitié du XXe siècle pour que leur effet thérapeutique soit largement reconnu[146]. Jusqu'alors, le placebo était considéré comme une escroquerie donnée aux patients pour les apaiser quand on ne disposait pas de ce qu'il fallait pour les guérir[147].

Avant le milieu du XXe siècle, les essais cliniques avec groupes de contrôle placebo étaient rares en recherche médicale. Les médicaments étaient adoptés principalement sur la base de l'expérience clinique et le témoignage d'experts. Quelques études contrôlées par placebo furent menées en Angleterre et aux États-Unis au début du XXe siècle. Mais les placebos n'y étaient utilisés que pour prendre en compte l'évolution naturelle des maladies, dont certaines, comme le rhume, guérissent sans traitement. Les patients dans les groupes de contrôle recevaient un placebo, pas parce qu'on pensait qu'il pouvait avoir un effet, mais pour s'assurer de leur coopération et pour les garder dans l'étude. C'était bien avant l'avènement du consentement éclairé et les chercheurs n'avaient aucun scrupule à duper les patients dans le cadre de leurs recherches. De nos jours, tromper un patient dans un essai clinique est contraire à l'éthique.

Bien que l'usage systématique du contrôle placebo en médecine soit relativement nouveau, la logique sous-jacente ne l'est pas. Ted Kaptchuk, de l'Université de Harvard, a retracé l'utilisation des contrôles placebo jusqu'aux rites d'exorcisme au XVIe siècle[148]. On croyait alors que les démons ne supportaient pas le contact avec le divin. On pensait donc pouvoir les détecter et les chasser avec de l'eau bénite, des hosties consacrées et des prières.

146 T. C. Graves, 1920.
147 « The Humble Humbug », 1954.
148 Ted J. Kaptchuk, Catherine E. Kerr et Abby Zanger, 2009.

Pour déceler les charlatans, les prêtres recouraient parfois à de « faux exorcismes », au cours desquels ils utilisaient de l'eau et des hosties non consacrées et, au lieu de réciter des prières, ils marmonnaient des textes séculaires en latin. Si ces interventions profanes produisaient les mêmes convulsions que les exorcismes sacrés, on diagnostiquait le charlatanisme, au lieu de la possession.

C'est deux cents ans plus tard que fut évaluée pour la première fois une procédure médicale avec des contrôles placebo. Il s'agissait du magnétisme – qu'on appelle plus couramment aujourd'hui l'hypnose – tel qu'il était pratiqué par les disciples du médecin viennois du XVIIIe siècle, Franz Anton Mesmer. Mesmer pensait que de nombreuses maladies étaient causées, à l'intérieur du corps, par un déséquilibre d'un fluide magnétique invisible qui imprègne l'Univers. Comme on utilise aujourd'hui les antidépresseurs pour régler un déséquilibre chimique présumé, Mesmer et ses adeptes utilisaient le magnétisme pour régler un déséquilibre magnétique qu'ils tenaient pour responsable des maladies de leurs patients.

Au XVIIIe siècle, les traitements médicaux conventionnels, comme la saignée, n'étaient pas soumis à des essais contrôlés par placebo. Mais le magnétisme n'était pas un traitement conventionnel. Les magnétistes touchaient leurs patients avec des aimants, massaient leur corps, les plaçaient sous des arbres « magnétisés » ou leur donnaient à boire de « l'eau magnétisée ». La procédure la plus scandaleuse consistait à faire asseoir une patiente avec les genoux serrés autour des cuisses d'un magnétiste, qui appliquait une pression sur ses « ovaires », tout en touchant son corps jusqu'à ce qu'elle commence à entrer en convulsion. On appelait ça « les passes » et les historiens racontèrent plus tard que de nombreuses femmes étaient tellement enchantées de la crise de convulsion produite par ce traitement qu'elles suivaient Mesmer et le suppliaient de recommencer[149].

En 1784, à la demande de Louis XVI, une Commission royale fut établie pour étudier le mesmérisme. Elle comptait parmi ses membres quelques-unes des figures les plus illustres de l'époque : Benjamin Franklin, qui était alors ambassadeur des États-Unis en France ; Antoine Lavoisier, le fondateur de la chimie moderne ; et le tristement célèbre Joseph-Ignace Guillotin, plus connu aujourd'hui pour sa solution mécanique aux problèmes de corps et d'esprit. Les membres de la Commission imaginèrent une série d'expériences, parmi lesquelles on trouvait des procédures de contrôle étonnamment sophistiquées. Par exemple, un arbre du jardin de Benjamin Franklin fut « magnétisé » par un des disciples de Mesmer, mais le sujet de l'expérience fut mené vers un autre arbre. On dit à un autre sujet qu'une cruche d'eau avait été « magnétisée », alors que c'était faux, et on fit croire à un autre encore que les mesméristes le « magnétisaient » derrière la porte fermée. La Commission conclut que les effets du mesmérisme étaient imputables à l'imagination et à la conviction, pas au magnétisme.

Au début du xxe siècle, des chercheurs allemands, autrichiens et suisses reconnurent que des effets apparents d'un médicament pouvaient être imputables à la suggestion et, en 1930, des chercheurs américains aboutirent à la même conclusion. Pourtant, il fallut attendre les années 1950 pour que la communauté médicale reconnaisse aux placebos un pouvoir autre qu'apporter du confort aux patients incurables. C'est cette reconnaissance qui conduisit à l'adoption des essais en double aveugle contrôlés par placebo, qu'Harry Gold et ses collègues de l'Université de Cornell préconisaient depuis vingt ans comme le « standard idéal » pour évaluer de nouveaux médicaments[150].

149 Alfred Binet et Charles Féré, 1988.
150 Ted J. Kaptchuk, 1998a ; Ted J. Kaptchuk, 1998c.

Le pouvoir du placebo

La première vérification importante du pouvoir réel de l'effet placebo fut rapportée en 1950 par Stewart Wolf, un médecin et chercheur de l'Université de Cornell[151]. Dans son article précurseur sur la « pharmacologie des placebos », Wolf décrit des démonstrations expérimentales de la capacité du placebo à inverser les effets d'un médicament actif. L'inversion s'était chaque fois produite en donnant au sujet de fausses informations sur la nature du médicament. Tous les changements subjectifs furent vérifiés par une évaluation physiologique. On administrait aux sujets de l'Ipecac, un médicament qui provoque nausées et vomissements. À une certaine époque, on le donnait à des enfants qui avaient ingéré une substance toxique. Aujourd'hui, les autorités sanitaires déconseillent fortement cette pratique.

L'un des sujets de Wolf était une femme enceinte de 28 ans qui vomissait sans cesse depuis deux jours. Wolf lui dit qu'il lui donnait un médicament qui mettrait fin à ses nausées. Il lui donna en réalité de l'Ipecac. Wolf rapporte que les nausées de sa patiente disparurent complètement vingt minutes après l'ingestion du sirop et qu'elles ne réapparurent pas avant le lendemain matin. Pour voir ce qui se passait physiologiquement, Wolf avait inséré un ballon dans l'estomac de sa patiente afin d'enregistrer ses contractions gastriques. Avant le traitement, elle montrait l'inhibition de l'activité gastrique qui accompagne généralement les nausées, mais quand celles-ci disparurent, les contractions gastriques normales recommencèrent. Cela signifiait que l'effet placebo n'était pas juste dans la tête de la patiente ; il était aussi dans son corps.

Wolf mena ensuite une expérience similaire sur une jeune femme déprimée qui se plaignait depuis quelques mois d'épisodes

151 S. Wolf, 1950.

récurrents de nausées. Il confirma d'abord que les nausées dont se plaignait sa patiente s'accompagnaient bien d'inactivité gastrique. Puis il lui donna de l'Ipecac en lui disant que cela mettrait fin à ses nausées. En une demi-heure, Wolf observa une reprise de l'activité gastrique normale. Quand les nausées recommencèrent une heure plus tard, Wolf lui donna une nouvelle dose d'Ipecac. Cette fois, l'effet thérapeutique se produisit en quinze minutes. Les contractions gastriques normales reprirent et la patiente ne se plaignit plus d'autres nausées ce jour-là.

La démonstration la plus connue de Wolf des effets placebo sur la fonction gastrique concerne un patient que l'on a appelé « Tom ». Tom avait une grande fistule gastrique, un conduit anormal qui rendait impossible l'observation directe de sa muqueuse gastrique. Il avait déjà été le sujet de plus de cent expériences sur les effets de différents médicaments. L'un d'entre-eux était la Prostigmine, un médicament qui provoque une hyperfonction gastrique, des crampes abdominales et la diarrhée. Ces effets ont, par la suite, été reproduits par des placebos inertes. Dans une autre expérience, Tom a été observé après treize administrations de placebo et pendant treize essais de contrôle, au cours desquels on ne lui donna aucune substance. L'administration du placebo a résulté en une diminution de 33 % des sécrétions d'acide gastrique, contre une diminution de 18 % pendant les essais de contrôle[152]. En 1955, Henry Beecher publia un article intitulé « Le puissant placebo » qui, malgré son âge, est sans doute l'article le plus influent jamais écrit sur le sujet[153]. Beecher affirmait que, en calculant la moyenne de 15 études comprenant des maux divers – notamment douleurs post-opératoires sévères, maux de tête, anxiété, mal de mer, toux et rhumes ordinaires – environ un patient sur trois à qui l'on donnait un placebo se sentait mieux, un chiffre devenu parole d'évangile. Pourtant, aussi répandue que

152 *Ibid.* ; F. K. Abbot, M. Mack et S. Wolf, 1952.
153 H. K. Beecher, 1955.

soit cette idée reçue, elle est fausse.

En réalité, le pourcentage de patients qui réagissent à un placebo est très variable. Parfois, presque tous les patients réagissent, mais il peut arriver que le placebo n'ait aucun effet. Cette variation importante a été démontrée pour la première fois en 1957, par une étude d'Eugene Traut et Edwin Passarelli, dans une clinique de rhumatologie de Chicago[154]. Traut et Passarelli ont commencé par donner à leurs patients des comprimés placebo. La moitié s'est sentie mieux ; l'autre, pas. On fit des injections placebo à ceux dont l'état ne s'était pas amélioré. En additionnant ceux qui avaient réagi au comprimé placebo et ceux qui avaient réagi à l'injection placebo, 82 % des patients semblaient bénéficier du traitement placebo. Celui-ci fut poursuivi et se montra efficace pendant trente mois – la durée totale de l'étude. Alors, quel est le taux réel de réponse à un placebo ? Est-ce 30 %, comme l'affirmait Beecher ; 50 % comme les patients qui ont reçu des comprimés placebo pour l'arthrite ou 80 %, comme quand les comprimés ont été remplacés par des injections ? En réalité, cette question n'a pas de réponse pertinente. C'est comme demander quel pourcentage de personnes sont ivres après avoir bu de la bière, sans préciser la quantité.

Bien que l'article de Beecher sur le pouvoir du placebo ait eu une influence énorme – au point de changer la façon dont on évalue les nouveaux médicaments – il y avait un défaut de taille dans les données sur lesquelles il se fondait[155]. Parfois, les patients vont mieux en l'absence de tout traitement. L'estimation du taux de réponse au placebo effectuée par Beecher n'a pas pris en compte l'évolution naturelle de la maladie traitée, la guérison spontanée ou d'autres facteurs qui peuvent produire une amélioration, même chez des patients qui n'ont pas reçu de placebo.

154 E. F. Traut et E. W. Passarelli, 1957.
155 Kaptchuk, 1998c.

Le taux de réponse au placebo de 35 % calculé par Beecher pour le rhume ordinaire était certainement imputable au temps qui passe. De même que l'effet d'un médicament est la différence entre la réponse au médicament et la réponse à un placebo, l'effet placebo est la différence entre la réponse au placebo et l'amélioration qui se serait produite si la personne n'avait reçu aucun traitement. C'est un facteur que Beecher a négligé.

En 2001, deux chercheurs danois, Asbjørn Hróbjartsson et Peter Gøtzsche, ont publié une méta-analyse influente dans laquelle ils ont estimé la différence entre les effets d'un placebo par rapport à l'absence de traitement[156]. Ils ont trouvé un effet placebo important, surtout dans le traitement de la douleur, mais cet effet semblait globalement assez faible – beaucoup plus faible que ce que l'on attendrait d'un traitement « puissant ». Sur la base de ces données, les chercheurs se sont demandé : « Est-ce que le placebo est impuissant ? » Ils ont conclu qu'il y avait peu de preuves que les placebos aient des effets cliniques puissants.

Il semblerait donc que Beecher se soit trompé. Mais s'est-il vraiment trompé ? La méta-analyse danoise comporte deux problèmes. L'un d'eux est la façon dont le terme « placebo » a été défini. D'habitude, les placebos sont de faux comprimés, de fausses gélules ou de fausses injections, présentés comme des traitements actifs. Mais de nombreuses études évaluées par Hróbjartsson et Gøtzsche ne comportaient pas de placebo dans le bon sens du terme. Ces études examinaient les effets de plusieurs activités, comme lire pour le plaisir, répondre à des questions sur ses hobbies, parler de livres, de films ou d'émissions de télé. Toutes ces activités ont été considérées comme des placebos et leurs effets ont été pris en compte dans l'étude. Mais peut-on vraiment parler de placebo ? Si votre médecin vous donne un traitement et vous

156 A. Hróbjartsson and P. C. Gøtzsche, 2001 ; A. Hróbjartsson et P. C. Gøtzsche, 2004.

dit qu'il s'est avéré efficace, vous aurez probablement une assez grande confiance dans ce traitement. Mais imaginez qu'au lieu de vous donner un traitement, votre médecin vous conseille de vous mettre au lit avec un bon polar ce soir-là. Quitteriez-vous son cabinet avec le même espoir d'amélioration que celui que les placebos sont censés générer et grâce auquel ils font effet ? **Une évaluation sérieuse de l'effet placebo doit se fonder sur un placebo crédible, qui augmente l'espoir d'amélioration, un espoir aussi fort que celui suscité par un traitement actif.**

L'analyse de Hróbjartsson et Gøtzsche comportait un défaut plus important encore : la diversité des troubles évalués. Les placebos avaient été utilisés pour traiter le rhume ordinaire, l'infertilité, les désaccords conjugaux, les retards mentaux, l'abus d'alcool, le tabagisme, la mauvaise hygiène buccale, le virus de l'herpès, l'encoprésie et des « maladies non diagnostiquées ». Les placebos ne sont pas des panacées. Ils peuvent être très puissants pour certains maux, moins efficaces pour d'autres et ne pas avoir d'effets du tout sur certaines maladies.

Comme nous l'avons vu au début de ce livre, les placebos sont très efficaces pour le traitement de la dépression, dans lequel l'effet placebo (c'est-à-dire, la différence entre la réponse au placebo et le temps qui passe) est deux fois plus important que l'effet du médicament (la différence entre la réponse au médicament et la réponse au placebo). Ils ont également un effet considérable sur la douleur, surtout dans les études spécialement conçues pour évaluer l'effet placebo[157]. Mais ils sont inefficaces pour l'infertilité. Ils n'ont pas non plus d'effet sur les nouveaux-nés, qui étaient les sujets d'une des études que Hróbjartsson et Gøtzsche ont analysées. Imaginez un article scientifique qui évalue l'efficacité d'un traitement médical en général, sans tenir compte de la maladie ou

157 Lene Vase, Joseph L. Riley III et Donald D. Price, 2002 ; Joel R. Sneed et *al.*, 2008.

du traitement ? L'article pourrait conclure que les traitements médicaux sont très efficaces ou qu'ils ne sont pas très efficaces. Cela dépendrait, en partie du moins, des traitements inclus dans le rapport. Cela n'a pas de sens d'essayer d'estimer l'efficacité d'un traitement médical en général. Certains sont extrêmement efficaces, tandis que d'autres ont des effets beaucoup plus faibles. Pour certaines maladies, aucun traitement efficace n'a encore été trouvé. C'est le problème quand on tente d'évaluer l'efficacité globale des placebos, comme Beecher et les chercheurs danois avaient essayé de faire. Il n'y a pas **un** effet placebo. L'effet placebo dépend d'une série de facteurs, comme la maladie qu'il soigne, son mode d'administration, sa couleur, son prix, l'existence d'un nom commercial reconnu et la dose prescrite. Des études de l'effet placebo révèlent que, toutes choses restant égales, prendre des comprimés placebo quatre fois par jour est plus efficace que les prendre deux fois seulement ; les placebos avec un nom commercial sont plus efficaces que ceux présentés comme des médicaments génériques ; les injections de placebos sont plus efficaces que les comprimés et les placebos plus chers marchent mieux que les moins chers[158].

L'effet placebo dépend aussi de ce que l'on dit aux gens sur le « traitement » qu'ils reçoivent. L'effet est plus faible quand on informe les patients que leur traitement pourrait être un placebo, comme c'est le cas habituellement dans les essais cliniques, et il est plus important quand on leur dit que ce traitement s'est montré efficace[159]. Comme les effets du placebo sont extrêmement variables, les tentatives d'évaluer son efficacité générale, sans préciser la maladie et les conditions d'administration, sont vaines.

Certaines études ont montré qu'un placebo était plus efficace qu'un médicament actif. L'étude de ce genre la plus récente a été

158 Anton J. M. de Craen, D. E. Moerman et *al.*, 1999 ; Anton J. M. de Craen, J. G. Tijssen et *al.*, 2000 ; A. Branthwaite et P. Cooper, 1981 ; Rebecca L. Waber et *al.*, 2008.
159 Vase, Riley III et Price, 2002.

réalisée par une équipe de chercheurs menée par Peter Tyrer au Département de médecine psychologique de l'Imperial College de Londres. Le groupe de Tyrer a évalué l'usage de médicaments antipsychotiques pour réduire les comportements agressifs chez les adultes retardés mentalement.

Ils ont trouvé une diminution conséquente de l'agressivité après le traitement, pourtant la plus grande diminution ne s'est pas produite dans le groupe traité avec le vrai médicament, mais chez les patients qui avaient reçu un placebo. Les patients qui avaient reçu le véritable médicament antipsychotique ont vu leur comportement agressif diminuer de 60 %, alors que ceux qui avaient reçu un placebo ont vu leur agressivité diminuer de 80 %. Il semblerait que le médicament avait pour conséquence de diminuer l'effet placebo[160].

La chirurgie placebo

Un des facteurs qui influence l'importance de l'effet placebo est la façon dont il est administré. Les injections placebo, par exemple, sont plus efficaces que les comprimés placebo ; et l'acupuncture placebo – qui utilise de fausses aiguilles dont la pointe se rétracte comme la lame d'un poignard de théâtre, au lieu de percer la peau – est également plus efficace que des comprimés placebo[161]. La chirurgie est le plus puissant des placebos. Environ 45 % des patients atteints de la maladie de Parkinson vont mieux après une fausse opération, contre que 14 % seulement suite à la prise de comprimés placebo[162].

De la chirurgie placebo ? Cela ressemble à une blague, mais ça n'en est pas une. Comme tout traitement, les procédures chirur-

160 Peter Tyrer et *al.*, 2008.
161 De Craen, Tijssen et *al.*, 2000 ; Ted J. Kaptchuk, W. B. Stason et *al.*, 2006.
162 Christopher G. Goetz et *al.*, 2008.

gicales suscitent des espoirs d'amélioration et une partie de leur efficacité peut donc être imputée à l'effet placebo. C'est pour cette raison que les fausses opérations ont été utilisées comme placebo dans certains essais cliniques. La chirurgie placebo consiste à ouvrir les patients et à les recoudre sans effectuer de véritable intervention chirurgicale.

Les premières études à utiliser la chirurgie placebo furent réalisées à la fin des années 1950. À l'époque, on effectuait une ligature mammaire pour traiter l'angine de poitrine qui provoque une douleur dans la poitrine, quand le muscle du cœur ne reçoit pas assez d'oxygène. C'est un symptôme de l'ischémie du myocarde : les plaques rétrécissent ou obstruent les artères coronaires, réduisant le flux de sang oxygéné vers le cœur. La ligature mammaire se fondait sur l'idée que si certaines des artères coronaires étaient complètement bloquées, le sang trouverait un autre trajet vers le cœur.

L'expérience clinique indiquait que la ligature mammaire était très efficace dans le traitement de l'angine de poitrine, avec des taux de réussite de 85 %[163]. Pourtant, une partie au moins de son efficacité pouvait être imputable à l'effet placebo, dont le pouvoir avait récemment été défendu dans les articles de Beecher, Wolf et Gold dont j'ai parlé au début de ce chapitre. Cette possibilité a poussé deux équipes de chercheurs indépendantes, l'une à Seattle et l'autre à Kansas City, à tester les effets de la ligature mammaire par rapport à la chirurgie placebo[164]. Certains patients ont reçu la véritable intervention chirurgicale. On ouvrait également les patients dans les groupes placebo et on mettait à nu leurs artères mammaires, mais on n'effectuait pas de ligature. Dans ces deux essais cliniques, 73 % des patients ayant subi une véritable ligature mammaire ont montré une amélioration importante.

163 Mario Battezzati, Alberto Tagliaferro et Angelo Domenko Cattaneo, 1959.
164 L. Cobb et *al.*, 1959 ; E. G. Dimond, C. F. Kittle et J. E. Crockett, 1960.

Ce n'est pas très différent de ce qui avait été signalé dans des études non contrôlées et, si les chercheurs n'avaient pas inclus de groupes de chirurgie placebo, ils auraient pu conclure que la ligature mammaire était efficace. Mais le taux d'amélioration avec la chirurgie placebo était de 83 %, ce qui n'était pas très différent des réponses au véritable traitement. L'effet apparent de la ligature mammaire était gigantesque, bien plus important que l'effet produit par des antidépresseurs sur des patients déprimés, mais c'était un effet placebo.

Inutile de préciser que la ligature mammaire n'est plus utilisée comme traitement de l'angine de poitrine.

Les commentaires des patients après une opération placebo sont instructifs. Quand on lui a demandé s'il avait remarqué un changement après l'opération, un patient a répondu :

« *Oui. Je me suis senti mieux pratiquement tout de suite. Je sentais que je pouvais inspirer profondément et j'ai pris environ dix nitroglycérines seulement depuis l'opération. Ces douleurs étaient légères et provoquées par la marche. J'estime que je me sens mieux à 95 %. Je prenais cinq nitros par jour avant l'opération. Dans les cinq premières semaines après, j'en ai pris douze au total.* »

Un autre patient, qui répondait trois mois après l'opération, écrivit :

« *Je peux tout faire, à part soulever des poids très lourds. Je conduis des engins agricoles et je prends peut-être un nitro par semaine. Avant, j'en prenais quinze par jour. Je pense que je suis guéri*[165]. »

Ces commentaires sont très similaires aux témoignages en faveur des antidépresseurs qui sont apparus dans les médias peu après la publication de ma méta-analyse la plus récente. Ils prouvent qu'il est dangereux de s'appuyer sur des rapports cli-

165 Dimond, Kittle et Crockett, 1960

niques de l'amélioration des patients pour décider si un traitement est efficace. Les placebos peuvent produire des bénéfices cliniques importants qui peuvent durer des mois, voire des années[166].

Après ces deux essais cliniques contrôlés par placebo des ligatures mammaires, l'utilisation des groupes de contrôle placebo pour évaluer des procédures chirurgicales disparut, pour revenir quelque quarante ans plus tard. Dans les années 1990, Bruce Moseley, un chirurgien du *Veterans Affairs Medical Center* de Houston, au Texas, et médecin de l'équipe de basket des *Houston Rockets*, pratiquait couramment des opérations arthroscopiques pour l'ostéoarthrite du genou. Deux procédures étaient utilisées à cette époque-là et il y avait un débat pour savoir laquelle était la meilleure. L'une d'entre elle consistait à pratiquer de petites incisions dans le genou et à laver les articulations. La seconde consistait à laver et à cureter les articulations. Certains médecins pensaient que cureter les articulations rendait l'opération plus efficace, tandis que d'autres estimaient que cela pouvait causer des dégâts.

Bien qu'il s'agissait d'opérations courantes, réalisées chaque années sur des centaines de milliers de patients, Moseley se demandait si ces procédures apportaient un quelconque bénéfice et eut l'idée de les comparer directement.

Quand Moseley proposa cette idée à Nelda Wray, sa collègue de l'hôpital et la directrice des recherches en service de santé du *Baylor College of Medicine*, elle émit l'hypothèse que les bénéfices apparents pourraient être imputables à l'effet placebo. Au début, Moseley était sceptique. Il s'agissait d'une intervention chirurgicale après tout, pas d'un comprimé en sucre. Mais Wray le convainquit que cela valait la peine d'étudier cette possibilité : « *Plus les patients ont l'impression que l'intervention est importante et spectaculaire, dit-elle, plus l'effet placebo est grand*[167]. »

166 Traut et Passarelli, 1957.
167 Margaret Talbot, 2000.

Wray et Moseley rassemblèrent alors une équipe de chercheurs et mirent au point un essai clinique visant à comparer la véritable opération arthroscopique à la chirurgie placebo[168]. Ils recrutèrent 180 patients pour l'étude. Un tiers d'entre eux subit la procédure complète de lavage et de curetage. Un autre tiers subit un lavage du cartilage, mais pas de curetage. Les autres subirent une opération placebo. Trois incisions furent d'abord réalisées au scalpel pour qu'il reste des cicatrices. Puis : « *le chirurgien demanda tous les instruments et manipula le genou comme s'il procédait à une arthroscopie. Une solution saline fut versée pour imiter le son du rinçage*[169]. »

Cette opération placebo a non seulement été efficace, mais elle a été beaucoup plus efficace que la véritable opération, du moins à court terme. Deux semaines après leur opération, les patients dans le groupe placebo signalèrent beaucoup moins de douleurs que ceux des deux autres groupes et montrèrent plus d'amélioration dans un test objectif où ils marchaient et montaient des marches. Un an près l'opération, les patients du groupe placebo marchaient et montaient toujours les escaliers nettement mieux que ceux dont les articulations du genou avaient été curetées et rincées, et deux ans après l'opération, il n'y avait aucune différence significative entre les groupes. Autrement dit, à long terme, rincer les articulations du genou n'apportait rien et – comme le soupçonnait Moseley – le curetage causait en réalité des dégâts, qui duraient au moins un an.

Il y a quelques parallèles intéressants entre l'étude de Moseley et Wray et les méta-analyses que mes collègues et moi-même avons réalisées sur les antidépresseurs. Dans les deux cas, si on ne trouvait pas de différence importante entre le véritable traitement et le placebo, ce n'était pas à cause d'une absence de réponse au traitement. Les patients ayant subi une véritable opération dans

168 J. Bruce Moseley et *al.*, 2002.
169 *Ibid.*

l'étude de Moseley et Wray se sont plaints de beaucoup moins de douleurs qu'avant le traitement. De même, les patients qui prennent des antidépresseurs ont dit qu'ils étaient moins déprimés. Mais dans les deux cas, les patients ont également dit qu'ils allaient beaucoup mieux après le traitement placebo. Un patient du groupe de la fausse opération décrivit ainsi le résultat :

« *L'opération a eu lieu il y a deux ans et mon genou ne m'a jamais gêné depuis. Il est exactement comme mon autre genou maintenant. Je suis très reconnaissant au Dr Moseley. Quand je le vois à la télé pendant un match de basket, j'appelle ma femme et je lui dis : "Hé, c'est le docteur qui a soigné mon genou !"*[170] »

On peut établir un autre parallèle entre l'étude de Moseley et Wray et notre analyse des données de la FDA : les réactions qu'elles ont provoquées. Si l'opération arthroscopique du genou n'est pas plus efficace que l'opération placebo, on pourrait penser que cette intervention serait abandonnée, comme ce fut le cas pour la ligature mammaire. Mais de nombreux chirurgiens orthopédistes ont tenté de discréditer l'essai clinique de Moseley et Wray, comme l'ont fait les défenseurs des antidépresseurs avec nos méta-analyses. Ainsi, dans la revue où était publiée l'étude de Moseley et Wray, un éditorial émettait l'hypothèse que la chirurgie arthroscopique pourrait être bénéfique pour certains patients, mais pas pour d'autres[171]. Les auteurs de l'étude ont répondu que « *pour savoir si la chirurgie arthroscopique pourrait être efficace pour un sous-ensemble de patients, il faudrait pratiquer un essai clinique contrôlé par placebo sur ce sous-ensemble*[172] ».

De nouvelles données ont récemment confirmé les découvertes de Moseley et Wray. Une nouvelle étude a montré que l'opération chirurgicale n'apportait aucune plus-value thérapeutique par

170 Talbot, 2000.
171 David F. Felson et Joseph Buckwalter, 2002.
172 Nelda P. Wray, J. Bruce Moseley et K. O'Malley, 2002.

rapport à la simple prise en charge médicale et physique[173]. Cet article était également accompagné d'un éditorial pour défendre la chirurgie arthroscopique[174]. Il reconnaissait que la nouvelle étude « *étayait la conclusion de Moseley et* al. *que la chirurgie arthroscopique n'est pas efficace pour l'ostéoarthrite avancée du genou* ». Mais l'éditorial ajoutait que cette intervention était peut-être utile pour des patients dont l'ostéoarthrite s'accompagne d'autres problèmes de genou. Rien de nouveau sous le soleil...

La chirurgie placebo est-elle contraire à l'éthique ? Les médecins devraient-ils être autorisés à administrer une anesthésie et à pratiquer des incisions chirurgicales sans qu'elles soient suivies d'une intervention thérapeutique ? La première règle de la médecine n'est-elle pas de ne pas faire de mal ? Le consentement éclairé est obligatoire dans les essais cliniques. On doit informer les patients qu'il est possible qu'ils ne subissent pas la véritable intervention chirurgicale. Ils peuvent donner leur accord ou non. Mais est-ce suffisant ? Est-il acceptable d'exposer les patients aux risques d'une fausse chirurgie, même avec leur accord ? Il s'agit évidemment d'un dilemme éthique, mais il y a une autre façon d'envisager le problème. La question peut être reformulée ainsi : est-il éthique de pratiquer une intervention chirurgicale sans l'avoir au préalable comparée à de la chirurgie placebo ? Imaginez que les études contrôlées par placebo de la ligature mammaire n'aient jamais été réalisées. Nous ne saurions pas que les bénéfices de cette intervention chirurgicale sont imputables à l'effet placebo. Cette opération inutile serait encore réalisée aujourd'hui. Au fil des années, elle aurait été réalisée sur des centaines de milliers de patients, sans qu'eux-mêmes ou leur médecin ne sachent qu'il s'agissait d'une opération placebo. L'alternative est donc la suivante : faire subir une fausse opération à un petit nombre de patients informés et consentants, ou exposer un grand nombre

173 Alexandra Kirkley et *al.*, 2008.
174 Robert G. Marx, 2008.

de patients aux risques d'une chirurgie dont ils ignorent l'inutilité. Quelle solution est la plus acceptable d'un point de vue éthique ?

Esprit et cerveau

L'efficacité d'un placebo dépend de la nature du mal qui est traité. Les maux à forte composante psychologique – comme la douleur, l'anxiété, la dépression – sont particulièrement sensibles à l'influence du placebo, tandis que d'autres problèmes comme les fractures, le diabète ou l'infertilité, sont moins susceptibles d'être affectés par un placebo. **Mais cela ne signifie pas que les effets placebo sont « juste dans la tête ». Les placebos affectent autant la physiologie que la psychologie.**

Les effets physiologiques les plus courants des placebos sont ceux liés à un changement subjectif. Par exemple, les stimulants placebo donnent de l'énergie, en augmentant la tension artérielle et le rythme cardiaque. À l'inverse, les tranquillisants placebo détendent les gens et diminuent la tension artérielle et le rythme cardiaque[175]. De même, quand Stewart Wolf a administré de l'Ipecac à des patients en leur disant que cela calmerait leurs nausées, leur amélioration s'accompagnait d'un retour de l'activité gastrique normale. Les effets physiologiques des placebos sont impressionnants. Certains les considèrent comme des preuves que l'esprit peut influencer le corps. Pourtant, les effets placebo physiologiques que j'ai décrits ne sont pas étonnants. Ils correspondent à ce que l'on sait de la relation entre le corps et l'esprit. Ce ne sont d'ailleurs pas vraiment des exemples de l'esprit qui agit sur le corps, mais plutôt des exemples du corps qui agit sur le corps[176].

Que signifie cette étrange assertion ? Toutes nos expériences subjectives ont un substrat physique. L'expérience semble être

175 Irving Kirsch, 1990.
176 Michael E. Hyland, 1985 ; Irving Kirsch et Michael E. Hyland, 1987.

liée au cerveau. Quand celui-ci subit une lésion, l'expérience subjective est également modifiée. Les changements de perception dépendent de la localisation du tissu endommagé. Réciproquement, nos expériences subjectives s'accompagnent de changements dans l'activité de notre cerveau. Les régions précises du cerveau où se produisent ces changements dépendent de la nature de l'expérience. Grâce à l'imagerie du cerveau, les neuroscientifiques ont localisé les régions spécifiques du cerveau qui sont sollicitées pour la vision, la douleur, la perception, le langage, le contrôle des mouvements et un nombre infini d'autres fonctions cognitives autrefois attribuées à l'esprit. Tout comme l'eau est H_2O, l'esprit semble être le cerveau[177].

Si nos expériences sont associées à une activité cérébrale, et si les placebos changent l'expérience subjective, alors nous devrions pouvoir trouver dans l'activité cérébrale des changements provoqués par les placebos. Une équipe de chercheurs menée par Helen Mayberg, une neurologue de l'Université Emory et de l'Université de Toronto, a utilisé une technique appelée « topographie par émission de positrons » (TEP) pour étudier les changements de l'activité cérébrale associés à la dépression[178]. Dans la première de ces études, les chercheurs ont identifié les régions du cerveau associées à la tristesse. Ils ont demandé à des volontaires de penser à une expérience personnelle très triste – et à des expériences neutres – pendant qu'un scanner TEP reproduisait une image de leur cerveau. Quand ils pensaient à une expérience triste, les volontaires disaient ressentir une immense tristesse et beaucoup se mirent à pleurer. Les scanners TEP ont montré les changements dans l'activité cérébrale qui accompagnaient ces sentiments tristes. Il y avait une augmentation de l'afflux sanguin dans le système limbique – une région du cerveau qui joue un rôle impor-

177 Pour des discussions plus complètes sur la relation entre l'esprit et le cerveau, voir Peter M. Churchland, 1984.

178 Helen S. Mayberg, Maria Liotti et *al.*, 1999 ; Helen S. Mayberg, Steven K. Brannon et *al.*, 2000 ; Helen S. Mayberg, J. Arturo Silva et *al.*, 2002.

tant dans le contrôle des émotions – et une diminution de l'afflux sanguin dans des régions du cerveau qui jouent un rôle dans le contrôle de l'attention.

Dans leur étude suivante, Mayberg et ses collègues ont scanné le cerveau de patients déprimés qui avaient répondu positivement au traitement de la dépression dans des essais cliniques du Prozac. Les patients ont passé deux scanners, le premier avant le traitement et un autre six semaines après. Environ la moitié des patients ont répondu positivement au traitement avec une réduction d'au moins 50 % de leurs symptômes ; l'autre moitié a connu peu d'amélioration et a été classée comme non répondante. Pour les répondants, le traitement de la dépression a produit des changements d'activité cérébrale dans les mêmes régions où la tristesse avait produit des changements, mais dans la direction opposée. En d'autres termes, le traitement a diminué l'activité cérébrale dans les régions où la tristesse produit une augmentation de l'activité et il a augmenté l'activité cérébrale dans les régions où la tristesse la diminue.

À première vue, on pourrait interpréter cela comme une preuve d'un effet neurophysiologique du Prozac sur la dépression. Mais les choses n'étaient pas si simples. Seule la moitié des patients traités avec succès avait reçu du Prozac. L'autre moitié se sentait mieux grâce à un placebo. Les changements dans l'activité cérébrale « *ne dépendaient pas de la substance administrée, que ce soit de la fluoxétine ou du placebo*[179] ». Donc, quand des placebos parviennent à diminuer la dépression, ils produisent également des changements dans l'activité cérébrale et, pour la majeure partie, ce sont les mêmes changements que ceux produits par les vrais médicaments.

Les études de Mayberg semblent pointer vers deux conclusions. D'abord, on pourrait conclure que c'est l'effet placebo, et

179 Mayberg, Silva et *al.*, 2002 ; p.731

non l'effet chimique du médicament, qui a modifié l'activité cérébrale des patients sous Prozac. Ensuite, on pourrait en déduire que ces modifications prouvent que les placebos soulagent la dépression. En réalité, ces conclusions ne se justifient pas. **Les changements physiologiques sont exactement ceux que l'on attendrait de n'importe quel traitement efficace de la dépression, quel que soit son fonctionnement**. Des changements dans le schéma de l'activité cérébrale correspondent à la tristesse et à la dépression. Quand la dépression est vaincue, ces changements dans l'activité cérébrale sont inversés, quel que soit le traitement (médicaments, placebos ou autres).

Chacun de ces traitements pourrait également produire des changements physiologiques spécifiques[180].. Les antidépresseurs sont des médicaments actifs, ils ont donc des effets physiologiques. La psychothérapie est une expérience d'apprentissage. Apprendre modifie le cerveau[181]. Elle a donc, elle aussi, des effets neurologiques spécifiques. Cependant, la guérison de la dépression a son propre substrat neuronal, visible quel que soit le traitement.

Les placebos provoquent aussi des changements dans l'activité cérébrale pour d'autres maladies. Des études de neuro-imageries d'analgésiques placebo ont également montré des changements dans l'activité cérébrale. La plus importante de ces études a été menée par une équipe de chercheurs dirigée par Tor Wager, un neuroscientifique de l'Université de Columbia, alors qu'il était étudiant de troisième cycle à l'Université du Michigan[182].

L'intérêt de Wager pour le lien entre le corps et l'esprit remontait à son enfance. Il avait souffert d'une grave irritation cutanée et sa mère – une adepte de la Science chrétienne qui croyait que

180 Kimberly Goldapple et *al.*, 2004 ; Andrew F. Leuchter et *al.*, 2002.
181 Sarah-Jayne Blakemore et Uta Frith, 2005.
182 Tor D. Wager, James K. Rilling et *al.*, 2004.

les maladies étaient un produit de l'esprit – pria pour sa guérison, en vain. Un ami finit par lui dire : « *Ça suffit, les prières, emmène le gamin chez un médecin.* » Celui-ci appliqua une pommade sur la peau et l'irritation disparut. À partir de ce moment-là, la famille adopta une attitude plus conventionnelle envers la médecine.

Cette histoire faisait partie de la légende familiale de Wager. Adulte, il était sceptique à l'égard des pouvoirs guérisseurs de l'esprit, mais il s'intéressait aux guérisons susceptibles d'être influencées par le pouvoir de suggestion. Cet intérêt le poussa à mener des recherches sur l'effet placebo, qui lui valent aujourd'hui une réputation internationale.

Wager voulut d'abord savoir si un placebo pouvait diminuer la douleur. Malgré ce qu'il avait lu sur l'effet placebo, il n'était pas convaincu que cela marcherait. Ses collègues et lui-même infligeaient une douleur à des volontaires sains à l'aide des chocs électriques. Tantôt, les chercheurs appliquaient une crème placebo, présentée comme « *très efficace pour soulager la douleur* », sur le bras des sujets avant d'envoyer un choc électrique ; tantôt, ils envoyaient le choc sans la crème. Dans les deux cas, les patients devaient évaluer la douleur ressentie. Les sujets disaient ressentir moins de douleur avec la crème placebo. Était-ce vraiment le cas ou disaient-ils cela juste pour se montrer coopératifs ? Pour répondre à cette question, Wager mena deux autres études. Cette fois, les chercheurs infligeaient la douleur – avec et sans traitement placebo – pendant qu'un scanner IRMf (imagerie par résonance magnétique fonctionnelle) donnait des images du cerveau.

En l'absence de crème placebo, les images montraient une activation dans certaines régions du cerveau que les chercheurs identifièrent comme « la matrice de la douleur ». Mais quand les mêmes douleurs étaient infligées avec la crème placebo, l'activation dans cette région du cerveau était moindre. Plus les sujets faisaient état d'une diminution de la douleur, plus l'activation dans la matrice de la douleur était réduite. Les gens ressentaient effectivement moins de douleur quand ils avaient reçu un analgésique placebo. Ce changement subjectif est accompagné de modifications de l'activité cérébrale.

Le cerveau et le corps

Les effets physiologiques dont nous avons parlé jusqu'ici – qu'il s'agisse de changements du rythme cardiaque, de la tension artérielle ou de l'activité cérébrale – sont exactement ceux que l'on pourrait attendre, étant donné que tout changement subjectif est associé à un changement physiologique correspondant. Mais la littérature médicale fait état d'autres effets physiologiques induits par des placebos. Certains sont plus difficiles à comprendre. C'est notamment le cas des effets physiologiques d'un traitement de l'asthme et de l'eczéma. **Si l'esprit est le cerveau, alors nous sommes face à de véritables exemples où le cerveau affecte d'autres parties du corps. On ne sait pas exactement comment cela se produit dans ces différents cas.**

L'effet placebo sur l'asthme est l'un des plus impressionnants et des plus étudiés. La respiration sifflante des asthmathiques s'accompagne d'un resserrement des bronches qui rend la respiration difficile. Les médicaments contre l'asthme dilatent les bronches, ce qui facilite la respiration. De nombreuses études ont montré que les placebos peuvent aussi dilater les bronches. Environ deux tiers de la réponse au vrai médicament contre l'asthme est également produite par un traitement placebo, ce qui laisse environ un tiers de l'effet au véritable effet du médicament[183].

183 Samantha C. Sodergren et Michael E. Hyland, 1999.

L'une des démonstrations les plus convaincantes de l'effet des placebos sur l'asthme est une étude réalisée par une équipe de chercheurs dirigée par Thomas Luparello, un psychiatre de l'Université d'État de New York[184]. L'équipe de Luparello a demandé à quarante patients asthmatiques d'inhaler ce qu'on leur présentait comme des irritants ou allergènes auparavant identifiés par les sujets comme déclencheurs de leurs crises d'asthme. En réalité, la substance qu'ils inhalaient était une solution saline inerte – du sel de table dissous dans de l'eau. Dix-neuf des quarante patients asthmatiques ont eu une augmentation significative de la résistance de leurs voies aériennes et douze d'entre eux ont développé de véritables crises d'asthme. Ces attaques furent ensuite stoppées par un placebo présenté comme un remède contre l'asthme.

Dans une étude ultérieure, Luparello et ses collègues ont administré deux médicaments différents à des patients asthmatiques[185]. L'un était un bronchodilatateur, c'est-à-dire qui dilate les voies aériennes et facilite la respiration. L'autre était un bronchoconstricteur, qui provoque une diminution du diamètre bronchique, ce qui rend la respiration plus difficile. Tantôt, les chercheurs disaient la vérité aux patients sur ce qu'ils inhalaient, tantôt ils les induisaient en erreur : ils leur disaient qu'ils inhalaient un bronchodilatateur alors qu'en réalité ils inhalaient un bronchoconstricteur, ou *vice versa*. Après chaque inhalation, les chercheurs ont mesuré la résistance des voies aériennes. Ils ont bien sûr trouvé un effet important du traitement inhalé par le patient. Le bronchodilatateur avait dilaté les bronches et le bronchoconstricteur les avaient resserrées. Mais ce que l'on avait dit aux sujets avait également eu des conséquences. Quand l'information sur l'effet du traitement était en contradiction avec son effet réel, son efficacité était diminuée de moitié. En 1962, Yujiro Ikemi, le fondateur de la Société japonaise de médecine psychosomatique, et son collègue Shunji Nakagawa ont

184 T. J. Luparello, H. A. Lyons et *al.*, 1968.
185 T. J. Luparello, N. Leist, et *al.*, 1970.

publié une étude remarquable qui montre que la suggestion peut à la fois induire et inhiber la dermatite de contact[186]. Il s'agit d'une réaction cutanée produite par une exposition à des substances chimiques. L'une d'entre elles est une huile, l'urushiol, que l'on trouve dans diverses plantes, parmi lesquelles le sumac grimpant aux États-Unis et l'arbre à laque au Japon. Certaines personnes sont très sensibles à l'urushiol ; d'autres beaucoup moins. Ikemi et Nakagawa ont trouvé treize garçons qui disaient être hypersensibles aux feuilles de l'arbre à laque. Ils ont touché le bras de chaque garçon avec les feuilles d'un arbre inoffensif en leur disant qu'elles provenaient d'un arbre à laque. Sur l'autre bras, ils touchaient les étudiants avec les feuilles vénéneuses de l'arbre à laque en leur disant qu'elles provenaient d'un marronnier. Les treize garçons développèrent une réaction cutanée aux feuilles inoffensives (le placebo) et pour onze d'entre eux cette réaction fut « marquée ». Seuls deux garçons réagirent aux véritables feuilles vénéneuses.

Mais le rapport le plus impressionnant sur le pouvoir du placebo est un cas où il sembla avoir des effets importants sur la progression du cancer[187]. Monsieur Wright, comme on l'a appelé dans le rapport, avait des tumeurs de la taille d'une orange dans son cou, sous les aisselles, à l'aine, dans la poitrine et dans l'abdomen. On lui donnait moins de deux semaines à vivre. Monsieur Wright avait lu qu'un nouveau médicament expérimental allait être testé à l'hôpital. Il convainquit son médecin de l'inclure dans l'essai clinique. Trois jours plus tard, les tumeurs avaient « *fondu comme neige au soleil et dans ce court laps de temps, leur taille avait diminué de moitié* ». Au bout de dix jours, pratiquement tous les signes de la maladie avaient disparu. Environ deux mois plus tard, les journaux publièrent des rapports faisant état de l'inefficacité du médicament expérimental. Après avoir lu ces rapports, Monsieur Wright perdit toute confiance dans ce traitement qui lui avait fait tant de bien et

186 Y. Ikemi et S. Nakagawa, 1962.
187 B. Klopfer, 1957.

rechuta. Il se retrouva dans le même état qu'avant le traitement. À ce moment-là, son médecin le persuada que les résultats négatifs étaient dus à une détérioration du médicament et qu'un nouveau traitement, deux fois plus efficace, allait bientôt arriver. Quelques jours plus tard, il démarra un traitement avec un placebo inerte. Les effets du traitement placebo ont été encore plus impressionnants que ceux du médicament expérimental. Une nouvelle fois, les tumeurs « fondirent » et Monsieur Wright n'eut plus de symptômes pendant deux mois. Puis il lut un article dans le *Journal de l'Association médicale américaine* qui concluait que le médicament qu'il pensait prendre était « nul ». Il mourut quelques jours plus tard. Cette histoire est choquante, mais il faut en tirer les conclusions avec prudence. Après tout, elle ne se fonde que sur un seul patient et il est très probable que les changements survenus dans l'état de Monsieur Wright n'aient pas été dus à sa confiance dans le médicament. Il est prouvé que certaines personnes atteintes de cancer peuvent entrer spontanément en rémission[188]. Cela pourrait expliquer l'évolution du cancer de Monsieur Wright. L'évolution de son état – le fait que sa rémission se soit produite quand il croyait prendre un médicament efficace et qu'il ait rechuté quand il a appris qu'il était inefficace – pourrait être une coïncidence. Même si je suis convaincu de la puissance de l'effet placebo sur certains maux, je reste sceptique au sujet des histoires de guérisons extraordinaires de maladies physiques. Comme l'a dit Carl Sagan : « *Des affirmations extraordinaires requièrent des preuves extraordinaires.* » Or, pour des guérisons apparemment miraculeuses de problèmes physiques, nous n'avons même pas de preuves ordinaires. Cependant, cette histoire justifierait que l'on mène une recherche contrôlée sur le cancer et l'effet placebo.

188 Per-Henrik Zahl, Jan Mæhlen et H. Gilbert Welch, 2008.

L'effet nocebo

On pense généralement que les effets placebo sont bénéfiques. Les placebos diminuent la dépression, l'anxiété et la douleur, soulagent les symptômes de la maladie de Parkinson et ouvrent les voies aériennes comprimées des asthmatiques. Mais les placebos peuvent aussi avoir des effets négatifs, un phénomène appelé « **effet nocebo** ». Nous en avons déjà rencontré quelques-uns. Si les inhalateurs placebo peuvent ouvrir les voies aériennes, ils peuvent aussi les comprimer. Cela dépend de ce que la personne croit inhaler. Dans l'étude japonaise sur la dermatite de contact, le frottement avec les feuilles placebo a produit des réactions cutanées. Monsieur Wright, quant à lui, a rechuté lorsqu'il a été convaincu que son traitement était inefficace. Tout ceci constitue des exemples d'effet nocebo.

L'un des cas les plus fascinants provient d'une étude de l'effet des placebos sur l'insomnie[189]. Deux chercheurs de l'Université de Yale ont recruté des étudiants souffrant d'insomnie pour une étude censée s'intéresser aux effets de l'activité physique sur le contenu des rêves. Certains sujets ont reçu un comprimé placebo avant d'aller dormir ; d'autres étaient dans un groupe de contrôle et ne recevaient pas de comprimé. Les informations sur le comprimé étaient variables. À une moitié des patients, on annonçait que les comprimés allaient les exciter ; à l'autre, qu'elles allaient les détendre. Les résultats furent surprenants. Les étudiants insomniaques à qui on donnait le comprimé « excitant » s'endormaient plus vite, et ceux à qui on donnait le comprimé « relaxant » mettaient plus de temps à trouver le sommeil.

189 Michael D. Storms et Richard E. Nisbett, 1970.

Comment les chercheurs ont-il expliqué ces découvertes étranges ?

En réalité, ils s'attendaient à ces résultats. Ils pensaient que les personnes qui ont du mal à s'endormir attribuent cette difficulté à une inadéquation personnelle. Cette idée augmente leur excitation et leur difficulté à s'endormir. Mais quand ces personnes prennent des comprimés « excitants », elles attribuent leur excitation non plus à un problème personnel mais au médicament. Elles se tracassent donc moins et s'endorment plus vite. En revanche, celles qui prennent des comprimés « relaxants » ont du mal à se détendre. Le comprimé peut renforcer leurs attentes négatives. Elles peuvent penser : « Je vais vraiment mal, j'ai pris un tranquillisant et je n'arrive toujours pas à dormir. Je suis dans un sale état. » Ce genre de réflexions complique encore l'endormissement.

Les effets nocebo sont parfois contagieux. Ils peuvent alors toucher un grand nombre de personnes. Techniquement, c'est ce que l'on appelle le « **phénomène psychogénique de masse** » ou, plus couramment, l'« **hystérie collective** ». Ce phénomène est connu depuis des siècles, mais un cas relativement récent, rapporté par le *New England Journal of Medicine*, l'illustre particulièrement bien[190]. Le 12 novembre 1998, un professeur de lycée du Tennessee a senti une odeur de pétrole dans sa classe. Suite à cela, elle s'est plainte de maux de tête, de nausées, de souffle court et de vertiges. Quand certains de ses élèves se sont plaints des mêmes symptômes, la classe a été évacuée, l'école fermée et cent étudiants, membres du personnel et membres de la famille ont été emmenés aux urgences de l'hôpital local, où plus d'un tiers d'entre eux ont été gardés pour la nuit. L'école est restée fermée pendant deux jours, au cours desquels elle fut inspectée de fond en comble par les pompiers, des chauf-

190 Timothy F. Jones et *al.*, 2000.

fagistes et des fonctionnaires de l'administration pour la santé et la sécurité au travail (OSHA). Ils ne trouvèrent pas la moindre trace de composant chimique. Pendant ce temps, le nombre d'étudiants et d'employés qui ressentaient des symptômes augmentait et la variété de ces symptômes grandissait également. On recensait désormais des sensations de contraction au niveau de la poitrine, des difficultés respiratoires, des maux de gorge, des irritations oculaires, de la toux, des douleurs abdominales, des yeux qui pleurent, des vomissements, des éternuements, des diarrhées mais aucune anomalie sanguine ou urinaire. On a repéré trois facteurs de prédisposition : être une femme, avoir vu quelqu'un développer des symptômes ou connaître quelqu'un qui a développé des symptômes. Les enquêteurs conclurent qu'il s'agissait d'un cas typique d'hystérie collective.

Inspirés par l'incident du lycée du Tennessee, William Lorber, Giuliana Mazzoni et moi-même avons étudié les maladies psychogènes en laboratoire[191]. Nous avons demandé à un groupe d'étudiants universitaires d'inhaler une substance. Nous leur disions qu'on la soupçonnait d'être une toxine environnementale. Il s'agissait en réalité d'air ambiant. Nous leur avons dit que la substance pouvait provoquer une série de symptômes physiques, parmi lesquels maux de tête, nausées, somnolence et démangeaisons. Puis nous leur avons demandé de nous faire part de leurs symptômes pendant une heure. Les étudiants ont fait état de multiples symptômes, avec une augmentation plus marquée des quatre symptômes que nous avions cités. De plus, quand ils se plaignaient d'irritation cutanée et de somnolence, ils se grattaient et baillaient. Nous avons réalisé cette étude dans l'État du Connecticut, en Nouvelle-Angleterre, où l'air pollué est susceptible de contenir des substances toxiques, mais nous avons aussi inclus un groupe de contrôle. Les étudiants du groupe de contrôle n'inhalaient

191 William Lorber, Giuliana Mazzoni et Irving Kirsch, 2007.

pas le placebo, mais ils respiraient bien sûr le même air ambiant. Ils ne se sont plaints d'aucun symptôme.

Tout au long de ce livre, j'ai souligné l'importance des effets secondaires dans les essais cliniques des antidépresseurs. Ils peuvent indiquer aux patients qu'ils reçoivent le vrai médicament, et non le placebo, ce qui les amène à attendre et à ressentir plus d'améliorations que les patients du groupe placebo. Parfois, les placebos produisent aussi des effets secondaires, surtout ceux auxquels les patients s'attendent. Cela a été démontré pour la première fois dans une étude des maux de tête comme effet secondaire de la ponction lombaire. Cette procédure clinique est utilisée pour administrer des anesthésiants ou pour extraire du fluide vertébral à des fins de diagnostic. Les chercheurs ont pratiqué des ponctions lombaires sur deux groupes de patients, mais n'en ont prévenu qu'un seul que les maux de tête étaient un effet secondaire possible. Environ la moitié des sujets prévenus se sont plaints par la suite de maux de tête, contre seulement un des sujets de contrôle. Ceci semble indiquer que cet effet secondaire pourrait être un effet nocebo[192].

Un essai clinique multicentrique de l'aspirine pour traiter l'angine a donné des résultats similaires. Deux des trois institutions qui participaient à l'étude avaient inclus l'irritation gastrique dans leur liste des effets secondaires potentiels ; le troisième centre ne l'avait pas fait. Les résultats de l'étude ont montré qu'un nombre beaucoup plus important de patients se sont plaints de symptômes gastro-intestinaux dans les institutions qui avaient mentionné l'irritation gastrique que dans le troisième[193]. Le résultat de ces études pose un dilemme éthique aux médecins. D'un côté, la notion de consentement éclairé nous oblige à prévenir les patients des effets secondaires possibles. D'un autre, les prévenir

192 A. M. Daniels et R. Sallie, 1981.
193 M. G. Myers, J. A. Calms et J. Singer, 1987.

peut induire des effets secondaires qui ne se seraient pas produits autrement. Que faire ? Je n'ai pas de solution. Ce problème mérite une attention qu'il n'a pas encore reçue.

Voici un cas particulièrement spectaculaire d'effets secondaires causés par un placebo, rapporté par les médecins d'un hôpital de Jackson, dans le Mississippi. Un jeune homme est arrivé aux urgences en disant : « Aidez-moi, j'ai avalé tous mes médicaments », avant de s'écrouler par terre en lâchant un flacon vide. Sa tension artérielle était anormalement basse et on lui administra des liquides intraveineux, qui la ramenèrent à un niveau normal. Une étiquette sur le flacon indiquait que les médicaments ingérés par le jeune homme faisaient partie d'un essai clinique d'antidépresseurs. Une enquête plus poussée révéla qu'il était dans le groupe placebo. Il avait donc fait une overdose de placebo[194].

Il y a des récits encore plus incroyables de mort par placebo, mais ils sont controversés. En 1942, Walter Bradford Cannon, un physiologiste réputé, président du Département de physiologie de l'École médicale d'Harvard, a écrit un article intitulé « La mort vaudou », dans lequel il relate de nombreux cas de mort dans des sociétés tribales suite à des malédiction ou à la transgression de tabous[195]. Pour Cannon, la mort vaudou, si elle est avérée, pourrait être causée par une immense frayeur. Les victimes seraient littéralement mortes de peur. Je ne suis pas convaincu que la mort vaudou soit possible. Je suis sceptique, principalement parce que les preuves de son existence sont anecdotiques, mais l'explication physiologique de Cannon reste valide. Dans une publication à l'occasion du soixantième anniversaire de l'article de Cannon, Esther Sternberg, directrice du Programme de recherche neuroimmunologique à l'Institut américain de Santé mentale, a conclu que cette explication était remarquablement juste et avait résisté

194 Roy R. Reeves et *al.*, 2007.
195 W. B. Cannon, 1942.

à l'épreuve du temps[196].

Rappelez-vous que, pour moi, les effets secondaires amènent les patients à réaliser qu'ils ont reçu le vrai médicament et produisent ainsi un effet placebo renforcé. Est-ce que le fait que les placebos ont des effets secondaires remet en question ma théorie sur les antidépresseurs ? Pas vraiment. Même si les placebos peuvent provoquer des effets secondaires, les antidépresseurs en produisent beaucoup plus. Dans un essai clinique, par exemple, 19 % des patients ayant reçu un placebo ont signalé des événements indésirables contre 46 % de ceux qui reçurent des antidépresseurs. Comme je l'ai expliqué dans le chapitre 1, une fois que l'on ajuste les résultats pour ne plus tenir compte des différences d'effets secondaires entre le médicament et le placebo, le bénéfice du médicament n'est plus significatif, pas même statistiquement[197].

Certains des événements indésirables dont se sont plaints les patients ne sont peut-être pas des effets secondaires. Ils auraient pu se produire sans traitement. C'est pour cela qu'on les appelle souvent des « **événements indésirables** » plutôt que des « effets secondaires ». Mais la différence entre les événements indésirables constatés dans les groupes médicament et les groupes placebo est une bonne indication des effets secondaires provoqués par le médicament. Elle peut facilement expliquer la petite différence d'amélioration entre médicament et placebo.

196 Esther M. Sternberg, 2002.
197 Michael Philipp, Ralf Kohnen et Karl O. Hiller, 1999 ; Corrado Barbui, Andrea Cipriani et Irving Kirsch, 2009.

La dépression comme effet nocebo

Comme je vais l'expliquer plus en détail dans le chapitre qui suit, les effets placebo et nocebo font partie d'un phénomène plus large – **la tendance à ressentir ce que l'on s'attend à ressentir**[198]. Des attentes négatives peuvent-elles engendrer la dépression ? Si c'est le cas, cela pourrait expliquer l'effet puissant du placebo dans le traitement de la dépression. Cela aiderait aussi à comprendre comment optimiser le traitement dans un environnement clinique.

En 1976, Aaron Beck, un psychiatre de l'Université de Pennsylvanie, a proposé une théorie cognitive des émotions et des troubles émotionnels. Celle-ci allait servir de base à la thérapie cognitivo-comportementale de la dépression. D'après Beck, la peur naît de l'anticipation de la souffrance, la joie de l'anticipation d'un événement heureux et la tristesse de l'impression que quelque chose d'important a été perdu pour toujours. Par conséquent, pour vaincre la peur et la dépression, il faut modifier les croyances qui les ont engendrées.

Le Président américain Franklin Delano Roosevelt a dit un jour : « *La seule chose que nous ayons à craindre est la peur elle-même.* » C'était une réflexion pertinente, surtout du point de vue de la psychologie clinique. La peur est effectivement effrayante. À tel point que les phobies – ces peurs irrationnelles de situations inoffensives – peuvent être générées et entretenues par la simple pensée que l'on va connaître une peur intense. La panique et l'anxiété provoquées par les phobies peuvent être une peur de la peur, simple mais intense[199].

198 Irving Kirsch, 1985 ; Irving Kirsch (ed.), 1999.
199 S. Reiss et R. J. McNally, 1985 ; Kirsch, 1985.

Tout comme la frayeur est effrayante, la dépression est déprimante. C'est un état horrible et beaucoup de personnes déprimées ont l'impression de ne jamais pouvoir en sortir. Leur dépression peut avoir une origine différente, mais la dépression à cause de la dépression est une composante majeure[200]. Pour mettre fin à leur dépression, il faut leur donner l'espoir que cette dépression ne durera pas éternellement. Pour celles qui sont déprimées à cause de leur dépression, cet espoir peut être un élément essentiel d'un traitement efficace. **Si la dépression est un effet nocebo, alors son traitement requiert un effet placebo positif.**

Conclusion

Les preuves que j'ai passées en revue dans ce chapitre indiquent que les placebos sont efficaces pour des maladies très diverses. Ils peuvent produire des effets positifs et négatifs. Ils affectent le corps et l'esprit. Ils peuvent être aussi forts que des médicaments puissants et leurs effets peuvent durer. Par ailleurs, l'effet nocebo peut être un facteur important de la dépression clinique – du moins pour certaines personnes déprimées.

Pour traiter efficacement la dépression, il est donc essentiel de bien comprendre l'effet placebo. Comment des substances inertes produisent-elles des effets thérapeutiques et des effets nuisibles ? Le chapitre 6 apporte une réponse à ces questions.

200 John D. Teasdale, 1985.

Chapitre 6

Comment fonctionnent les placebos ?

Si l'on veut maîtriser l'effet placebo et l'utiliser en pratique clinique, il faut d'abord comprendre comment il fonctionne. Un certain nombres de facteurs ont été proposés comme explication de l'effet placebo. Parmi ceux-ci, on trouve la relation entre les médecins et les patients, les convictions et les attentes du patient, la production d'opiacés dans le cerveau et un phénomène appelé le « **conditionnement classique** », par lequel les gens finissent par associer les comprimés et les injections avec des effets thérapeutiques, comme les chiens de Pavlov ont fini par associer le son d'une cloche avec l'arrivée de nourriture. Dans ce chapitre, nous allons voir comment tous ces processus s'associent pour produire des effets placebo et nous étudierons leurs implications pour le traitement de la dépression.

Vous trouverez peut-être qu'une partie de cette matière est difficile. Si vous êtes prêt à me croire sur parole, vous pourriez simplement sauter ce passage. Mais cela m'a semblé important de documenter mes affirmations sur le fonctionnement des placebos, comme j'ai documenté mon affirmation que la principale réponse aux antidépresseurs est un effet placebo et qu'il est très probable que le reste soit un effet placebo augmenté. Donc, ici aussi, je présente les détails de la recherche sur laquelle se fondent mes conclusions concernant le fonctionnement des placebos.

La relation thérapeutique

Que se passe-t-il quand vous allez chez votre médecin traitant ? Avez-vous l'impression qu'un rapport s'établit entre vous ? Est-ce qu'il croise souvent votre regard ? Est-ce qu'il pose assez de questions ? Est-ce qu'il semble écouter quand vous y répondez ? Ou semble-t-il impatient et pressé, à passer plus de temps à regarder son ordinateur portable que vous ? La façon dont un clinicien interagit avec ses patients peut affecter le résultat d'un traitement – et pas seulement pour les problèmes de santé mentale, mais également pour les problèmes physiques[201].

Peut-être avez-vous déjà ressenti la sensation de bien-être qu'une bonne « relation thérapeutique » engendre. Je l'ai déjà ressentie. J'avais un médecin dans le New Jersey qui se comportait de manière extraordinaire avec ses patients. Le Dr Doubek – je l'appelais « Marnie » – me regardait dans les yeux quand je parlais. Elle écoutait, elle hochait la tête, elle faisait preuve de sollicitude. Elle n'avait jamais l'air pressé ou sous pression. Je ne sais pas si elle s'en rendait compte, mais au moins une fois par consultation, elle me touchait brièvement le bras en me parlant. Je sentais qu'on prenait soin de moi, qu'on me comprenait.

J'avais confiance en Marnie quand j'étais son patient et je lui fais encore confiance aujourd'hui. Deux ans après avoir quitté le New Jersey pour nous installer en Angleterre, ma femme et moi nous interrogions sur la signification de tests médicaux que nous avions reçus. Nous avons téléphoné à Marnie pour qu'elle nous aide à les comprendre et, même par téléphone, avec des gens qui n'étaient plus ses patients depuis plus de deux ans, Marnie était avenante, patiente et efficace. J'aurais aimé filmer la façon dont elle menait ses consultations médicales pour montrer les DVD à tous les étudiants en médecine.

Je ne peux pas appeler la façon dont Marnie interagit avec ses patients un effet placebo parce que, autant que je sache, aucun des traitements qu'elle m'a donnés n'étaient des placebos. Mais cela m'a fait me sentir mieux et une partie de la recherche que je décris dans ce chapitre indique que cela peut aussi encourager le bien-être. À défaut d'un meilleur terme, j'appellerai cela « l'effet Marnie ». L'effet Marnie est une amélioration du résultat d'un traitement qui se produit en améliorant la relation thérapeutique.

201 Zelda Di Blasi et *al.*, 2001 ; Ted J. Kaptchuk, John M. Kelley et *al.*, 2008.

La relation entre le praticien médical et le patient est, sans aucun doute, un composant important de l'effet placebo. J'ai pu récemment vérifier cette hypothèse scientifiquement en faisant partie d'une équipe de chercheurs dirigée par Ted Kaptchuk, un professeur associé de médecine de la faculté de médecine de l'Université de Harvard[202]. Kaptchuk est le professeur associé le plus original d'Harvard – ou de n'importe quelle autre université d'ailleurs. Non seulement il n'a pas de doctorat, mais il n'est pas docteur en médecine et n'a même pas de master. Il a obtenu son diplôme à l'Université de Columbia, puis est parti à Macao où il a obtenu un diplôme de Docteur en médecine orientale. Kaptchuk est revenu de Chine ardent défenseur de l'acupuncture et a écrit un livre intitulé *La toile sans tisserand*, qui explique la médecine chinoise aux lecteurs occidentaux[203]. Mais au fil du temps, il a fini par se demander si les effets de l'acupuncture pourraient être, en partie au moins, imputables à l'effet placebo. Pour répondre à cette question, il apprit tout seul à concevoir des recherches et il y est si bien arrivé qu'il a obtenu un financement des Instituts nationaux de la santé (NIH) et a publié plus de cent articles dans des revues médicales de premier plan. Il n'est pas étonnant qu'Harvard ait voulu l'engager et le nommer, malgré son parcours académique plutôt inhabituel.

Comme les vrais médicaments, les placebos montrent une relation dose-effet. Plus on en prend, plus les effets sont grands. Prendre un comprimé placebo quatre fois par jour soulage plus les ulcères qu'en prendre seulement deux fois par jour[204] et les gens qui prennent leurs médicaments pour le cœur conformément aux prescriptions vivent plus longtemps que ceux qui ne le font pas, même si ce qu'ils prennent est en réalité un placebo qu'on

202 Kaptchuk, Kelley et *al.*, 2008.
203 Ted J. Kaptchuk, 1983 ; Ted J. Kaptchuk, 2000.
204 Anton J. M. de Craen, D. E. Moerman et *al.*, 1999.

leur a donné dans un essai clinique[205]. Kaptchuk se demandait si la « dose » de la relation thérapeutique pouvait être modifiée, comme celle d'un médicament et, si oui, si cela pourrait affecter l'efficacité du traitement. Il mit donc au point une étude pour le découvrir et m'invita à faire partie des chercheurs.

Nous avons donné aux patients qui souffraient du syndrome du côlon irritable trois « doses » d'une relation thérapeutique. La dose la plus faible était une absence de relation avec le praticien médical et pas de traitement du tout. Les patients étaient simplement évalués et mis sur une liste d'attente avec la promesse qu'ils recevraient un traitement quelques semaines plus tard. Un autre groupe de patients recevait de l'acupuncture placebo (avec la fausse aiguille qui ne pique pas la peau, que j'ai décrite dans le chapitre 5) avec une « faible dose » de la relation thérapeutique. Ces patients étaient vus par un acupuncteur licencié qui leur disait que, comme il s'agissait d'une étude scientifique, il avait reçu l'ordre de ne pas parler avec eux. Un troisième groupe de patients recevait une « forte dose » de relation thérapeutique. Avant de commencer le faux traitement à l'acupuncture, l'acupuncteur interrogeait ces patients pendant quarante-cinq minutes. Il était chaleureux et amical avec eux. Il leur disait des choses comme : « *Je comprends que votre état doit être difficile pour vous.* » Il prenait le temps de réfléchir au traitement prévu et instillait une attente positive en disant : « *J'ai eu beaucoup d'expériences positives dans le traitement du syndrome du côlon irritable et je suis impatient de vous montrer que l'acupuncture est un traitement précieux dans cet essai.* »

Les résultats de cette étude ont montré que nous avions raison au sujet des effets de la relation thérapeutique. Six semaines après le début du traitement, les patients qui bénéficiaient d'une relation thérapeutique à forte dose ont eu une plus grande diminution

205 Scot H. Simpson et *al.*, 2006.

des symptômes et une meilleure qualité de vie que ceux qui recevaient une faible dose de relation, malgré le fait que la différence de traitement se limitait à l'entretien initial. Ce sont ceux dans le groupe liste d'attente qui ont eu le moins d'améliorations[206].

Notre étude a montré qu'améliorer la relation thérapeutique augmente l'effet placebo. D'autres études ont montré que la même chose se produit quand de vrais traitements sont délivrés dans le contexte d'une relation plus humaine. Quand un médecin est chaleureux, amical, rassurant et confiant dans l'efficacité du traitement, les patients voient leurs symptômes se réduire davantage et guérissent plus vite des maladies[207].

Se sentir bien

Comment se fait-il que la qualité d'une relation thérapeutique puisse augmenter la guérison, non seulement d'un état psychologique comme la dépression, mais également d'un problème physique, comme le syndrome du côlon irritable ? On trouve un élément de réponse dans mon étude préférée de tous les temps. Vous avez peut-être lu le roman d'E.M. Forster, *Chambre avec vue*, ou vu le film qui en a été tiré. Il s'avère qu'avoir une chambre avec vue rend non seulement les vacances plus agréables, mais peut aussi améliorer la santé. Roger Ulrich, un chercheur de l'Université du Delaware, a divisé en deux groupes des patients qui venaient de subir une opération de la vésicule biliaire[208]. Les patients d'un groupe étaient placés dans des chambres avec vue sur un parc, avec des arbres et des plantes. Les autres patients avaient une chambre qui donnait sur un mur de briques. Ceux qui étaient dans des chambres avec vue sur les arbres et les plantes avaient besoin

206 Kaptchuk, Kelley et *al.*, 2008.
207 Di Blasi et *al.*, 2001 ; Kaptchuk, Kelley et *al.*, 2008.
208 Roger S. Ulrich, 1984.

de nettement moins d'antidouleurs et ont pu quitter l'hôpital plus tôt que les autres. Les infirmières avaient plus tendance à les décrire comme allant bien et étant de bonne humeur. Les patients dans les chambres qui donnaient sur un mur de briques avaient besoin de plus de médicaments, ont mis plus de temps à quitter l'hôpital et étaient décrits comme contrariés et ayant besoin de plus d'encouragements.

Autrement dit, se sentir bien psychologiquement fait se sentir bien physiquement. Une relation thérapeutique chaleureuse et humaine fait du bien. Elle amène le patient à se sentir confiant, et non désespéré. Cela crée une attente d'amélioration et cela peut, en partie du moins, expliquer que cela favorise la guérison.

D'autres études ont également montré la capacité des émotions à affecter la santé, positivement ou négativement. Des émotions négatives, comme celles induites par le stress, peuvent aggraver la santé physique. Elles peuvent augmenter la tension artérielle, détériorer le fonctionnement du système immunitaire et augmenter le risque de mort de maladies cardiaques[209]. Il y a eu moins de recherches sur les bénéfices pour la santé des émotions positives, mais les recherches qui ont été effectuées suggèrent qu'elles peuvent avoir des effets curatifs. Par exemple, les personnes qui sont généralement optimistes ont une tension artérielle plus basse, un meilleur fonctionnement immunitaire et se remettent mieux d'opérations au cœur. Il y a même des preuves que la survie au cancer pourrait être affectée par le bien-être émotionnel[210]. Donc, peut-être que la réponse de Monsieur Wright au traitement placebo contre le cancer, dans l'étude de cas que j'ai décrite au chapitre 5, n'était pas une simple coïncidence.

209 Margaret A. Chesney et *al.*, 2005.
210 D. Räikkönen et *al.*, 1999 ; D. M. Byrnes et *al.*, 1998 ; M. F. Scheier et *al.*, 1999 ; David Spiegel et Janine Giese-Davis, 2003 ; H. Yang et W. Lin, 2005.

Les caractéristiques des « effets non spécifiques »

Même si les relations thérapeutiques et les émotions positives sont clairement importantes, il y a beaucoup d'exemples d'effet placebo qu'elles ne peuvent expliquer. Elles ne peuvent pas, par exemple, expliquer les effets du placebo dans des recherches au cours desquelles on demande à des étudiants ou d'autres volontaires sains de participer en échange d'argent ou de crédits de cours. Dans ces études, il n'y a pas de relation thérapeutique. Le plus important, c'est que ces émotions ne peuvent expliquer la spécificité de l'effet placebo.

Si vous regardez dans la littérature médicale, vous verrez souvent le terme « placebo » décrit comme un traitement « non spécifique ». Qu'est-ce que cela signifie, un traitement qui n'est pas spécifique ? Cela pourrait signifier que le traitement est efficace pour de nombreux troubles différents et pas pour un seul en particulier. Dans ce sens, les placebos sont en effet non spécifiques. En plus de la dépression, les placebos ont montré qu'ils avaient un effet sur l'anxiété, la douleur, les ulcères, le syndrome du côlon irritable, la maladie de Parkinson, l'angine, les maladies auto-immunes, la maladie d'Alzheimer, l'arthrite rhumatismale, les fonctions gastriques, les dysfonctionnements sexuels et les problèmes de peau[211]. On sait cela grâce à des milliers d'études dans lesquelles les placebos ont été utilisés dans des groupes de contrôle, contre lesquels les effets des médicaments ont été évalués, et grâce à des études conçues spécifiquement pour évaluer l'effet placebo.

Même si l'on dit généralement que les effets placebo sont non spécifiques, ils sont aussi très spécifiques dans un sens.

211 Irving Kirsch, 2006.

L'effet du placebo est spécifique à l'idée que se font les gens de la substance qu'ils vont ingérer. La morphine placebo, par exemple, diminue la douleur, tandis que les antidépresseurs placebo diminuent la dépression. Même les effets secondaires dont les gens font état quand on leur donne un placebo tendent à être les mêmes que ceux produits par le vrai médicament[212]. **En d'autres termes, l'effet d'un placebo est spécifique à ce que la personne attend.** Quand on leur donne un stimulant placebo comme du café décaféiné (présenté comme du café normal), les gens se sentent plus éveillés et leur rythme cardiaque et leur pression artérielle peuvent augmenter ; mais quand on leur donne des tranquillisants placebo, ils se sentent plus calmes et plus détendus et leur rythme cardiaque et leur pression artérielle diminuent[213]. Ces effets opposés se sont produits dans des études où les sujets étaient des volontaires sains. Elles ont été menées dans des laboratoires stériles, où il n'y avait pas du tout de relation thérapeutique. De plus, il n'y a aucune raison de penser que les participants sains de ces études avaient des sentiments particuliers sur tel ou tel type de placebo. Les effets placebo découverts dans ces études ne peuvent s'expliquer par la relation thérapeutique ou par l'état émotionnel positif qu'elle induit, mais ils peuvent s'expliquer par ce que croient les sujets et leurs attentes par rapport à ce qu'on leur a donné. Il y a quelques années, j'ai inventé le terme « *response expectancy* » (« l'attente de réponse ») pour évoquer les attentes qui sont provoquées par un placebo, et c'est depuis lors devenu un facteur accepté dans les théories sur l'effet placebo[214].

Si les effets placebo dépendaient entièrement de la relation thérapeutique et de l'état émotionnel des patients, il ne serait pas

212 R. Pogge, 1963.
213 Irving Kirsch et Lynne J. Weixel, 1988 ; M. Frankenhaeuser et *al.*, 1963.
214 Irving Kirsch, 1985 ; Irving Kirsch (ed.), 1999 ; Steve Stewart-Williams et John Podd, 2004.

possible que la même personne montre des effets placebo et des effets nocebo en même temps. C'est pourtant le cas. Parfois, la même personne fait état à la fois de bénéfices thérapeutiques et d'effets secondaires du même placebo[215]. Parfois, plus ils ont ressenti d'effets secondaires négatifs, mieux ils se portent. Cela peut se produire parce que les effets secondaires les persuadent qu'on leur a donné un médicament puissant. Leur amélioration a pu être générée aussi par leur joie à l'idée de recevoir ce qu'ils croient être un traitement efficace, mais cela ne peut certainement pas expliquer qu'ils ressentent des effets secondaires.

Un de mes anciens étudiants, Guy Montgomery, qui est maintenant chercheur au Sloan-Kettering Cancer Center, un centre de traitement et de recherche à New York, a démontré, expériences à l'appui, que la réduction de la douleur par placebo ne peut s'expliquer entièrement par l'état émotionnel du patient – ou par n'importe quel autre facteur qui devrait affecter tout le corps d'une personne et pas juste une partie. Il a mis de la crème placebo sur l'index d'une main de ses sujets et rien sur l'autre main. Puis il a induit la douleur en plaçant de lourds poids sur les deux index des sujets. Il a mesuré l'effet placebo comme la différence entre la douleur que les sujets ressentaient dans le doigt sur lequel il avait mis la crème placebo et la douleur ressentie dans le doigt non traité. Parfois, il mettait le poids au même moment sur les deux doigts en même temps. À d'autres moments, il testait chaque main séparément. Cela ne changeait rien. Il obtenait le même effet placebo, que le poids soit placé de façon simultanée ou séquentielle[216]. Si l'effet placebo était produit en induisant des émotions positives ou en réduisant l'anxiété, comme l'hypothèse a déjà été émise[217], alors il n'aurait pas dû obtenir un effet placebo quand il plaçait le poids sur les deux mains exactement au même moment.

215 Arthur K. Shapiro, E. Struening and E. Shapiro, 1980.
216 Guy H. Montgomery et Irving Kirsch, 1996.
217 Donald D. Price et Howard L. Fields, 1997.

Les doigts ne se sentent pas heureux ou angoissés : ce sont les gens qui éprouvent ces émotions. Donc les effets sur la douleur produits par leur état émotionnel auraient dû se produire dans les doigts des deux mains.

Quand Montgomery et moi-même avons publié notre article, nous pensions avoir démonté une autre théorie de l'effet placebo : la théorie selon laquelle ils sont produits par la sécrétion d'endorphines dans le cerveau. En 1978, des chercheurs de l'Université de Californie à San Francisco, ont découvert que, quand les placebos réduisent la douleur, ils peuvent stimuler la sécrétion d'endorphines[218]. Les endorphines, dont l'existence n'avait été découverte que quelques années plus tôt, sont des opioïdes, produits naturellement par le cerveau. Comme les opioïdes qui sont dérivés de l'opium – la morphine et la codéïne, par exemple –, les endorphines réduisent la sensation de douleur. Les chercheurs de l'Université de Californie ont imaginé que si les placebos peuvent imiter les effets des opiacés, peut-être qu'ils le font en stimulant la sécrétion des opioïdes endogènes du cerveau. Pour tester leur hypothèse, ils ont donné de la morphine placebo en intraveineuse à un groupe de patients qui venaient de subir une intervention dentaire. Une heure plus tard, ils ont donné aux patients une substance appelée la « naloxone ». La naloxone est un opiacé antagoniste, ce qui signifie qu'elle bloque les effets de réduction de la douleur de la morphine et d'autres opiacés. Dans l'étude californienne, la naloxone a annulé les effets de réduction de la douleur du placebo. Cette découverte a conduit les chercheurs à conclure que les endorphines devaient jouer un rôle dans la production de l'effet placebo chez leurs patients qui venaient de subir une intervention dentaire. Cette conclusion a, par la suite, été confirmée plus directement en scannant le cerveau des patients pendant un traitement placebo[219].

218 Jon D. Levine, Newton C. Grodon et Howard L. Fields, 1978.
219 Tor D. Wager, David J. Scott et Jon-Kar Zubieta, 2007.

Montgomery et moi-même supposions que la sécrétion d'endorphines dans le cerveau aurait des effets généraux dans tout le corps. Elle ne pouvait affecter la perception de la douleur dans une partie seulement du corps, sans affecter le reste. D'autres partageaient notre opinion. C'était notamment le cas d'Howard Fields, de l'Université de Californie, l'un des auteurs de l'étude originale sur la naxolone. Mais il s'est avéré que nous nous trompions. Fabrizio Benedetti et ses collègues de l'École médicale de Turin ont répété notre étude. Cette fois, ils évaluèrent aussi les effets d'infusions cachées de naloxone, comme l'avaient fait les chercheurs de l'Université de Californie. Les résultats de l'étude de Benedetti ont surpris tout le monde. Il a découvert un effet placebo bien qu'il ait déjà appliqué le stimulus de douleur simultanément sur des parties du corps traitées et non traitées, comme Montgomery et moi l'avions fait. En soi, cela n'était pas surprenant, mais il découvrit aussi que la naloxone abolissait complètement l'effet du placebo. Il semblerait que quand les attentes d'une diminution de la douleur conduisent le cerveau à sécréter des endorphines, ces opiacés endogènes peuvent agir sur la partie spécifique du corps vers laquelle l'attente est dirigée. On peut dire que personne, à part peut-être Benedetti et ses collaborateurs, n'auraient pensé que c'était possible[220]. Tout le monde pensait que l'effet de diminution de la douleur des endorphines était global, qu'il affectait tout le corps de la personne, au lieu de cibler des emplacements spécifiques.

220 Fabrizio Benedetti, C. Arduino et M. Amanzio, 1999.

Le conditionnement classique

Nous avons maintenant bien établi que les attentes jouent un rôle central dans la production de l'effet placebo[221]. Les attentes d'être soulagé sont non seulement corrélées avec le bénéfice que les patients ressentent, mais également avec les changements de l'activité cérébrale associée au bénéfice thérapeutique. Ces attentes se forment et se modifient de multiples façons. Nos croyances sont influencées par nos parents, nos professeurs, nos amis, nos collègues, les publicités que nous voyons à la télévision, dans les journaux et les magazines, les émissions d'actualité, les documentaires, les livres et les articles de presse. Mais le moyen le plus efficace de changer nos croyances et nos attentes, c'est l'expérience directe.

Le processus par lequel l'expérience affecte nos attentes est ce que l'on appelle le « **conditionnement classique** » ou « **pavlovien** ». Je suppose que vous connaissez déjà le conditionnement pavlovien mais une brève explication peut être tout de même utile. Le conditionnement classique a été découvert au début du xxe siècle par le scientifique russe Ivan Pavlov[222]. Pavlov est un physiologiste renommé qui a reçu le prix Nobel en 1904, non pas pour son travail sur le conditionnement, mais pour sa recherche sur la fonction gastrique du chien. En 1897, l'un des étudiants de doctorat de Pavlov a découvert qu'après avoir provoqué la salivation des chiens en leur faisant renifler un petit verre de sulphure de carbone, les chiens commençaient à saliver quand on leur présentait un simple verre d'eau. Cette découverte finit par changer la direction de la recherche de Pavlov. Il se mit à utiliser une variété de stimuli pour produire la salivation, parmi lesquels un diapason,

221 Irving Kirsch, 1985 ; Stewart-Williams et Podd, 2004 ; Tor D. Wager, 2005 ; Tor D. Wager, James K. Rilling et *al.*, 2004.
222 Ivan P. Pavlov, *Physiology of Digestion : discours de réception du Nobel*, 12 décembre 1904 ; Ivan P. Pavlov, 1927 ; Robert E. Clark, 2004.

un verre heurté, des métronomes et, le plus connu (bien que ce fut beaucoup plus tard), en faisant tinter une cloche. Ces stimuliétaient couplés avec la nourriture dans les études de Pavlov. Cette nourriture était appelée un « stimulus inconditionné » (ou inconditionnel) parce qu'il provoquait un réflexe de salivation, même s'il n'y avait pas eu de conditionnement du tout. La cloche, le diapason ou le métronome furent nommés des stimuli conditionnés (ou conditionnels) parce qu'ils ne provoquaient la salivation qu'après avoir été associés avec de la nourriture. L'étude de 1897, au cours de laquelle l'étudiant de Pavlov substitue un simple verre d'eau au sulfure de carbone qui avait été utilisé pour stimuler la salivation des chiens, montre l'importance du conditionnement classique sur l'effet placebo. Le verre d'eau était un placebo. Même s'il était inerte, il ressemblait exactement à la substance qui avait poussé les chiens à saliver.

Voici donc l'explication du conditionnement classique de l'effet placebo. Les gens ont l'habitude de se sentir mieux après avoir reçu des médicaments actifs. Ces médicaments sont toujours administrés dans un véhicule quelconque : un comprimé, une capsule ou une injection.

Les comprimés, les capsules et les injections finissent par être associés aux effets du médicament et peuvent reproduire ces effets comme « réponses conditionnées ».

Il y a quelques années, une équipe de chercheurs australiens a mené une série d'études ingénieuses qui a montré que le conditionnement pavlovien pouvait renforcer l'effet placebo[223]. Ils ont annoncé aux sujets de leurs études qu'ils testaient une crème analgésique puissante et à effet rapide, qui était en réalité un placebo. Puis ils ont stimulé à plusieurs reprises le bras des sujets avec un générateur de douleur qui envoie des ions positifs de

223 N. J. Voudouris, C. L. Peck et G. Coleman, 1985 ; N. J. Voudouris, C. L. Peck et G. Coleman, 1989 ; N. J. Voudouris, C. L. Peck et G. Coleman, 1990.

potassium dans la peau, causant une douloureuse sensation de crampe. Parfois, le bras avait été traité avec la crème placebo, parfois pas. Pour renforcer l'effet placebo, les chercheurs ont diminué en cachette l'intensité du stimulus de douleur chaque fois que la crème placebo avait été appliquée. Puis ils ont testé l'effet de cette procédure de conditionnement en remettant l'intensité du générateur de douleur à son niveau original, afin qu'exactement le même niveau de stimulation soit utilisé, que le placebo ait été appliqué ou non. Ils ont découvert que cette procédure de conditionnement augmentait de façon importante l'effet placebo. Les sujets qui avaient senti une réduction de la stimulation, sans savoir que l'intensité avait été baissée, ont ensuite fait état de beaucoup plus de réduction de la douleur qu'un groupe de contrôle qui n'avait pas subi cette procédure de conditionnement – et ce malgré le fait que l'intensité du générateur de douleur avait été ré-augmentée au niveau initial, quand l'effet de la procédure de conditionnement était testée.

Dans une étude ultérieure, mes collègues et moi-même avons montré que l'on pouvait obtenir un excellent degré de contrôle sur des niveaux de douleur expérimentés en utilisant cette procédure de conditionnement[224]. Nous avons appliqué une solution liquide d'un flacon médical portant une étiquette indiquant « Trivaricaïne-A » sur une zone du bras de chaque patient et avons appliqué du liquide d'un flacon avec l'étiquette « Trivaricaïne-B » à un endroit différent du bras. Nous avons dit aux patients que ces flacons contenaient le même anesthésiant topique de différentes forces et que nous testions leur efficacité. Bien évidemment, les deux liquides étaient des placebos (j'avais été tenté d'appeler notre placebo « Prévaricaïne » mais mes collègues m'en ont dissuadé). Après avoir appliqué les placebos et leur avoir laissé le temps de faire effet, nous avons induit une stimulation de douleur

224 Donald D. Price, Leonard B. Milling et *al.*, 1999.

dans chacune des deux zones du bras. Nous avons également stimulé une troisième zone du bras, sur laquelle nous avions appliqué de l'eau.

Pendant notre période de conditionnement, à l'insu des sujets, nous manipulions l'intensité du stimulus de douleur que nous induisions à chaque endroit. Nous avons utilisé un stimulus très douloureux sur la zone où nous avions mis de l'eau, une stimulation légèrement moins intense sur la zone de Trivaricaïne-B et une intensité beaucoup plus faible sur la zone de Trivaricaïne-A. Puis, pour tester les effets de cette procédure de conditionnement, nous avons appliqué le même niveau de douleur aux trois zones. Comme nous nous y attendions, les sujets se sont plaints d'une douleur beaucoup plus forte dans la zone de contrôle, où on avait appliqué de l'eau, moins forte dans la zone de la Trivaricaïne-B et encore moins dans la zone de Trivaricaïne-A.

Vous pourriez penser que les sujets de ces études de conditionnement ont menti aux expérimentateurs, qu'ils nous ont dit ce que nous voulions entendre. Mais nous savons que ce n'était pas le cas. Tor Wager a utilisé ce processus de conditionnement avant de scanner le cerveau des sujets pendant qu'on leur appliquait des stimulations de douleur, avec et sans le bénéfice du placebo auquel ils avaient été conditionnés[225]. Les sujets ont non seulement dit qu'ils avaient eu moins mal, mais ils ont également montré une activité réduite dans la zone du cerveau associée à la douleur.

225 Wager, Rilling et *al.*, 2004.

L'attente et le conditionnement

Pendant de nombreuses années, il y a eu un débat dans la littérature scientifique pour savoir si les placebos sont produits par le conditionnement ou par l'attente. Désormais, la réponse semble claire : les deux facteurs entrent en jeu. **Plus spécifiquement, le conditionnement est un des moyens de produire et de modifier les attentes**[226]. Après avoir reçu plusieurs fois de la nourriture suite à un son de cloche, le chien finit par s'attendre à être nourri à chaque fois qu'il entend la cloche. Après des traitements réussis avec des médicaments actifs, nous finissons par attendre que les médicaments aient un effet positif. Nous pouvons former des attentes comme cela sans expérience directe de ce genre, par exemple parce qu'on nous dit qu'un médicament est efficace, mais l'expérience directe (c'est-à-dire, le conditionnement) est la source d'information la plus convaincante[227].

Guy Montgomery et moi-même avons confirmé le rôle de l'attente dans les effets placebo conditionnés, au cours d'une étude que nous avons menée pendant qu'il préparait sa thèse de doctorat sous ma supervision à l'Université du Connecticut[228]. Nous avons répété les procédures de conditionnement que les chercheurs australiens avaient développées, mais nous y avons ajouté un élément. En plus de prendre des sujets qui ne savaient pas que nous baissions le niveau du stimulus de douleur pendant les essais de conditionnement, nous avons aussi formé un groupe dans lequel nous avons fait croire aux gens que nous diminuions l'intensité du stimulus. Notre idée était que ce groupe aurait la même expérience de conditionnement classique, au cours de laquelle la réduction de la douleur serait couplée avec la solution

....

226 Robert A. Rescorla, 1988 ; Irving Kirsch, Steven J. Lynn et *al.*, 2004 ; Voudouris, Peck et Coleman, 1985.
227 Voudouris, Peck et Coleman, 1985.
228 Guy H. Montgomery et Irving Kirsch, 1997.

placebo, mais les patients sauraient que la diminution de la douleur qu'ils ressentaient n'était pas due au placebo. Notre raisonnement était que si le conditionnement était un processus automatique, qui ne dépend pas des attentes des patients, alors même ce groupe « informé » devrait montrer l'effet de conditionnement en ressentant un effet placebo plus grand quand nous remettions le générateur de douleur à son intensité maximale. D'un autre côté, si l'effet du conditionnement se produit parce que les gens en arrivent à attendre moins de douleur quand on leur donne le placebo, alors le groupe « informé » ne devrait pas bénéficier de la procédure de conditionnement.

Les résultats de notre étude ont clairement établi que le conditionnement augmentait l'effet placebo en changeant les attentes des patients. Comme les chercheurs australiens, nous avons découvert que le conditionnement augmentait l'effet placebo pour les sujets qui ignoraient nos manipulations. Ils étaient amenés à attendre moins de douleur et ils ressentaient donc ensuite moins de douleur.

Mais le conditionnement n'avait aucun effet sur les sujets à qui l'on disait que l'on diminuait l'intensité du stimulus de douleur. Comme ils savaient que nous avions diminué l'intensité du stimulus, ils ne s'attendaient pas à ressentir moins de douleur là où le placebo avait été appliqué ; et comme ils ne s'attendaient pas à ressentir moins de douleur, ils n'en ont pas ressenti moins quand l'intensité a augmenté à nouveau.

Les chercheurs de l'Université de Manchester ont récemment reproduit notre étude et ont utilisé un électro-encéphalogramme pour enregistrer l'activité du cerveau des sujets[229]. Comme nous, ils ont trouvé que diminuer l'intensité du stimulus de douleur augmentait ensuite l'effet placebo sur la douleur rapportée par les

229 Alison Watson et *al.*, 2007.

sujets, mais seulement si ceux-ci ignoraient que l'intensité du stimulus avait été réduite pendant la session de conditionnement.

Ils ont aussi montré que l'effet ne se produisait pas simplement parce que les sujets disaient aux expérimentateurs ce que ceux-ci voulaient entendre, car les annonces de diminution de la douleur s'accompagnaient de réductions de l'activité du cerveau.

Je suis tenté de conclure que le seul effet direct du conditionnement est de changer les attentes et qu'il n'a jamais d'effet automatique qui ne se fonde pas sur ce que la personne croit. Mais ce serait aller trop loin. Le conditionnement classique s'observe dans des organismes aussi simples que la limace de mer de Californie, et j'hésiterais beaucoup à attribuer un processus de pensée à un organisme avec un système nerveux aussi simple. Les gens ont des attentes et je suis convaincu que les chiens aussi, mais je ne vais pas jusqu'à l'affirmer pour les limaces. La conscience a certainement évolué de processus inconscients plus simples et le conditionnement pavlovien est l'un de ces processus. Chez des organismes inférieurs, l'effet du conditionnement sur le comportement est direct. Chez des organismes supérieurs, le conditionnement fournit de l'information qui peut être utilisée pour décider d'un comportement à adopter. Mais il semble y avoir des vestiges d'effets de conditionnement automatique qui affectent la réponse placebo et ne sont pas fondés sur l'attente. En accord avec les résultats de l'étude que j'ai réalisée avec Guy Montgomery, Fabrizio Benedetti et ses collègues ont montré que les effets placebo conditionnés sur les expériences conscientes comme la douleur dépendent des attentes des sujets, mais ils ont aussi découvert un effet conditionnant sur la sécrétion hormonale qui ne pouvait pas être bloquée en empêchant un changement d'attente[230]. Les effets conditionnants comme ceux-là sont une exception, et non la règle.

230 Fabrizio Benedetti, Antonella Pollo et *al.*, 2003.

Ils semblent limités à un processus inconscient, comme la sécrétion hormonale. Les effets du conditionnement sur les processus conscients, comme la douleur, dépendent des attentes des patients.

Maîtriser l'effet placebo en pratique clinique

Dans les années 1980, l'Institut national pour la santé mentale (NIMH) aux États-Unis a financé un important programme de recherches multicentriques pour évaluer l'efficacité des antidépresseurs et de la psychothérapie dans le traitement de la dépression[231]. Avant de commencer le traitement, on posait à chaque patient la question suivante : « *Qu'attendez-vous comme résultat de votre traitement ?* » On leur demandait de répondre à cette question sur une échelle de cinq points. Un faible espoir d'amélioration était représenté par la phrase « *je ne m'attends pas à me sentir différent* » et un grand espoir par « *je m'attends à me sentir beaucoup mieux* ». La réponse des patients à cette question prédisait le résultat thérapeutique. Ceux qui s'attendaient à se sentir mieux ont vu leur état s'améliorer le plus et ceux qui ne s'attendaient pas à se sentir mieux ont tiré le moins de bénéfice du traitement.

De plus, l'effet de l'attente sur le résultat du traitement ne dépendait pas du traitement reçu. Qu'ils aient été traités ou non avec des antidépresseurs, avec une psychothérapie ou un simple placebo, les patients qui s'attendaient à aller mieux sont ceux qui ont connu les plus grandes améliorations[232].

Une leçon à tirer des découvertes de ce programme de recherche sur le traitement de la dépression du NIMH est que les personnes qui sont déprimées ont besoin d'être convaincues que le traitement qu'on leur propose – quel qu'il soit – est efficace et

231 Irene Elkin, 1994.
232 Stuart M. Sotsky et *al.*, 1991.

qu'il leur apporte un espoir alors que la situation leur semblait peut-être désespérée[233]. Certaines personnes entament un traitement avec des attentes positives, mais d'autres non, et à moins que le clinicien fasse des efforts pour changer ces attentes négatives au début, le traitement a peu de chance d'être efficace. C'est encore une raison de conclure que les effets des médicaments sur la dépression sont des effets placebo. Si l'effet de ces médicaments n'étaient pas en partie un effet placebo, ils agiraient – comme les antibiotiques et les produits hypoglycémiants – indépendamment de l'attente des patients.

Comme je l'ai expliqué au chapitre 5, la dépression est en partie un effet nocebo, dans le sens qu'elle peut être produite par des attentes négatives sur soi-même et sur le monde[234]. La façon dont ces attentes négatives se développent et produisent leurs effets négatifs aide à comprendre comment on peut les inverser. Les effets de l'attente grandissent et se nourrissent d'eux-mêmes. Une des raisons qui explique cela est que nos états subjectifs – nos sentiments, nos humeurs et nos sensations – fluctuent constamment d'un jour à l'autre et d'un moment à l'autre. L'effet de ces fluctuations dépend de la façon dont nous les interprétons et cette interprétation dépend de nos croyances et de nos attentes. Quand nous nous attendons à aller plus mal, nous avons tendance à remarquer de petits changements négatifs dus au hasard et à les interpréter comme une preuve que nous allons plus mal. Cette interprétation a pour effet que nous nous sentons effectivement plus mal et cela renforce la croyance que nous allons plus mal, ce qui entraîne un cercle vicieux dans lequel nos attentes et nos émotions négatives se nourrissent les unes des autres. Cela engendre un véritable épisode dépressif. C'est le processus par lequel une rechute peut se produire quand quelqu'un arrête les antidépres-

233 Irving Kirsch, 1990 ; Joel Weinberger et Andrew Eig, 1999 ; Björn Meyer et *al.*, 2002.
234 Aaron T. Beck et *al.*, 1979 ; John D. Teasdale, 1985.

seurs. Les attentes positives ont, quant à elles, l'effet exactement inverse. Elles peuvent déclencher un cercle vertueux, au cours duquel des fluctuations dues au hasard de l'humeur et du bien-être sont interprétées comme preuves de l'efficacité du traitement, instillant ainsi un espoir encore plus grand et contrant le sentiment de désespoir qui est au centre de la dépression clinique.

En 1998, un groupe de chercheurs de l'Université de Columbia a apporté la preuve de cet effet boule de neige[235]. Rappelez-vous qu'au début de la plupart des essais cliniques, on donne à tous les patients un placebo pendant une semaine ou deux, pendant ce que l'on appelle une phase de run-in. Les chercheurs de Columbia ont observé ce qui se passait durant cette période de run-in et ont découvert que les patients dont l'état s'améliorait pendant cette phase étaient ceux qui avaient le plus de chances d'aller mieux par la suite dans l'essai, qu'ils reçoivent des antidépresseurs ou des placebos. Dans une étude ultérieure, des chercheurs de l'Université de Californie à Los Angeles (UCLA) ont confirmé ces résultats en identifiant des changements dans des régions d'activité du cerveau pendant la phase de run-in qui prédisaient une amélioration lorsque les patients recevraient ensuite le traitement[236].

Mais les attentes positives peuvent avoir l'effet inverse et les cliniciens doivent être prudents au sujet des croyances qu'ils induisent. La clé pour empêcher cela est de comprendre que les espoirs de guérison ont différentes facettes et que ces différents types d'attentes peuvent fonctionner de façon indépendante[237]. L'une de ces facettes est l'importance du changement que la personne attend. Elle peut attendre une guérison complète ou aucun changement. C'est le genre d'attente qui a été corrélé avec une amélioration dans le programme de recherche sur le traitement de la dépression du NIMH. Un deuxième aspect de l'attente d'une

235 Frederic M. Quitkin et *al.*, 1998.
236 Aimee M. Hunter et *al.*, 2006.
237 Kirsch et Weixel, 1988.

personne est la confiance que cette personne a en son attente. Elle peut être absolument certaine d'obtenir un changement ou ne pas en être sûre du tout. C'est le genre d'attente qu'on modifie quand on dit à des sujets dans un essai clinique qu'ils ont peut-être eu un placebo. Comme nous l'avons vu, diminuer ainsi les attentes peut diminuer l'effet du traitement[238].

Mais il y a aussi un troisième aspect de nos attentes de changement : la rapidité avec laquelle le changement est attendu. Une personne peut s'attendre à ce qu'un changement se produise pratiquement immédiatement ou s'attendre à ce qu'il se produise graduellement, avec le temps. C'est l'aspect de nos attentes qui peut avoir des effets paradoxaux. Quand les gens ont des attentes irréalistes, quand ils attendent que trop de changement se produise trop rapidement, leurs espoirs risquent d'être brisés.

Il reste enfin un dernier aspect de l'attente : certains patients peuvent attendre qu'un changement se produise automatiquement, sans qu'ils ne doivent rien faire pour cela. C'est l'attente conditionnée par le traitement médicamenteux. On ne s'attend pas à devoir faire quoi que ce soit, si ce n'est prendre le médicament, pour qu'il fasse effet. Mais d'autres personnes peuvent, en revanche, s'attendre à devoir travailler activement pour qu'un changement se produise, au lieu d'attendre passivement. Les données de l'étude du NIMH ont montré que quand les patients s'attendaient à ce qu'un traitement fonctionne, ils étaient également plus investis pour travailler avec le clinicien et aider à provoquer ces changements et, plus ils s'investissaient dans le processus de traitement, plus leur état s'améliorait.

Voici donc les différentes attentes qui sont les plus susceptibles de conduire à une amélioration thérapeutique et qui devraient être encouragées par les cliniciens. Pour maximiser le résultat thé-

238 Joel R. Sneed et *al.*, 2008.

rapeutique, il vaut mieux avoir confiance en l'efficacité du traitement, s'attendre à des changements substantiels, mais aussi s'attendre à ce que ces changements se produisent graduellement. Les changements seront sans doute subtils au début et augmenteront avec le temps. Il est aussi important de comprendre que le changement n'est pas automatique, qu'on va devoir travailler pour qu'il se produise. Cette combinaison d'attentes est la plus efficace pour mettre fin aux cercles vicieux et les remplacer par des cercles vertueux.

Comme nous l'avons vu, l'attente n'est pas le seul facteur qui encourage l'effet placebo. Il y a aussi l'effet de la relation thérapeutique – ce que j'ai baptisé l'effet Marnie. Une relation thérapeutique humaine augmente la confiance du patient et favorise ses attentes positives. Mais elle peut aussi affecter le bien-être des patients de façon indépendante de l'attente. Une relation thérapeutique positive fait du bien et se sentir bien enraye la dépression et peut avoir des bénéfices plus généraux sur la santé.

Est-ce trop d'exiger l'effet Marnie de la part des généralistes ? Les médecins sont occupés. Ils ont de nombreux patients à traiter. Le temps qu'ils peuvent consacrer à chaque patient est limité et cela coûterait de leur en consacrer plus. Mais ce serait de l'argent bien dépensé, étant donné le bénéfice potentiel pour la santé et le bien-être que cela pourrait produire. **À long terme, cet investissement en temps pourrait même s'avérer rentable. Cette mesure a le potentiel de réduire le nombre de consultations nécessaires, aussi bien auprès du généraliste que des spécialistes.**

Conclusion

Augmenter les attentes et renforcer la relation thérapeutique pourraient améliorer le résultat d'un traitement. Mais quel traitement ? Les antidépresseurs ne sont peut-être rien de plus que des placebos actifs, avec des effets secondaires chimiques, qui ne produisent leurs effets thérapeutiques que par des moyens psychologiques. Dans le chapitre suivant, j'examine les diverses options possibles pour le traitement de la dépression. Comme nous le verrons, certains de ces traitements vont plus loin encore que l'« effet Marnie » pour traiter la dépression clinique.

Chapitre 7

Au-delà des antidépresseurs

Nous sommes face à un dilemme. Des millions de personnes souffrent de dépression. Nombre d'entre elles vont mieux quand elles sont traitées avec des antidépresseurs, alors que quand on les laisse sans traitement, leur état ne s'améliore guère[239]. Le principal problème vient du fait que les antidépresseurs ne se sont pas montrés beaucoup plus efficaces que les placebos.

L'effet placebo dans le traitement de la dépression est très puissant et il est susceptible d'être encore plus grand en pratique clinique que dans les essais cliniques. En effet, dans les essais, on dit aux patients qu'ils recevront peut-être un placebo et cette information diminue l'effet placebo[240]. En pratique clinique, en revanche, les gens savent qu'ils reçoivent un médicament actif et, comme ils ont confiance en leurs docteurs, ils ont un meilleur espoir de voir leur état s'améliorer.

Alors que devons-nous faire ? Peut-être devrions-nous continuer à prescrire des antidépresseurs, même si ce sont des placebos, parce que ce sont des placebos très efficaces. Comme l'a dit un psychiatre : « *Cela importe peu que le patient réponde à cause de l'effet placebo ou grâce aux actions pharmacologiques spécifiques du médicament, du moment qu'il va mieux*[241]. » Mais ce point de vue comporte un problème : les antidépresseurs sont peut-être des placebos mais, contrairement aux placebos qui sont utilisés dans presque tous les essais cliniques, ils ne sont pas inertes. **Ce sont des médicaments actifs et, en tant que tels, ils produisent des effets secondaires qui n'ont rien de placebo. Et bon nombre de ces effets réels des médicaments sont redoutables.**

239 Irving Kirsch et Guy Sapirstein, 1998.
240 Joel R. Sneed et *al.*, 2008.
241 R. Hamish McAllister-Williams, 2008.

Les effets secondaires des antidépresseurs constituent un sérieux problème. De nombreux patients déprimés les trouvent tellement intolérables qu'ils arrêtent leur traitement. Cela les amène à abandonner des essais cliniques quelques semaines à peine après avoir commencé le traitement. C'est d'ailleurs pour cette raison que la plupart de ces essais sont courts : ils ne durent que de quatre à huit semaines.

Les laboratoires pharmaceutiques ont concentré la majorité de leurs efforts, non pas sur la recherche d'antidépresseurs plus efficaces – les différences d'efficacité entre un antidépresseur et un autre sont cliniquement insignifiantes – mais sur le développement de médicaments qui ont moins d'effets secondaires et seront plus faciles à tolérer. C'est l'avantage des ISRS et d'autres antidépresseurs de « nouvelle génération », par rapport à des médicaments plus anciens. Les nouveaux médicaments ne sont pas plus efficaces, mais ils entraînent moins d'effets secondaires.

Bien que les ISRS aient moins d'effets secondaires que les antidépresseurs plus anciens, la liste des événements indésirables est toujours importante – assez importante au moins pour exclure leur usage comme « placebos actifs ». Parmi les effets secondaires des ISRS connus, Eli Lilly (le fabriquant du Prozac) liste les effets suivants dans son Résumé officiel des Caractéristiques du Produit : troubles sexuels, céphalées, nausées, vomissements, insomnie, somnolence, diarrhée, transpiration, bouche sèche, épilepsie, virage maniaque, anxiété, trouble de la concentration, attaque de panique, fatigue, mouvements anormaux transitoires, convulsions, vertiges, anorexie, dysepsie, difficultés à avaler, frissons, hallucinations, confusion, agitation, photosensitivité, rétention urinaire, vision troublée, perte de cheveux, douleurs articulaires, hypoglycémie, éruptions cutanées et des événements systémiques graves qui concernent la peau, les reins, le foie ou les poumons. Et il ne s'agit là que des effets secondaires les plus communs qui ont été associés aux ISRS. Lily rapporte d'autres effets indésirables, comme l'hépatite ou des hémorragies, qui se produisent « rarement ».

Chacun de ces effets secondaires n'est ressenti que par une minorité seulement des patients qui prennent les médicaments. Environ 15 % des patients qui prennent des ISRS se plaignent de maux de tête et le même pourcentage se plaint de nausées. Tandis que 10 % des patients qui prennent des ISRS se plaignent de diarrhée, de vertiges et d'insomnie. Mais alors qu'une minorité de patients se plaint d'un effet secondaire particulier, le nombre de patients qui disent souffrir d'au moins l'un d'eux est assez élevé. Cela va de la moitié des patients à la vaste majorité d'entre eux, selon la façon dont ces événements adverses sont évalués[242].

Le risque d'effets secondaires potentiellement dangereux devrait être suffisant pour exclure la prescription d'antidépresseurs pour leur effet placebo et ce n'est pourtant pas le seul risque associé à ces médicaments. Le 19 juillet 2006, la FDA a publié une mise en garde de santé publique pour dire que, pris en même temps que d'autres médicaments susceptibles d'affecter les niveaux de sérotonine, les antidépresseurs peuvent provoquer un trouble appelé « **le syndrome sérotoninergique**[243] ». Ce syndrome est causé par un excès de sérotonine dans le corps.

Prendre plus d'un antidépresseur à la fois peut causer le syndrome sérotoninergique, mais ce syndrôme a également été associé à l'usage concomitant d'autres médicaments, y compris des remèdes contre les maux de tête et des anti-tussifs délivrés sans ordonnance. D'autres médicaments ont été liés à l'apparition de ce syndrome potentiellement mortel, quand ils sont pris en même temps que des antidépresseurs, il s'agit : des analgésiques,

242 Richard A. Hansen et *al.*, 2005 ; Michael Philipp, Ralf Kohnen et Karl O. Hiller, 1999 ; Corrado Barbui, Andrea Cipriani et Irving Kirsch, 2009.
243 FDA, 2006.

des antibiotiques, des plantes médicinales, des coupe-faims et des drogues comme l'ecstasy, la cocaïne et le LSD[244]. Parmi les symptômes du syndrome sérotoninergique, on compte l'agitation, les hallucinations, la perte de coordination, l'augmentation du rythme cardiaque, des changements rapides de tension, de la fièvre, des nausées, des vomissements et la diarrhée.

Les pensées suicidaires sont l'un des symptômes de la dépression. Paradoxalement, l'un des dangers les plus connus des ISRS est leur tendance à augmenter le risque de suicide. Ce risque accru est particulièrement établi pour les enfants, les adolescents et les jeunes adultes. Dans son analyse la plus récente des données, la FDA a conclu que, comparés aux placebos, les ISRS doublent le risque de pensées et de comportements suicidaires chez les patients déprimés jusqu'à l'âge de 24 ans[245]. Il semble qu'il y ait aussi un risque accru pour les gens de plus de 24 ans, mais l'interprétation de ces données est encore contestée[246].

Le lien entre les ISRS et le suicide a non seulement été établi, mais nous avons également une idée de la façon dont les ISRS pourraient induire ce risque accru. Le psychiatre américain Peter Breggin a étudié la façon dont les ISRS peuvent provoquer un état agité appelé l'« **akathisie** », que certaines personnes décrivent comme l'impression de sauter au plafond[247]. C'est souvent dans cet état que les gens sous ISRS deviennent violents et agressifs, envers eux-mêmes ou envers d'autres.

La première fois que j'ai entendu parler du lien avec l'akathisie, c'était en février 2004, lors des auditions de la FDA qui débouchèrent sur l'ajout d'une mise en garde en encadré sur les éti-

244 Bettina C. Prator, 2006.
245 Tarek A. Hammad, Thomas Laughren et Judith Racoosin, 2006.
246 Marc B. Stone et M. Lisa Jones, 2006 ; David Healy, 2009 ; Dean Fergusson et *al.*, 2005.
247 Peter R. Breggin, 2003/2004 ; Peter R. Breggin, 2006 ; David Healy, Andrew Herxheimer et David B. Menkes, 2006.

quettes des ISRS. Avec mon collègue David Antonuccio, j'avais été invité à ces auditions pour témoigner de l'efficacité – ou l'absence d'efficacité – des ISRS comme traitement de la dépression infantile. C'est là que j'ai entendu pour la première fois les histoires terribles de parents dont les enfants s'étaient suicidés, d'un garçon de douze ans qui avait assassiné ses grand-parents avec un fusil, et d'une femme qui s'était tiré une balle dans la mâchoire alors qu'elle prenait des ISRS. C'est également au cours de cette audition que j'ai entendu parler pour la première fois des études cliniques dans lesquelles le Prozac avait provoqué l'akathisie. Dans l'un de ces essais, on a demandé à trois patients entre 25 et 47 ans, qui avaient tenté de se suicider alors qu'ils étaient sous Prozac, d'arrêter l'antidépresseur puis de recommencer à le prendre, pour voir ce qui allait se passer. Ils développèrent tous les trois une akathisie sévère et dirent se sentir à nouveau suicidaires. Les réactions maniaques et les pensées suicidaires se calmèrent quand ils arrêtèrent une nouvelle fois le Prozac[248].

Avertissement : n'arrêtez pas les antidépresseurs sans consulter votre médecin

Évidemment, en apprenant que les bénéfices des antidépresseurs sont largement attribuables à l'effet placebo, certains patients déprimés pourraient être tentés d'arrêter leur traitement. C'est pour cette raison que j'ai demandé aux éditeurs d'imprimer cette mise en garde en gras. C'est un peu comme la mise en garde qui apparaît dans un cadre sur la notice des antidépresseurs au sujet du risque accru de suicide : la prise des antidépresseurs ne doit en aucun cas être interrompue sans avoir d'abord consulté le médecin.

La raison de cette mise en garde est que l'arrêt abrupt d'un

248 Anthony J. Rothschild et Carol A. Locke, 1991.

traitement aux ISRS produit des symptômes de sevrage chez environ 20 % des patients. Parmi les symptômes de sevrage provoqués par l'arrêt des antidépresseurs, on trouve : troubles gastro-intestinaux (crampes abdominales et douleurs, diarrhées, nausées et vomissements), symptômes grippaux, maux de tête, troubles du sommeil, étourdissements, troubles oculaires, engourdissements, sensations de chocs électriques, soubresauts et tremblements. Le sevrage abrupt peut aussi causer des symptômes de dépression et d'anxiété, qui peuvent se produire quelques heures après la première dose manquée de médicament[249]. Les symptômes de sevrage sont parfois pris pour une rechute, ce qui amène les patients à reprendre les antidépresseurs et à conclure qu'ils en ont besoin pour ne plus être déprimés. Techniquement, ce n'est pas considéré comme une « dépendance », mais cela en est très proche.

Si vous prenez actuellement un antidépresseur, si vous êtes content de son efficacité et si les effets secondaires ne causent pas trop de problèmes, il vaut mieux continuer à les prendre. Comme on dit aux États-Unis : « Si ce n'est pas cassé, ne le répare pas. » D'un autre côté, si le médicament n'apporte pas assez de bénéfices ou si les effets secondaires vous dérangent, vous devriez peut-être envisager d'autres méthodes pour traiter votre dépression. Je parlerai de ces autres méthodes plus loin dans ce chapitre.

Si vous décidez d'interrompre votre traitement aux antidépresseurs, parlez-en d'abord à votre médecin. Il est important de diminuer progressivement plutôt que d'arrêter subitement. Le livre *Arrêter les antidépresseurs* de Joseph Glenmullen, de la faculté de médecine d'Harvard, est une excellente source d'information (en anglais) sur la façon d'arrêter un traitement aux antidépresseurs.

249 Christopher H. Warner et *al.*, 2006 ; Joseph Glenmullen, 2006.

Prescrire des placebos

Si l'effet placebo dans la dépression est si puissant, peut-être devrions-nous juste prescrire des placebos inertes aux patients déprimés. Ces produits ont été testés dans des milliers d'essais cliniques, ils constituent le standard qui permet d'évaluer les autres médications et ils sont assez sûrs pour pouvoir être pris par les femmes enceintes, les petits enfants, les infirmes et les personnes âgées. Vous pourriez croire que je blague en suggérant cela, mais cette méthode a été très sérieusement recommandée et semble être couramment pratiquée. La *Revue médicale britannique* a publié des enquêtes au cours desquelles on demandait à des médecins aux États-Unis et en Israël s'il prescrivaient parfois intentionnellement des placebos[250]. Environ la moitié d'entre eux ont répondu que oui, la plupart du temps sous forme d'analgésiques ou de vitamines disponibles sans ordonnance.

Le problème évident, quand on prescrit des placebos, c'est que cela implique généralement une forme de tromperie. Quand les médecins prescrivent des placebos, ils ne disent pas à leurs patients que le traitement est un placebo[251]. Ils laissent les patients penser qu'ils reçoivent un traitement actif. Cela pose une question éthique grave. **Est-ce éthique de tromper les patients si ce mensonge peut les aider à se sentir mieux ?** Deux médecins du NHS, Rudiger Pittrof et Ian Rubenstein, ont soutenu que l'usage des placebos peut se justifier éthiquement et qu'ils peuvent être donnés sans tromper – au sens strict – les patients. L'essentiel de leur argument, c'est que les placebos fonctionnent pour certaines maladies (notamment la dépression) et que les prescrire permet de rester « dans l'esprit de la médecine, scientifique et fondée sur des preuves ». Ils suggèrent en fait que cela pourrait être contraire

250 Jon C. Tilburt et *al.*, 2008 ; Uriel Nitzan et Pesach Lichtenberg, 2004.
251 Tilburt et *al.*, 2008.

à l'éthique de ne pas administrer un traitement qui a prouvé son efficacité. Même pour des états pour lesquels les placebos ne sont pas aussi efficaces que des médicaments actifs – comme pour le traitement du trouble sexuel chez les hommes – les effets secondaires et les dangers des interactions entre les médicaments pourraient être évités en prescrivant des placebos. Cela pourrait, d'ailleurs, rendre le traitement placebo préférable pour de nombreux patients. Pittrof et Rubenstein ont recommandé de donner aux patients le choix entre un traitement potentiellement plus efficace qui risque de provoquer plus d'effets secondaires et un traitement légèrement moins efficace (placebo) qui a moins d'effets secondaires – sans, bien sûr, préciser qu'il s'agit d'un placebo.

Je suis sensible aux arguments de Pittrof and Rubenstein, mais je ne suis pas convaincu. Il est sans doute possible d'éviter techniquement de mentir aux patients en leur administrant des placebos, mais la tromperie sera implicite au lieu d'être explicite. Les patients seront toujours amenés à croire qu'ils reçoivent un traitement pharmacologique actif, alors que ce n'est pas le cas.

C'est peut-être ma formation de psychothérapeute qui m'amène à être inquiet de cette nouvelle tendance à donner des placebos aux patients à leur insu. En tant que thérapeute, j'ai appris que l'un des principaux facteurs de succès du traitement est la relation entre le médecin et le patient. La confiance est l'un des composants centraux de la relation thérapeutique, mais elle se mérite. Quand elle est trahie, elle est perdue. Mon inquiétude est donc aussi pratique qu'éthique. **Quand des médecins trompent leurs patients, ils trahissent leur confiance. À long terme, ils perdront cette confiance et, par la même occasion, ils perdront l'une des armes les plus puissantes de leur arsenal clinique.**

Des placebos sans mensonge

Quand ils sont administrés comme si c'étaient des médicaments actifs, les placebos peuvent produire des effets puissants, mais quelle serait leur efficacité si les patients savaient qu'ils prenaient des placebos ? Est-il possible de produire un effet placebo sans mensonge ?

En 1965, Lee Park et Lino Covi, deux jeunes psychiatres de l'hôpital universitaire John Hopkins, ont mené une étude dans le but de répondre à cette question[252]. Leur conclusion étonnante fut que les placebos peuvent être donnés ouvertement, sans mensonge, et se révéler tout de même efficaces. Park et Covi ont donné des comprimés placebo à quinze patients en traitement psychiatrique externe en leur disant qu'il s'agissait de placebos. Plus exactement, ils leur ont dit :

« *Beaucoup de gens souffrant de la même chose que vous ont été aidés par ce que l'on appelle parfois des comprimés de sucre et nous avons l'impression que ce comprimé de sucre pourrait vous aider aussi. Vous savez ce que c'est, un comprimé de sucre ? C'est un comprimé qui ne contient aucun médicament. Je pense que ce comprimé pourra vous aider, comme il en a aidé tant d'autres. Êtes-vous d'accord pour l'essayer ?* »

Avec une introduction pareille, on pourrait s'attendre à ce que les patients soient fâchés ou se sentent insultés, même s'ils hésitent à faire part de leur scepticisme. On ne s'attend certainement pas à ce qu'ils aillent mieux. Même les chercheurs qui menaient cette étude ne s'attendaient pas à beaucoup d'effet. « *Cela devait être juste un petit essai pilote pour savoir si des sujets allaient tout de même en tirer un bénéfice* », se souvient Lee Park.

252 Lee C. Park et Lino Covi, 1965.

Les chercheurs ont été stupéfaits des résultats. Quatorze patients sur quinze ont accepté de prendre les comprimés placebo. Mais les avaient-ils vraiment pris ? Pour le savoir, Park et Covi ont compté combien de pilules restaient à la fin de la première semaine. Le comptage indiqua que les quatorze sujets qui avaient accepté de prendre les comprimés placebo avaient effectivement respecté la prescription. Ce qui fut encore plus impressionnant, c'est qu'ils ont tous affirmé se sentir mieux à la fin de l'étude.

Comment le placebo produit-il une amélioration chez ces patients ? Pour le découvrir, Park et Covi leur ont demandé ce qu'ils pensaient des comprimés qu'on leur avait donnés. Huit des patients soupçonnaient les cliniciens de leur avoir menti et de leur avoir caché que les comprimés contenaient une substance active. Trois de ces patients dirent avoir ressenti des effets secondaires qui ont pu confirmer leur suspicion. Une patiente a même conclu que les comprimés ne pouvaient être des placebos parce qu'ils étaient plus efficaces que les médicaments qu'elle avait pris auparavant. D'autres patients étaient sûrs que les comprimés étaient bien des placebos, comme le leur avaient dit leurs médecins. Ces patients aussi se sentaient mieux. Un patient qui avait peur de devenir accro à une substance active a même exprimé son soulagement d'avoir reçu un placebo et a demandé l'autorisation de continuer à prendre son comprimé de sucre après la fin de l'expérience.

L'étude de Park et Covi est certainement séduisante et il est dommage qu'elle n'ait jamais été suivie d'une recherche plus approfondie, car c'est malheureusement une étude imparfaite et il est difficile d'en tirer des conclusions. Le plus grand problème, c'est qu'il n'y a pas eu de groupe de contrôle. Les patients auraient pu aller mieux même s'ils n'avaient pas reçu le comprimé placebo. Cependant, le fait que la plupart des patients aient respecté les instructions, en sachant qu'il s'agissait d'un placebo, et que certains aient par la suite attribué leur amélioration au fait d'avoir pris « un comprimé de sucre » laisse supposer que l'utilisation des placebos n'a pas besoin d'un mensonge pour être efficace.

En 1965, quand l'étude de Park et Covi a été publiée, les placebos commençaient tout juste à devenir un élément standard de la recherche médicale et ils n'étaient pas aussi connus du grand public qu'aujourd'hui. Je me trompe peut-être, mais je pense que les patients aujourd'hui ne seraient pas aussi ouverts à l'idée de prendre des « comprimés de sucre ».

Toutefois, aujourd'hui, on peut encore prendre sciemment des placebos et les voir produire leur effet. Comme je l'ai expliqué dans le chapitre 6, le conditionnement classique est l'un des facteurs derrière l'effet placebo. Il s'agit du phénomène par lequel un stimulus neutre (comme une cloche, une sonnerie ou un comprimé placebo) finit par provoquer une réaction qui a été produite par autre chose (de la nourriture ou une substance active) avec lequel il a été associé. La majeure partie de ces réactions conditionnées sont dues à des croyances et des attentes qui sont engendrées par le processus de conditionnement. Cependant, certaines sont automatiques[253]. Elles peuvent se produire sans même qu'une personne en soit consciente. Du coup, peut-être que prendre un comprimé placebo est tout de même une bonne idée, même si l'on sait que c'est un produit sans principe actif. Le comprimé peut fonctionner comme un stimulus conditionné – comme on l'appelle dans la littérature scientifique – qui déclenche une réaction thérapeutique grâce à une expérience positive antérieure avec des médicaments actifs.

....

253 Fabrizio Benedetti, Antonella Pollo et *al.*, 2003.

On pourrait donc donner ouvertement des placebos aux patients, sans leur mentir, et obtenir tout de même de bons résultats. Mais il y a une bonne raison de ne pas le faire : ce n'est pas nécessaire. **Il y a d'autres solutions que de prescrire des antidépresseurs ou des placebos. Ces autres traitements mobilisent l'effet placebo et certains peuvent faire bien plus que cela, mais ils ne comportent ni les effets secondaires des médicaments actifs ni les risques éthiques posés par le mensonge.** J'explore ces autres thérapies dans la suite de ce chapitre.

Psychotérapie : la quintessence du placebo

De toutes les méthodes alternatives aux antidépresseurs, la psychothérapie est celle sur laquelle le plus de recherches ont été effectuées. Elle a été le sujet de centaines d'études, qui ont été résumées dans de très nombreuses méta-analyses. Il y a d'ailleurs eu tellement de méta-analyses de recherches sur la psychothérapie qu'il existe même des études des méta-analyses, c'est-à-dire des études des études[254]. Les résultats de ces essais cliniques, de ces méta-analyses et de ces études arrivent tous à la même conclusion inéluctable : **la psychothérapie permet de traiter efficacement la dépression et ses bénéfices sont substantiels.** Dans des comparaisons en face à face, dans lesquelles on compare les effets à court terme des antidépresseurs et ceux de la psychothérapie, la psychothérapie est aussi efficace qu'un médicament. **Et cela, quel que soit le niveau de dépression du patient au départ. La psychothérapie fonctionne pour les gens souffrant de dépression modérée, de dépression sévère et même très sévère.** Mais la psychothérapie obtient des résultats encore meilleurs quand on évalue son efficacité à long terme[255]. Des patients qui se sont re-

254 Andrew C. Butler et al., 2006.
255 NICE, « Depression : Management of Depression in Primary and Secondary

mis de leur dépression risquent beaucoup plus de rechuter après un traitement aux antidépresseurs qu'après une psychothérapie. Celle-ci est donc nettement plus efficace que les médicaments quand on l'évalue quelque temps après la fin du traitement. Plus le temps s'écoule, plus la différence entre les antidépresseurs et la psychothérapie est marquée. Cet avantage à long terme de la psychothérapie est indépendant de la sévérité de la dépression. **La psychothérapie est nettement plus efficace que les antidépresseurs, aussi bien pour les patients atteints de dépression sévère que pour ceux qui sont légèrement ou modérément déprimés**[256]. Il existe plusieurs psychothérapies différentes pour la dépression. La plus courante, celle qui a également fait l'objet du plus de recherches, est la **thérapie cognitive comportementale**, ou TCC. Comme son nom l'indique, la TCC a deux composantes, une comportementale et une cognitive. La composante comportementale est mise en avant au début du traitement, surtout pour les patients souffrant de dépression sévère. La thérapie se concentre sur la planification d'événements de la vie quotidienne, avec une attention particulière aux activités qui peuvent procurer du plaisir et un sens de la maîtrise et de l'accomplissement. La composante cognitive de la TCC se fonde sur l'idée que **les émotions ne sont pas causées par les choses qui se produisent dans notre vie, mais plutôt par la façon dont nous les interprétons**. Autrement dit, cet aspect de la thérapie se focalise sur la signification que ces événements ont pour nous et il fonctionne en changeant ces significations. Cela revient à étudier et remettre en question les pensées négatives qui peuvent engendrer et entretenir les sentiments dépressifs : les pensées du genre « je suis nul », « je suis bête » ou « personne ne m'aimera jamais ». On demande aux patients déprimés de surveiller les pensées qui leur viennent

Care » ; Claudi L. H. Bockting et *al.*, 2005 ; Keith S. Dobson et *al.*, 2008 ; Giovanni A. Fava et *al.*, 2004.
256 Zac E. Imel et *al.*, 2008.

spontanément à l'esprit puis, avec l'aide de leur thérapeute, d'examiner ces conclusions, de les évaluer logiquement et de les tester. Le thérapeute et le patient travaillent ensemble, comme des collaborateurs sur une recherche. Ils traitent les pensées négatives du patient comme des hypothèses que l'on peut tester et réviser à la lumière de preuves et de raisonnements.

Par le passé, les composantes cognitives et comportementales de la TCC appartenaient à différentes types de thérapies : la thérapie comportementale et la thérapie cognitive. Mais il est vite devenu évident qu'il y avait peu, voire pas de différences entre elles. Quand ils traitaient la dépression, les thérapeutes comportementalistes travaillaient à produire des changements aussi bien cognitifs que comportementaux et les thérapeutes cognitifs utilisaient à la fois des techniques comportementales et cognitives[257]. La distinction entre les deux thérapies pour traiter la dépression se fondait sur des différences de théorie, et non de pratique. La distinction a aujourd'hui quasiment disparu.

Même si c'est la plus connue, la TCC n'est pas la seule forme de psychothérapie efficace pour traiter la dépression. **On trouve notamment la psychothérapie interpersonnelle, la thérapie psychodynamique brève et l'approche de soutien non-directive.** La première se concentre sur les problèmes qui surviennent dans les relations interpersonnelles, comme les conflits conjugaux, la perte d'un être cher ou l'isolement social[258]. La deuxième se focalise sur la compréhension de conflits non résolus dans l'enfance de la personne. Elle se fonde sur la théorie de la psychanalyse de Freud mais ne dure que quelques mois, au lieu des années que nécessite une psychanalyse complète[259]. La troisième apporte une atmosphère chaleureuse de soutien qui permet à la personne déprimée d'ana-

257 Peter M. Lewinsohn, David O. Antonuccio et *al.*, 1984 ; Aaron T. Beck et *al.*, 1979.
258 Gerald L. Klerman et *al.*, 1984.
259 H. Davanloo, 1976.

lyser ses problèmes en présence d'un professionnel attentionné. Elle se fonde sur l'idée que les gens ont en eux la possibilité de régler leurs problèmes psychologiques et de parvenir au bien-être et à l'épanouissement. Ils ont juste besoin d'un contexte chaleureux où ils se sentent suffisamment en sécurité pour explorer leur monde intérieur[260].

Les chercheurs qui ont comparé l'efficacité de ces diverses psychothérapies ont trouvé des différences importantes entre elles[261]. D'une manière générale, les TCC semblent plus efficaces que la thérapie psychodynamique, et la thérapie de soutien non-directive semble la moins efficace de toutes. Pour les patients très sévèrement déprimés, la psychothérapie interpersonnelle et les composants comportementaux de la TCC semblent particulièrement efficaces, à court terme du moins. Les effets à long terme de la TCC, quant à eux, sont particulièrement impressionnants, surtout quand on les compare aux effets à long terme des antidépresseurs. Dans l'ensemble, les différences d'efficacité de ces thérapies ne sont pas très grandes et les personnes déprimées peuvent choisir laquelle entreprendre selon leurs préférences.

Psychothérapie, médicament ou les deux ?

La psychothérapie a de nombreux avantages par rapport aux antidépresseurs. Le plus évident, c'est que, comme ce n'est pas un médicament, elle n'a pas d'effets secondaires ou d'autres risques associés à la prise des médicaments. Un deuxième avantage est qu'elle peut être utilisée sans danger pour traiter la dépression chez les enfants, les adolescents et les jeunes adultes, chez qui les antidépresseurs augmentent le risque de suicide[262]. Un troisième

260 Carl Rogers, 1961.
261 Pim Cuijpers et *al.*, 2008 ; Sona Dimidjian et *al.*, 2006 ; Dobson et *al.*, 2008 ; Leslie A. Robinson, Jeffrey S. Berman et Robert A. Neimeyer, 1990.
262 Stone et Jones, 2006 ; Hammad, Laughren et Racoosin, 2006 ; FDA, 2007.

avantage est que les patients risquent moins facilement d'arrêter prématurément la psychothérapie que d'arrêter de prendre des antidépresseurs. Cela semble particulièrement vrai pour les patients souffrant de dépression sévère à très sévère[263].

Mais le plus grand avantage de la psychothérapie par rapport aux médicaments est qu'elle réduit le risque de rechute après une amélioration. En 2005, des chercheurs néerlandais ont mené un essai clinique qui examinait l'effet de l'ajout d'une thérapie cognitive sur le « traitement habituel » chez un groupe de patients avec un historique de dépression récurrente[264]. Il s'agit des patients qui risquent le plus de rechuter après le traitement, car ils ont déjà rechuté par le passé. Les chercheurs ont découvert que, chez les patients qui avaient souffert de cinq épisodes dépressifs ou plus, la thérapie cognitive réduisait le taux de rechute de 72 % à 46 % sur deux ans et cela, qu'ils aient pris ou non des médicaments pendant la période de suivi.

La démonstration la plus impressionnante des bénéfices à long terme de la psychothérapie vient d'une étude menée par un groupe de chercheurs italiens dirigé par Giovanni Fava à l'Université de Bologne[265]. Ils ont suivi pendant six ans des patients qui avaient été traités avec succès avec des antidépresseurs et qui avaient arrêté de les prendre progressivement. La moitié des patients suivirent dix sessions d'une demi-heure de thérapie cognitive comportementale. Les autres étaient reçus par le psychiatre pendant dix sessions d'une demi-heure mais ne recevaient pas la véritable thérapie pendant ces sessions. Ils recevaient de la « gestion clinique ». Au cours de ces sessions, le psychiatre analysait l'état du patient, discutait des problèmes qui auraient pu apparaître depuis la session précédente et leur donnait l'occasion d'exprimer

263 NICE, « Depression : Management of Depression in Primary and Secondary Care ».
264 Bockting et *al.*, 2005.
265 Fava et *al.*, 2004.

leurs sentiments. Autrement dit, ces patients recevaient toutes les caractéristiques placebo « non spécifiques » de la psychothérapie, sans aucun des composants spécifiques aux TCC. Le thérapeute n'essayait pas de les aider à organiser les activités de la vie quotidienne ou à étudier leurs pensées négatives et leurs attentes. Les résultats de cet essai étaient spectaculaires. Six ans après le traitement de dix sessions, 60 % des patients qui avaient suivi une TCC ne présentaient plus le moindre symptôme, contre 10 % seulement de ceux qui n'avaient reçu que des séances de gestion clinique. Pourquoi la psychothérapie – seule ou en association avec des antidépresseurs – a-t-elle des effets plus durables que les médicaments ? Si vous prenez des antidépresseurs et que vous vous sentez mieux, vous attribuerez sans doute cette amélioration au médicament. Donc, quand vous arrêterez de les prendre, vous vous attendrez sûrement à aller moins bien. Dans le chapitre 5, nous avons vu que les placebos peuvent avoir aussi bien des effets négatifs que positifs, qu'on appelle « **effet nocebo** ». Arrêter le médicament peut provoquer une rechute par effet nocebo. Cela peut ne pas se produire d'un coup. Les baisses d'humeur qui accompagnent le stress et les tensions de la vie peuvent être interprétées comme des indications que la dépression revient, ce qui met en route le cercle vicieux que j'ai décrit au chapitre 6 : les attentes et les baisses d'humeur s'alimentent les unes des autres, conduisant finalement à une rechute.

Quand les patients guérissent d'une dépression grâce à la psychothérapie, leurs opinions au sujet de leur guérison seront différentes de celles des patients traités par des médicaments. La psychothérapie est un apprentissage. L'amélioration n'est pas produite par une substance externe, mais par des changements dans la personne. C'est comme apprendre à lire, à écrire ou à rouler à vélo. Une fois qu'on l'a appris, la compétence reste. On ne devient pas illettré après avoir terminé ses études et si son expérience à vélo est un peu rouillée, on se réhabituera très vite avec un peu de pratique. De plus, une partie de ce que la personne apprend en thérapie est de s'attendre à des baisses d'humeur et à les interpréter comme une chose normale, plutôt que comme une indication d'un désordre latent. Cette compréhension, ajoutée aux compétences acquises pour gérer les humeurs et les situations négatives, peut aider à prévenir une rechute.

Si les médicaments et la psychothérapie soulagent tous deux la dépression, peut-être que la combinaison des deux est encore plus efficace. Cela pourrait être vrai, même si les effets des antidépresseurs sont des effets placebo. Comme nous l'avons vu au chapitre 4, prendre deux placebos peut s'avérer plus efficace qu'en prendre un seul.

Il semble d'ailleurs y avoir un avantage à combiner les antidépresseurs et la psychothérapie, même à court terme. Cependant, le bénéfice additionnel semble être relativement faible et un piège demeure. L'avantage du traitement combiné n'est pas le même si on le compare aux antidépresseurs seuls ou à la thérapie seule. Combiner la psychothérapie et les médicaments est plus efficace que prendre seulement des antidépresseurs, mais n'est pas plus efficace que la psychothérapie sans médicament[266]. Autrement dit, si vous suivez une psychothérapie, vous n'avez rien à gagner à prendre des antidépresseurs. En revanche, si vous êtes traité avec des antidépresseurs, vous irez mieux en suivant également une psychothérapie. Mais, comme la psychothérapie est aussi efficace seule que combinée aux antidépresseurs, pourquoi en prendre ?

266 Michael A. Friedman et *al.*, 2004 ; Marc B. J. Blom et *al.*, 2007.

La psychothérapie est-elle un placebo ?

L'idée principale de ce livre est que la plupart, voire tous les effets thérapeutiques des antidépresseurs sont dus à l'effet placebo. Ne serait-ce pas également vrai pour les effets de la psychothérapie sur la dépression ? Pourrait-il également s'agir d'un effet placebo ? C'est une des objections que j'entends souvent quand je suis invité à parler de ma recherche. Pour ces contradicteurs, la psychothérapie n'est pas plus efficace que les antidépresseurs. Donc, si les antidépresseurs sont simplement des placebos, la psychothérapie l'est aussi.

Si vous examinez à nouveau la Figure 1.1 chapitre 1 qui montre les résultats de la première méta-analyse que j'ai publiée sur le traitement de la dépression (voir p.27), vous verrez pourquoi les critiques peuvent conclure que la psychothérapie – comme les antidépresseurs – est un simple placebo. Ma propre analyse a montré que l'efficacité d'une psychothérapie est à peu près la même que celle des antidépresseurs et que, bien qu'ils soient tous les deux plus efficaces qu'une absence de traitement, aucun des deux n'est beaucoup plus efficace que les placebos[267].

À court terme, la psychothérapie est à peu près aussi efficace que les médicaments, ce qui veut dire qu'elle est légèrement plus efficace que les placebos. **Sur le long terme, en revanche, la TCC est beaucoup plus efficace que les antidépresseurs, et donc beaucoup plus efficace aussi que les placebos.** Mais, en un certain sens, les critiques ont quand même raison : ils ont une bonne raison de croire que les effets de la psychothérapie sont proches de l'effet placebo, même si elle se révèle plus efficace. Dan Moerman, un anthropologue de l'Université du Michigan, a fait remarquer que l'expression « effet placebo » est en réalité un oxymore,

267 Kirsch et Sapirstein, 1998.

une contradiction[268]. Par définition, les placebos sont censés être inertes. Comment pourraient-ils avoir de l'effet ? Pour résoudre cette énigme, Moerman a inventé le terme de « réponse signifiante » (« *meaning response* », en anglais) pour désigner ce que nous avons jusque-là appelé l'« effet placebo ». La réponse signifiante n'est pas inerte. Elle peut affecter la vie des gens et elle le fait. D'ailleurs, une idée fondamentale de la thérapie rationnelle-émotive, qui fut la première thérapie cognitive à traiter des problèmes émotionnels, est que la manière dont nous nous sentons ne dépend pas des événements qui nous arrivent, mais du sens qu'ils ont pour nous.

Imaginez que vous essayez de mettre au point une recherche pour contrôler l'effet du sens en psychothérapie. Comment y parvenir ? Je suppose qu'on pourrait remplacer les mots signifiants que le thérapeute emploie par du charabia qui produit un son identique. On pourrait demander au thérapeute de s'exprimer uniquement dans une langue que le patient ne comprend pas. Mais même dans ce cas, le traitement aurait une signification, comme lorsqu'un prêtre ou un chaman récite des incantations dans une langue sacrée ou lorsque un docteur décrit votre état et son traitement dans un jargon technique compliqué qui vous dépasse.

L'essentiel, c'est que la signification est l'essence de la psychothérapie. C'est grâce au sens que le traitement est censé agir. Contrôler l'effet du sens en psychothérapie, c'est comme essayer de contrôler l'effet du médicament en médecine. Cela n'a pas de sens.

Le concept de « réponse signifiante » de Moerman montre qu'il est futile de vouloir « contrôler l'effet placebo » dans les études de la psychothérapie. Les chercheurs ont tout de même mis au point divers procédés pour y arriver. On les appelle communément les

268 Daniel E. Moerman, 2006 ; Daniel E. Moerman et Wayne B. Jonas, 2002.

« procédures de contrôle de l'attention ». Leurs composants spécifiques sont assez variés. D'ailleurs, certaines interventions qui ont été utilisées comme des procédures du contrôle de l'attention ou comme des placebos ont aussi été considérées comme de véritables psychothérapies. Elles sont toutes censées contrôler l'effet que cela produit de recevoir de l'attention et un traitement de la part d'un médecin, ce qui est un composant de l'effet placebo en médecine. Ces procédures de contrôle de l'attention diffèrent dans leur efficacité mais, dans l'ensemble, elles sont nettement moins efficaces que les véritables psychothérapies[269]. C'est une des raisons de rejeter les arguments qui disent que la psychothérapie est un simple placebo.

Comme les antidépresseurs, une part importante du bénéfice de la psychothérapie dépend de l'effet placebo ou, comme le formule Moerman, de la réaction signifiante. Au moins une partie des améliorations produites par ces traitements est due à la relation entre le thérapeute et le patient et à l'espoir qu'a le patient de se sentir mieux. C'est un problème pour le traitement aux antidépresseurs. En effet, les médicaments sont censés fonctionner à cause de leurs propriétés chimiques, pas à cause de facteurs psychologiques. Mais ce n'est pas un problème pour la psychothérapie : les psychothérapeutes ont été formés pour apporter un environnement chaleureux et attentionné dans lequel le changement thérapeutique peut se produire. Leur intention est de remplacer le désespoir de la dépression par un sentiment d'espoir et de foi en l'avenir[270]. Ces tâches sont l'essence de la psychothérapie. Le fait que les psychothérapies puissent mobiliser la réaction au contexte signifiant – et qu'elles puissent le faire sans tromperie – est l'une de leurs forces, pas une faiblesse. Parce que le désespoir est une caractéristique fondamentale de la dépression, instiller de l'espoir constitue un traitement spécifique de la dépression.

269 Bruce E. Wampold et *al.*, 2002.
270 J. D. Frank, 1973.

Invoquer la réponse signifiante est essentiel pour le traitement efficace de la dépression et les meilleurs traitements sont ceux qui y parviennent le plus efficacement et sans tromperie.

Comme nous l'avons vu, la réaction au contexte peut être très importante. Dans le traitement de la dépression, elle est beaucoup plus importante que l'effet du médicament. En fait, si on enlève la réponse signifiante, il pourrait ne rester aucun effet du médicament. Donc, ce qu'il faut, c'est un moyen de provoquer cette réponse. Nous voulons l'exploiter, au lieu de l'éviter et un traitement capable de prendre appui sur la réaction au contexte sans tromperie devrait être adopté, pas rejeté. **Nous devons trouver un moyen d'activer une réponse thérapeutique signifiante en pratique clinique et nous devons y arriver sans tromper les patients, sans leur donner en cachette des comprimés de sucre. C'est exactement ce que la psychothérapie est censée faire et c'est ce qu'elle fait. C'est pour cela que je dis que c'est la quintessence du placebo.**

Les coûts de la psychothérapie

La psychothérapie présente encore un avantage, qui va à l'encontre des idées reçues. La psychothérapie coûte moins cher que les antidépresseurs. À première vue, cela semble impossible. Une semaine entière d'antidépresseurs coûte moins cher qu'une seule session de cinquante minutes de psychothérapie. Mais, sur le long terme, la psychothérapie est moins coûteuse, parce que bien des patients sont obligés de poursuivre la prise d'antidépresseurs, sous peine de faire une rechute. À l'inverse, tous les traitements psychologiques qui ont été testés et qui se sont révélés efficaces pour le traitement à long terme de la dépression sont relativement brefs. Ils durent entre dix et vingt semaines. Après ça, il n'y a plus aucun frais. Au bout de neuf mois environ de traitement, le coût des antidépresseurs rattrape le budget d'une psychothérapie brève et, par la suite, les coûts cumulés du traitement médicamenteux continuent d'augmenter, alors que ceux de la psychothérapie n'augmentent plus[271].

Le NICE a reconnu l'importance de la psychothérapie dans ses recommandations actuelles sur le traitement de la dépression[272]. L'Institut recommande six à huit sessions de TCC ou d'une autre forme de psychothérapie ou d'assistance pour les dépressions légères à modérées, la TCC pour les dépressions récurrentes et la TCC combinée à des médicaments pour les dépressions sévères. Le problème, bien sûr, ce sont les ressources humaines. Quand des médecins britanniques prescrivent une psychothérapie, les patients doivent généralement attendre six à huit mois pour avoir accès à un thérapeute du système de santé publique. Dans certains cas, le patient doit attendre deux ans et dans certaines régions, il n'y a même pas de thérapie disponible. Le manque de ressources crée un dilemme pour les médecins traitants britanniques et pour leurs patients qui souffrent de dépression. Les études montrent que la plupart des médecins prescriraient des antidépresseurs moins souvent si d'autres possibilités de traitement étaient disponibles sans longues listes d'attente[273]. Le gouvernement britannique est en train de prendre des mesures pour rendre plus accessible la psychothérapie pour soigner la dépression. Le 20 janvier 2005, l'Unité de stratégie du Premier ministre a organisé un séminaire au Bureau du Cabinet, dont le point central était une présentation donnée par Lord Richard Layard, intitulée « *La santé mentale : le plus gros problème de santé de Grande-Bretagne*[274]. » Dans sa présentation, Lord Layard a défendu avec force un plan à dix ans pour former dix mille nouveaux thérapeutes, afin

271 Dobson et al., 2008.
272 NICE, « Depression : Management of Depression in Primary and Secondary Care ».
273 Ed Halliwell, 2005.
274 Richard Layard, 2004 ; Richard Layard, 2006.

d'offrir des TCC et d'autres thérapies efficaces. D'après Layard, non seulement le programme se rembourserait tout seul, mais générerait même des économies. La dépression peut entraîner un congé maladie, des problèmes de santé physiques et une hospitalisation. Cela coûte de l'argent à la société en termes de baisse de production et cela coûte de l'argent au contribuable en termes de bénéfices, de services et de diminution des revenus des impôts. Le coût d'une psychothérapie à court terme serait d'environ 750 livres (un peu plus de 850 euros), mais le gouvernement britannique économiserait 850 livres (près de 1 000 euros) par patient, rien que grâce à la diminution des indemnités d'incapacité de travail et au maintien des impôts à taux normal sur les revenus du travail, sans compter les économies réalisées par le système de santé grâce à la diminution du nombre de médicaments prescrits et la baisse des hospitalisations.

Le 12 mai 2005, le gouvernement britannique a lancé le programme préconisé par Lord Layard en établissant deux centres pilotes, où la TCC serait offerte comme alternative aux médicaments pour les personnes souffrant de dépression. Deux ans plus tard, le programme pilote était considéré comme un succès et le gouvernement a annoncé qu'il l'étendrait avec l'ouverture de dix nouveaux centres[275]. Un grand nombre de personnes, y compris des patients qui n'avaient pas été envoyés par leur médecin traitant, avaient été traitées dans un court laps de temps. Les taux de guérison étaient cohérents avec les essais cliniques dont j'ai parlé dans ce chapitre et les indemnités pour congé maladie avaient diminué.

Si ce programme gouvernemental fonctionne, le problème du manque de thérapeutes peut être résolu. Mais que faire en attendant ? Les gens déprimés ne peuvent pas attendre 2015 pour être aidés. Heureusement, il existe des solutions alternatives bon

275 CSIP, « Choice and Access Programme », 2007a ; CSIP, 2007b ; CSIP, 2008.

marché qui sont disponibles immédiatement. Ce sont des approches qui sont parfois utilisées en combinaison avec la psychothérapie, mais qui peuvent aussi être utilisées comme traitement seul. Examinons-les.

Le millepertuis

Le millepertuis est une plante à fleurs jaune dont l'usage médicinal remonte aux anciens Grecs, qui l'utilisaient comme diurétique et comme traitement des blessures et des troubles menstruels. Cette plante médicinale est fréquemment prescrite en Allemagne, où son utilisation dans le traitement de la dépression a été étudiée par de nombreux essais cliniques. Dans la plupart des pays, le millepertuis est délivré sans ordonnance. Une équipe de chercheurs, sous la direction de Klaus Linde, de l'Université de Munich, a récemment publié une étude exhaustive de 29 essais cliniques du millepertuis réalisés avec plus de 5 000 patients déprimés. **Les chercheurs ont conclu que cette plante est plus efficace que les placebos et aussi efficace que les antidépresseurs conventionnels pour traiter les dépressions sévères.**

Or, comme les antidépresseurs ne sont guère plus efficaces que les placebos, on pourrait dire la même chose du millepertuis. Cependant, cette plante présente quelques avantages par rapport aux antidépresseurs conventionnels. Le plus important est qu'elle entraîne beaucoup moins d'effets secondaires. Le pourcentage de patients qui se plaignent d'effets secondaires du millepertuis est à peu près le même que pour un placebo[276]. La différence d'efficacité entre le millepertuis et les placebos, même si elle est faible, est donc plus réelle à mes yeux que la différence entre les antidépresseurs conventionnels et les placebos. Souvenez-vous que

276 Philipp, Kohnen et Hiller, 1999.

l'efficacité des antidépresseurs classiques est liée aux effets secondaires qu'ils produisent. Ils constituent un indice qui permet au patient de lever l'insu et de réaliser qu'il reçoit le vrai médicament. Cela peut produire un effet placebo renforcé, qui est responsable, en partie du moins, de la différence entre le médicament et le placebo. Comme le millepertuis n'a pas beaucoup plus d'effets secondaires que les placebos, les patients dans les essais cliniques de cette plante médicinale sont beaucoup moins susceptibles de lever l'insu. **Par conséquent, le bénéfice du millepertuis par rapport au placebo semble plus fiable que le bénéfice tout aussi faible des antidépresseurs.**

Le millepertuis présente tout de même quelques inconvénients. Dans les pays où il est vendu sans ordonnance, il peut y avoir une absence de contrôle du gouvernement sur sa production ; il serait cependant facile d'y remédier. Le principal inconvénient est qu'il affecte la façon dont le corps assimile d'autres médicaments, parmi lesquels les antidépresseurs conventionnels et la pilule contraceptive. Comme pour tout médicament, le millepertuis ne devrait être pris qu'après avoir consulté un médecin qui est au courant des autres traitements suivis par le patient.

La réaction de la communauté médicale par rapport au millepertuis révèle une mauvaise foi intéressante. Un grand essai clinique sponsorisé par les Instituts nationaux de la santé (NIH) aux États-Unis a conclu que le millepertuis n'est « *pas plus efficace que le placebo pour traiter la dépression majeure*[277] ». L'essai clinique sur lequel se fondait cette conclusion comprenait un groupe de patients à qui l'on administrait l'ISRS Seroxat[278]. Le millepertuis n'avait pas montré un avantage significatif par rapport aux placebos, mais le Seroxat non plus. Donc si cet essai

277 NCAM, « St John's Wort ».
278 Hypericum Depression Trial Study Group, 2002.

indique que le millepertuis n'est pas efficace, il montre aussi que les antidépresseurs ne le sont pas davantage. Cet essai est, malgré tout, souvent cité comme preuve de l'inefficacité du millepertuis, mais jamais comme preuve de l'inefficacité des ISRS. Je ne suis pas un grand défenseur du millepertuis. Pour un contrôle durable de la dépression, les traitements psychologiques produisent de meilleurs résultats et un médicament n'ajoute pas grand chose. Toutefois, si un patient déprimé veut un traitement médical, ou si d'autres traitements ne sont pas suffisamment efficaces, cette plante médicinale, prise sous contrôle médical, peut être envisagée.

L'exercice physique

L'exercice physique pour traiter la dépression clinique n'a pas été autant étudié que les médicaments ou la psychothérapie, mais quelques essais cliniques ont évalué son efficacité[279]. Certaines études comparaient l'exercice à une absence de traitement, d'autres le comparaient à la psychothérapie, ou aux médicaments. D'autres, enfin, comparaient les effets de l'exercice physique seul et ses effets lorsqu'il était combiné à des médicaments. Les résultats de ces études ont été très bien résumés dans un rapport officiel de 2004 à l'attention du NHS par Sir Liam Donaldson, le médecin en charge de la coordination de la politique nationale de santé au Royaume-Uni. Ce rapport concluait : « *L'exercice physique est aussi efficace dans le traitement de la dépression clinique et peut avoir des résultats comparables à la psychothérapie ou aux médicaments, surtout à plus long terme*[280]. » Les études sur l'efficacité de l'exercice physique pour traiter la dépression comportent des

279 Lynette L. Craft et Daniel M. Landers, 1998 ; Debbie A. Lawlor et Stephen W. Hopker, 2001 ; James A. Blumenthal et *al.*, 1999 ; Michael A. Babyak et *al.*, 2000 ; Nalin A. Singh, Karen M. Clements et Maria A. Fiatarone Singh, 2001.
280 Liam Donaldson, 2004.

découvertes étonnantes. D'abord, l'exercice est plus efficace pour les dépressions modérées à sévères que pour les dépressions légères à modérées. Ensuite, les bénéfices de l'exercice physique semblent durables, tant que la personne continue à le pratiquer régulièrement. Ses bénéfices semblent même augmenter avec le temps. **Vingt minutes d'exercice trois fois par semaine semblent suffisantes pour produire l'effet antidépresseur, quel que soit le type d'exercice.** Marcher est aussi efficace que courir et les exercices intenses, comme les haltères, sont aussi efficaces que les exercices d'endurance. Enfin, des études épidémiologiques indiquent que l'exercice peut également prévenir la dépression[281].

En 2000, un groupe de chercheurs, dirigé par James Blumenthal de la *Duke University* en Caroline du Nord, a rapporté les résultats d'un essai clinique particulièrement important, qui évaluait l'exercice physique comme traitement de la dépression[282]. Des patients avec le même niveau de dépression étaient divisés au hasard en trois groupes. Un groupe suivait pendant quatre mois des cours d'aérobic, on prescrivait l'ISRS Lustral à un deuxième groupe et au troisième, on donnait à la fois le Lustral et le cours d'aérobic. Au bout de quatre mois de traitement, il n'y avait pas de différence significative entre les groupes. L'état des patients dans les trois groupes s'était amélioré sensiblement. En d'autres termes, l'exercice physique était aussi efficace que les médicaments pour soulager la dépression et combiner les deux traitements n'était pas plus efficace qu'un seul. Mais la découverte la plus intéressante de cet essai clinique fut obtenue six mois plus tard, soit dix mois après le début de l'étude. Des différences importantes entre les trois groupes apparurent alors : les patients du groupe exercice physique étaient plus nombreux à avoir guéri, tandis que les patients du groupe ISRS étaient plus nombreux à avoir rechuté. Autrement dit, l'exercice physique était plus efficace que le médicament.

281 William J. Strawbridge et *al.*, 2002.
282 Blumenthal et al., 1999 ; Babyak et *al.*, 2000.

Cet avantage à long terme de l'exercice physique sur le médicament rappelle des comparaisons entre la thérapie cognitivo-comportementale et les antidépresseurs. Il y a plus de rechute chez les patients traités aux antidépresseurs que chez ceux traités par une TCC ou de l'exercice physique. Mais il y a une différence intéressante entre les données de la psychothérapie et celles de l'exercice physique. Non seulement les patients du groupe exercice physique allaient mieux que ceux du groupe médicament, mais ils allaient également mieux que ceux du groupe qui combinait médicament et exercice. Autrement dit, ajouter un ISRS à un entraînement physique augmente le risque d'être à nouveau déprimé. Blumenthal et ses collègues ne s'attendaient pas à cette découverte. Ils pensaient que les deux traitements ensemble seraient plus efficaces que l'un ou l'autre pris séparément.

Comment expliquer cette découverte surprenante ? Le médicament semble avoir eu un effet néfaste, rendant le programme d'exercices moins efficace. C'est ce qui ressort des commentaires de certaines personnes du groupe qui combinait exercice et médicament. D'après les chercheurs, elles « *ont déclaré spontanément que le médicament semblait interférer avec les effets bénéfiques du programme d'exercices* ». Comment expliquer cet effet négatif du médicament ? Il s'agit peut-être d'un effet nocebo. Les gens se sont peut-être portés volontaires pour cette étude parce qu'elle offrait une alternative au traitement médicamenteux. Certains participants ont d'ailleurs exprimé leur déception quand ils ont appris qu'ils recevraient un antidépresseur. Leurs sentiments négatifs vis-à-vis du médicament peuvent avoir affecté les effets positifs de l'exercice physique.

Une partie de la communauté médicale a du mal à admettre les bénéfices de l'exercice physique pour traiter la dépression. Une méta-analyse d'essais cliniques a montré que l'exercice physique était aussi efficace que la psychothérapie ou les antidépresseurs, et beaucoup plus efficace qu'une absence de traitement. Mais les auteurs ont conclu que « *l'efficacité de l'exercice physique pour réduire les symptômes de dépression ne peut pas être déterminée*[283] » et les rédacteurs de la revue ont présenté l'article avec un commentaire éditorial intitulé « *la méta-analyse ne démontre pas l'efficacité de l'exercice physique pour gérer la dépression*[284] ». Pourquoi ? Parce qu'il y avait des défauts dans la façon dont certaines études avaient été conçues. Pour être honnête, il y avait en effet des défauts dans ces études, mais on les retrouve également dans les essais cliniques des antidépresseurs[285]. Si ce type d'essais cliniques n'établit pas l'efficacité de l'exercice physique comme traitement de la dépression, il n'établit pas non plus l'efficacité des antidépresseurs.

Comment l'exercice physique soulage-t-il la dépression ? Une explication possible est qu'il augmente la production d'endorphines qui produisent un sentiment de bien-être, qu'on appelle parfois « **l'ivresse du coureur** ». Il peut aussi s'agir d'un effet placebo. Mais même si c'était le cas, il y a une énorme différence entre l'activité physique et les antidépresseurs : les effets secondaires. Pour les antidépresseurs, comme je l'ai déjà expliqué, on cite notamment : troubles sexuels, nausées, vomissements, insomnie, somnolence, convulsions, diarrhée et maux de tête. Les effets secondaires de l'exercice physique incluent, quant à eux, une libido accrue, un meilleur sommeil, une diminution de la graisse dans le corps, une meilleure tonicité musculaire, une plus longue espérance de vie, une plus grande force, une meilleure endurance et une amélioration du taux de cholestérol. Alors si les antidépresseurs et l'activité physique sont efficaces tous les deux grâce à l'effet placebo, quel placebo choisissez-vous ?

Si l'exercice physique est aussi efficace que la psychothérapie,

283 Lawlor et Hopker, 2001
284 Éditorial, « Effectiveness of Exercise », 2001.
285 M. Hotopf, G. Lewis et C. Normand, 1997.

pourquoi la conseiller ? Pourquoi ne pas simplement prescrire de l'exercice physique ? Il est vrai que l'exercice est aussi efficace qu'une psychothérapie quand on considère l'ensemble des psychothérapies, mais quand on compare différentes formes de psychothérapie avec l'exercice physique, on obtient un tableau assez différent[286]. L'exercice est à peu près aussi efficace que la thérapie psychodynamique et plus efficace que la thérapie de soutien, mais elle est moins efficace que les TCC.

L'étape suivante sera d'évaluer l'efficacité des TCC combinées à des programmes d'exercice physique. Cela se révélera peut-être le traitement le plus efficace de tous. J'espère qu'un chercheur lira ce livre et mènera un essai clinique pour vérifier cette hypothèse.

La psychothérapie sans psychothérapeute

De nombreux bénéfices des TCC peuvent être obtenus sans faire de thérapie. Il existe de nombreux livres, CD ou programmes informatiques de développement personnel qui ont été utilisés pour traiter la dépression. Certains d'entre eux ont été évalués par des essais cliniques, qui ont donné des résultats positifs. Je recommande particulièrement deux de ces ouvrages. L'un est *Control Your Depression* (« *Contrôlez votre dépression* »), publié en anglais et dont l'auteur principal est Peter Lewinsohn, un Professeur de psychologie de l'Université d'Oregon[287]. Dans les années 1970, Lewinsohn a été parmi les premiers à utiliser la thérapie comportementale pour traiter la dépression. Les procédures de traitement proposées par ses collègues et lui sont depuis devenues des composants de base de la TCC. L'autre livre que je peux recommander les yeux fermés est *Se libérer de l'anxiété sans médicaments. La Théorie cognitive : un autotraitement révolutionnaire*

286 M. Pinquart, P. M. Duberstein and J. M. Lyness, 2007.
287 Peter M. Lewinsohn, R. F. Munoz et *al.*, 1978.

de la dépression, du psychiatre David Burns[288]. Burns a fondé son approche sur le programme de thérapie cognitive développé par Aaron Beck à l'Université de Pennsylvanie. C'est le type de psychothérapie auquel se réfère le plus souvent le terme « TCC ». *Contrôlez votre dépression* met en avant des techniques comportementales comme augmenter les activités agréables, améliorer sa sociabilité et apprendre à se détendre. *Se libérer de l'anxiété sans médicaments* cherche plutôt à changer l'opinion qu'ont les gens d'eux-mêmes. Ces livres incluent tous deux des techniques cognitives et comportementales.

En tant que psychothérapeute, j'ai recommandé ces deux ouvrages à des patients déprimés. J'ai pu constater qu'ils constituent des compléments utiles au traitement. De plus, une recherche a testé leur efficacité comme unique traitement de la dépression. On peut se demander comment quelque chose d'aussi simple que lire un livre peut guérir la dépression. Pourtant, une analyse de ces essais montre que les patients sont moins déprimés après avoir lu ces livres et un suivi de trois ans indique que les bénéfices sont durables[289].

Le chercheur le plus prolifique en bibliothérapie est Forrest Scogin, un Professeur de psychologie de l'Université d'Alabama. L'une des études de Scogin a comparé l'efficacité cliniques du livre *Se libérer de l'anxiété sans médicaments* à une TCC standard avec un thérapeute. Bien que les patients des deux groupes aient vu leur état s'améliorer, l'état de ceux qui avaient vu un thérapeute s'était davantage amélioré à la fin du traitement. Mais les patients qui avaient lu le livre ont continué à aller mieux et, au bout de trois mois, ils avaient rattrapé ceux qui avaient suivi une TCC classique. Toutefois, une nuance s'impose tout de même : les patients étudiés dans les essais cliniques de bibliothérapie n'étaient que

288 David D. Burns, 1980.
289 Robert J. Gregory et *al.*, 2004 ; Mark Floyd et *al.*, 2004 ; Nancy M. Smith et *al.*, 1997.

modérément déprimés. Nous ne connaissons pas encore l'effet que ce type de livres aurait sur des patients souffrant de dépression plus sévère. Mais pour ceux qui sont légèrement ou modérément déprimés, réaliser les exercices expliqués dans ces livres peut constituer une alternative raisonnable à la psychothérapie.

On peut se demander si les patients déprimés sont prêts à se soigner avec des livres de développement personnel. Une étude récente d'Alastair Dobbin, un médecin généraliste d'Edimbourg, suggère qu'ils pourraient préférer cette méthode[290]. Dobbin a laissé des patients qui lui étaient envoyés par le NHS choisir entre prendre des antidépresseurs et recevoir un CD de développement personnel expliquant l'auto-hypnose. Résultat : 86 % des patients ont choisi le programme d'auto-apprentissage, 7 % ont choisi les antidépresseurs et le reste n'a pas exprimé de préférence. À cause du petit nombre de patients présents dans le groupe médicament, une comparaison des résultats des deux traitements n'a pas été possible, mais ceux qui ont suivi le programme de développement personnel s'en sont sortis au moins aussi bien que les patients des études des antidépresseurs et des TCC.

Changement social

Dans ce chapitre, j'ai souligné qu'il existe de nombreux traitements efficaces pour combattre la dépression, grâce à la puissance de l'effet placebo. Si un placebo peut apporter une amélioration, *a fortiori* un véritable traitement crédible soulagera aussi la dépression. Certains traitements sont plus efficaces que les placebos mais, dans le cas de la dépression, l'effet placebo est toujours un composant majeur.

Ça, c'est la bonne nouvelle. Malheureusement, il y en a aussi

290 Alastair Dobbin, Margaret Maxwell et Robert Elton, 2009.

une mauvaise : malgré l'éventail de traitements disponibles, beaucoup de personnes restent déprimées après le traitement et certaines autres rechutent. Même la TCC, qui peut réduire fortement les chances de rechute, ne l'élimine pas complètement. La dépression est un problème individuel, mais aussi social. Les personnes les plus susceptibles d'être déprimées sont pauvres, sans emploi et peu instruites[291]. Dans une certaine mesure, cela peut être dû à ce que l'on appelle la « **sélection sociale** » ou la « **dérive économique** ». Les déprimés chroniques ont parfois du mal à être performants dans leur travail ou à garder leur emploi, ce qui peut entraîner une dégradation de leur situation économique. Mais certaines données montrent que cause et effet peuvent aller dans des directions opposées[292]. Par exemple, les taux de dépression varient selon les groupes ethniques. Comme l'a souligné l'auteur d'une étude : « *Le statut ethnique ne peut pas constituer un facteur de désordre puisqu'il est présent à la naissance.* » Une autre étude a montré qu'on a plus de risques d'être déprimé lorsqu'on a des parents pauvres ou avec un faible niveau d'éducation. La pauvreté et la discrimination peuvent dès lors causer la dépression. Deux chercheurs de Chicago ont mené une étude sur la psychothérapie pour soulager la dépression, celle-ci a démontré l'importance des facteurs économiques[293]. Pendant les deux premières sessions, plus de 85 % des patients évoquaient spontanément des problèmes financiers, des conditions de travail pénibles ou des problèmes de chômage. Les patients allaient mieux lorsque leur thérapeute prenait en compte leurs problèmes économiques.

Mais pour éradiquer la dépression, il faudrait faire plus que la traiter. Les gens pauvres, sans emploi, moins instruits et de couleur ont plus de risques d'être déprimés, mais moins de chances de bénéficier d'un traitement par antidépresseurs ou

291 Christopher G. Hudson, 2005 ; V. Lorant et *al.*, 2003.
292 Bruce P. Dohrenwend et *al.*, 1992 ; Jeffrey G. Johnson et *al.*, 1999.
293 Lydia Falconnier et Irene Elkin, 2008.

par psychothérapie[294]. Pour combattre la dépression, on ne peut se contenter d'apporter un traitement efficace aux personnes qui souffrent déjà. On doit aussi changer les conditions sociales qui augmentent les risques de dépression : le racisme, le chômage, la pauvreté, les logements trop chers et l'école inadaptée, entre autres.

À l'aide de données rassemblées par l'Organisation mondiale de la santé, Richard Wilkinson et Kate Pickett ont montré que les pays avec les plus grandes inégalités économiques ont de plus hauts taux de maladies mentales. Les données provenaient uniquement de pays riches, des plus égalitaires économiquement – le Japon et la Belgique – aux moins égalitaires – les États-Unis et le Royaume-Uni. Ce n'est donc pas le niveau de pauvreté, mais la distribution inégale des revenus qui est associée à des troubles émotionnels et à d'autres problèmes sociaux[295]. **Diminuer les inégalités sociales pourrait donc aussi réduire le nombre de dépressions.**

294 Madhukar H. Trivedi et *al.*, 2006 ; R. Bruce Sloane et *al.*, 1976.
295 Richard Wilkinson et Kate Pickett, 2009.

Épilogue

J'espère maintenant vous avoir convaincu que bon nombre d'idées reçues sur la dépression et les antidépresseurs sont fausses. **La dépression n'est pas causée par un déséquilibre chimique dans le cerveau et on ne la guérit pas avec des médicaments. La dépression n'est peut-être même pas une maladie.** Souvent, il peut s'agir d'une réaction normale à des situations anormales. Les médicaments ne peuvent rien contre la pauvreté, le chômage ou la perte d'êtres chers.

La dépression est un problème grave, mais les médicaments ne sont pas la solution. À long terme, la psychothérapie est non seulement moins chère mais plus efficace, y compris pour des dépressions très graves. L'activité physique et les livres de développement personnel basés sur la TCC peuvent aussi être utiles, soit seuls, soit en combinaison avec une thérapie. Réduire les inégalités sociales et économiques diminuerait aussi le nombre de dépressions.

Ne pas faire de vagues

Il n'a pas toujours été facile de rendre publiques ces conclusions et les preuves sur lesquelles elles se fondent. J'ai été confronté à un public plutôt hostile dans des facultés de médecine, même si, le plus souvent, l'accueil a été ouvert et cordial. Remettre en question des intérêts puissants peut avoir des conséquences négatives. Il y a quelques années, je travaillais avec un chercheur dans une faculté de médecine pour essayer de mettre au point une étude clinique des antidépresseurs qui utilise le schéma de placebo que je décris dans le chapitre 3. Notre collaboration s'est arrêtée le jour où il a reçu une mise en garde. S'il voulait continuer à poursuivre des essais cliniques sur les antidépresseurs, il ne devait pas déposer une demande de subside qui porte mon nom. Je ne lui reproche pas sa décision, car son salaire dépendait du financement de sa recherche, tandis que ma carrière était déjà bien établie quand cet incident s'est produit. J'étais nommé au département de psychologie de l'Université du Connecticut, je ne me suis donc pas senti menacé. J'admets que j'ai tiré une certaine fierté de cette réputation sulfureuse. Mais de jeunes chercheurs dont la carrière est en jeu subissent aussi ce genre de pressions. Un jeune collègue employé par une faculté de médecine a écrit un article qui critiquait les antidépresseurs, publié dans une revue médicale très réputée. Loin d'être fier de lui, son chef de département lui a expliqué qu'il n'aurait pas dû écrire cet article, qu'il ne devait pas associer son nom au mien et qu'il sciait la branche sur laquelle il était assis. En août 2000, on venait officiellement de proposer à David Healy un poste au Centre pour la toxicomanie et la santé mentale, un hôpital d'enseignement affilié à l'Université de Toronto. Trois mois plus tard, Healy fut invité par l'université à prononcer un discours, au cours duquel il souligna que la plupart des essais cliniques du Lustral et du Prozac « *n'étaient pas parvenus à détecter un effet du traitement* ». Cette affirmation est beaucoup plus modérée qu'il n'y paraît. Healy concluait que ces essais infructueux ne constituaient pas une preuve que les médicaments étaient inefficaces. Comme de nombreux commentateurs de mon travail récent, il voyait plutôt ces essais comme « *une preuve de l'inadéquation de nos méthodes d'évaluation*[296] ». Healy a également dit que les ISRS pouvaient mener au suicide. Il en a apporté la preuve quelques années plus tard[297]. Une semaine après avoir donné sa conférence, on a informé Healy que la proposition de poste était retirée. Il ne faut pas faire de vagues.

L'incident le plus récent dont j'ai connaissance concerne Jonathan Leo, Professeur associé de Neuro-anatomie à la *Lincoln Memorial University* du Tennessee. Leo et son collègue Jeffrey Lacasse, un professeur de la faculté de sociologie de l'Université d'État d'Arizo-

296 David Healy, « Psychopharmacology and the Government of the Self ».
297 David Healy 2003 ; Dean Fergusson et *al.*, 2005 ; David Healy, 2004.

na, avaient critiqué un article publié dans la revue de l'Association médicale américaine (*JAMA*). L'étude soutenait l'usage de l'ISRS Cipralex (Lexapro aux États-Unis) pour prévenir la dépression chez les patients ayant souffert d'une attaque. Elle évaluait aussi les effets de la thérapie de résolution des problèmes, une forme de TCC, et montrait qu'elle prévenait aussi la dépression. Mais, avant l'intervention de Lacasse et Leo, les auteurs de l'étude n'avaient pas comparé directement les deux formes de traitement. Quand Leo et Lacasse le firent, ils découvrirent qu'elles étaient toutes deux aussi efficaces[298]. La critique de Lacasse et Leo, et la réponse à celle-ci, ont été publiées dans le *JAMA* en octobre 2008. Cinq mois plus tard, Leo et Lacasse ont écrit un autre commentaire sur l'article du *JAMA* et l'ont envoyé à la *Revue médicale britannique*. Ils racontaient comment ils s'étaient posé des questions sur les comparaisons entre le Lexapro et la thérapie de résolution des problèmes et notaient les résultats de la comparaison qui avaient été publiés en réponse à leur questionnement. Ils mentionnaient également un conflit d'intérêt apparent concernant des liens financiers entre Robert Robinson, l'auteur principal de l'étude, et Forest Pharmaceuticals, le laboratoire américain qui fabrique le Lexapro. Robinson a reconnu le conflit d'intérêt et s'est excusé de ne pas l'avoir révélé[299].

Tout cela est assez normal. Des chercheurs écrivent des articles. D'autres les critiquent, parfois avec véhémence, souvent dans la même revue, et parfois dans d'autres. Je ne compte plus le nombre de commentaires qui ont remis en question ma méta-analyse la plus récente, publiés dans d'autres revues. Les comités de rédaction m'en avertissaient parfois, mais pas toujours. De temps à autre, j'ai été invité à répondre.

....

298 Robert G. Robinson et *al.*, 2008 ; Jeffrey Lacasse et Jonathan Leo, 2008.
299 Jonathan Leo et Jeffrey Lacasse, 2009 ; Sharon Davies, 2009.

Le blog santé du *Wall Street Journal* a rapporté ce qui est arrivé ensuite à Jonathan Leo. Les rédacteurs du *JAMA* ont téléphoné à Leo et au Doyen de son institution. D'après Leo, le rédacteur en chef adjoint lui a demandé : « *Pour qui vous prenez-vous ?* » puis a dit : « *Vous êtes banni à vie du JAMA. Vous le regretterez. Votre faculté le regrettera. Vos étudiants le regretteront.* » Les rédacteurs du *JAMA* ont confirmé les appels. Ils ont dit que Leo avait exagéré leur contenu, mais la rédactrice en chef a répondu à un journaliste du *Wall Street Journal*, qui a rapporté ses paroles : « *Ce type n'est rien, ni personne. Il essaie juste de se faire un nom. Il ferait mieux de passer du temps avec ses étudiants au lieu de faire ça*[300]. » La rédactrice a ensuite nié avoir dit cela et a affirmé que le journaliste avait déformé ses propos. Quoi qu'il en soit, la réaction à cette affaire, de la part de l'une des revues médicales les plus importantes du monde, est effrayante.

Ne rien demander, ne rien dire

Quand Bill Clinton faisait campagne pour la présidence des États-Unis, il a promis de lever l'interdiction des homosexuels dans l'armée. Mais, une fois en place, face à l'opposition du Congrès, il fut contraint de reculer. Il en résulta un compromis : les homosexuels avaient le droit de rester dans les forces armées, tant qu'ils n'attiraient pas l'attention sur leur orientation sexuelle. Ce compromis a été appelé la mesure « *don't ask, don't tell* » (« ne rien demander, ne rien dire »).

Parfois, quand ils sont à court d'arguments pour défendre les antidépresseurs, les critiques disent que j'aurais dû adopter la même attitude. Même si les médicaments ne sont pas efficaces,

300 David Armstrong, 2009 ; voir aussi la réponse des rédacteur de *JAMA* : Catherine D. DeAngelis et Phil B. Fontanarosa, 2009, et la réaction de Leo à cette réponse : Jonathan Leo, 2009.

il ne faut pas le dire en public ou l'écrire dans des articles publiés dans des revues médicales. Pour eux, on ne doit pas dire aux patients que les médicaments ne marchent pas, même si c'est vrai, car cela minerait la confiance dans le traitement.

En 2004, la FDA a encouragé les laboratoires pharmaceutiques à adopter une position similaire avec les essais cliniques montrant que les antidépresseurs ne sont pas plus efficaces que les placebos sur les enfants déprimés. Pour eux, si les données étaient rendues publiques, cela pourrait conduire les médecins à ne plus prescrire d'antidépresseurs. Le verdict n'avait pas encore été rendu au sujet des antidépresseurs pour enfants. « *Même si les essais cliniques donnaient des résultats négatifs* », aurait dit un porte-parole de la FDA à un journaliste du Washington Post, « *cela ne signifie pas que les médicaments sont inefficaces*[301] ». Les médecins devraient prescrire des médicaments dont l'efficacité n'est pas prouvée, jusqu'à ce que leur inefficacité soit prouvée. Je suis fermement opposé à la politique du « ne rien demander, ne rien dire ». Sans une connaissance exacte, les patients et les médecins ne pourront pas prendre de décisions documentées concernant le traitement, les chercheurs ne poseront pas les bonnes questions et les décideurs imposeront des politiques sur la base de mauvaises informations. Si l'effet antidépresseur est principalement un effet placebo, il est important que nous le sachions. Si les placebos peuvent soulager les patients, alors la dépression peut être soulagée sans les médicaments dont les effets secondaires sont potentiellement graves et le risque de dépendance réel. Pour les patients déprimés, et surtout pour ceux qui ne tirent pas assez de bénéfices des médicaments ou pour qui les effets secondaires sont gênants, le fait que les placebos génèrent la plupart des effets des antidépresseurs devrait être une bonne nouvelle. Cela signifie qu'il y a d'autres moyens de soulager la dépression.

301 Shankar Vedantam, 2004

Comme nous l'avons vu, la psychothérapie et l'activité physique sont au moins aussi efficaces que les antidépresseurs et plus efficaces que les placebos. Les TCC, surtout, ont montré qu'elles diminuaient le risque de rechute des années après la fin du traitement, ce qui les rend particulièrement rentables. Des ressources doivent être débloquées pour apporter d'autres traitements efficaces et il faut prendre à bras le corps les causes sociales et économiques de la dépression pour les terrasser. J'espère que ce livre contribuera à une meilleure reconnaissance de la nécessité de ces changements dans les politiques publiques et les attitudes.

Comme vous l'aurez compris, j'aime raconter des histoires et voler dans les plumes. J'aime aussi faire des vagues, surtout quand le navire mérite de couler. J'espère que cette traversée vous aura plu.

Bibliographie

Abbot, F. K., M. Mack et S. Wolf, « The Action of Banthine on the Stomach and Duodenum of Man with Observations of the Effects of Placebos », *Gastroenterology* 20 (1952)

Antonuccio, David O., David D. Burns et William G. Danton, « Antidepressants : A Triumph of Marketing over Science ? », *Prevention & Treatment*, n° 25 (2002) ; http://www.journals.apa.org/prevention/volume5/pre0050025c.html

Armstrong, David, « Jama Editor Calls Critic a 'Nobody and a Nothing' », in *Wall Street Journal Health Blog*, 2009

Aronson, Jeff, « When I Use a Word . . . Please, Please Me », *British Medical Journal* 318 (1999) : 716

Avorn, Jerry, « Paying for Drug Approvals – Who's Using Whom? », *New England Journal of Medicine* 356 (2007) : 1697–700

Axelrod, Julius et Joseph K. Inscoe, « The Uptake and Binding of Circulating Serotonin and the Effect of Drugs », *Journal of Pharmacology and Experimental Therapeutics* 141, no. 2 (1963): 161–65

——, L. G. Whitby et George Hertting, « Effect of Psychotropic Drugs on the Uptake of H3-Norepinephrine by Tissues », *Science* 133, n° 3450 (1961) : 383–84

Babyak, Michael A., James A. Blumenthal, Steve Herman, Parinda Khatri, P. Murali Doraiswamy, Kathleen A. Moore, W. Edward Craighead, Teri T. Baldewicz et K. Ranga Krishnan, « Exercise Treatment for Major Depression: Maintenance of Therapeutic Benefit at 10 Months », *Psychosomatic Medicine* n° 62 (2000) : 633–38

Barbui, Corrado, Andrea Cipriani et Irving Kirsch, « Is the Paroxetine–Placebo Efficacy Separation Mediated by Adverse Events ? A Systematic Re-Examination of Randomised Double-Blind Studies », submitted for publication (2009)

——, Toshiaki A. Furukawa et Andrea Cipriani, « Effectiveness of Paroxetine in the Treatment of Acute Major Depression in Adults : A Systematic Re-Examination of Published and Unpublished Data from Randomized Trials », *Canadian Medical Association Journal* 178, n° 3 (2008) : 296–305

Battezzati, Mario, Alberto Tagliaferro et Angelo Domenko Cattaneo, « Clinical Evaluation of Bilateral Internal Mammary Artery Ligation as Treatment of Coronary Heart Disease ,» *American Journal of Cardiology* 4 (1959) : 180–83

Beck, Aaron T., A. J. Rush, B. F. Shaw et G. Emery, *Cognitive Therapy of Depression*, New York : Guilford, 1979

Beecher, H. K., « The Powerful Placebo », *Journal of the American Medical Association* 159, n° 17 (1955) : 1602–06

Benedetti, Fabrizio, C. Arduino et M. Amanzio, « Somatotopic Activation of Opioid Systems by Target-Directed Expectations of Analgesia », *Journal of Neuroscience* 19 (1999) : 3639–48

——, G. Maggi, L. Lopiano, M. Lanotte, I. Rainero, S. Vighetti et A. Pollo, « Open Versus Hidden Medical Treatments : The Patient's Knowledge About a Therapy Affects the Therapy Outcome », *Prevention & Treatment* (2003) ; http://journals.apa.org/prevention/volume6/pre0060001a.html

——, Antonella Pollo, Leonardo Lopiano, Michele Lanotte, Sergio Vighetti et Innocenzo Rainero, « Conscious Expectation and Unconscious Conditioning in Analgesic, Motor, and Hormonal Placebo/Nocebo Responses », *Journal of Neuroscience* 23, n° 10 (2003) : 4315–23

Benkert, Otto, A. Szegedi, H. Wetzel, H. J. Staab, W. Meister et M. Philipp, « Dose Escalation Vs. Continued Doses of Paroxetine and Maprotiline : A Prospective Study in Depressed out-Patients with Inadequate Treatment Response », *Acta Psychiatrica Scandinavica* 95 (1997) : 288–96

Berenson, Alex, « Despite Vow, Drug Makers Still Withhold Data », *New York Times*, 31 mai 2005

Beutler, Larry E., « Prozac and Placebo : There's a Pony in There Somewhere », *Prevention & Treatment*, Article 0003c (1998) ; http://journals.apa.org/prevention/volume1/pre0010003c.html

Binet, Alfred et Charles Féré, *Animal Magnetism*, New York : Appleton, 1888

Blakemore, Sarah-Jayne et Uta Frith, *The Learning Brain : Lessons for Education,* Malden, MA : Blackwell Publishing, 2005

Blom, Marc B. J., Kosse Jonker, Elise Dusseldorp, Philip Spinhoven, Erik Hoencamp, Judith Haffmans et Richard van Dyck, « Combination Treatment for Acute Depression Is Superior Only When Psychotherapy Is Added to Medication », *Psychotherapy and Psychosomatics* 76 (2007) : 289–97

Blumenthal, James A., Michael A. Babyak, Kathleen A. Moore, W. Edward Craighead, Steve Herman, Parinda Khatri, Robert Waugh, Melissa A. Napolitano, Leslie M. Forman, Mark Appelbaum, P. Murali Doraiswamy et K. Ranga Krishnan, « Effects of Exercise Training on Older Patients with Major Depression », *Archives of Internal Medicine* 159 (1999) : 2349–56

Bockting, Claudi L. H., Aart H. Schene, Philip Spinhoven, Maarten W. J. Koeter, Luuk F. Wouters, Jochanan Huyser, Jan H. Kamphuis et The DELTA Study Group, « Preventing Relapse/Recurrence in Recurrent Depression with Cognitive Therapy : A Randomized Controlled Trial », *Journal of Consulting & Clinical Psychology* 73, n° 4 (2005) : 647–57

Boseley, Sarah, « Prozac, Used by 40m People, Does Not Work Say Scientists », *Guardian*, 26 février 2008

Branthwaite, A. et P. Cooper, « Analgesic Effects of Branding in Treatment of Headaches », *British Medical Journal* (Clin Res Ed) 282, n° 6276 (1981) : 1576–78

Breggin, Peter R., « How Glaxosmithkline Suppressed Data on Paxil Induced Akathisia : Implications for Suicidality and Violence », *Ethical Human Psychology and Psychiatry : An International Journal of Critical Inquiry* 8, n° 2 (2006) : 91–100

——, « Suicidality, Violence and Mania Caused by Selective Serotonin Reuptake Inhibitors (SSRIs) : A Review and Analysis », *International Journal of Risk & Safety in Medicine* 16 (2003/2004) : 31–49

Brown, Walter A., « Are Antidepressants as Ineffective as They Look ? », *Prevention & Treatment*, n° 26 (2002) ; http://www.journals.apa.org/prevention/volume5/pre0050026c.html

Burns, David D., *Feeling Good : The New Mood Therapy*, New York : Avon Books, 1980

Butler, Andrew C., Jason E. Chapman, Evan M. Forman et Aaron T. Beck, « The Empirical Status of Cognitive-Behavioral Therapy : A Review of Meta-Analyses », *Clinical Psychology Review* 26 (2006) : 17–31

Byrnes, D. M., M. H. Antoni, K. Goodkin, J. Efantis-Potter, D. Asthana, T. Simon et *al.*, « Stressful Events, Pessimism, Natural Killer Cell Cytotoxicity, and Cytotoxic/Suppressor T Cells in Hiv + Black Women at Risk for Cervical Cancer », *Psychosomatic Medicine* 60 (1998) : 714–22

Cannon, W. B., « 'Voodoo' Death », *American Anthropologist* 44 (1942) : 169–81

Castrén, Eero, « Is Mood Chemistry ? », *Nature Reviews Neuroscience* 6 (2005) : 241–46

Charney, D. S., C. B. Nemeroff, L. Lewis, S. K. Laden, J. M. Gorman, E. M. Laska, M. Borenstein, C. L. Bowden, A. Caplan, G. J. Emslie, D. L. Evans, B. Geller, L. E. Grabowski, J. Herson, N. H. Kalin, P. E. Keck, I. Kirsch, K. R. R. Krishnan, D. J. Kupfer, R. W. Makuch, F. G. Miller, H. Pardes, R. Post, M. M. Reynolds, L. Roberts, J. F. Rosenbaum, D. L. Rosenstein, D. R. Rubinow, A. J. Rush, N. D. Ryan, G. S. Sachs, A. F. Schatzberg and S. Solomon, « National Depressive and Manic-Depressive Association Consensus Statement on the Use of Placebo in Clinical Trials of Mood Disorders », *Archives of General Psychiatry* 59, n° 3 (2002) : 262–70

Chaucer, Geoffrey, « The Persones Tale », in *Complete Works of Geoffrey Chaucer*, Part 2, edited by Walter W. Skeat, Whitefish, MT : Kessinger Publishing, 2003, pp. 675–717

Chesney, Margaret A., Lynae A. Darbes, Kate Hoerster, Jonelle M. Taylor, Donald B. Chambers et David E. Anderson, « Positive Emotions : Exploring the Other Hemisphere in Behavioral Medicine », *International Journal of Behavioral Medicine* 12, n° 2 (2005) : 50–58

Churchland, Peter M., *Matter and Consciousness*, Cambridge, MA : MIT Press, 1984

Cipriani, Andrea, Toshiaki A. Furukawa, Georgia Salanti, John R. Geddes, Julian P. T. Higgins,

Rachel Churchill, Norio Watanabe, Atsuo S. Nakagawa, Ichiro M. Omori, Hugh McGuire, Michele Tansella et Corrado Barbui, « Comparative Efficacy and Acceptability of 12 New Generation Antidepressants : A Multiple Treatments Meta-Analysis », *The Lancet* (2009)

Claghorn, James L. et John P. Feighner, « A Double-Blind Comparison of Paroxetine with Imipramine in the Long-Term Treatment of Depression », *Journal of Clinical Psychopharmacology* 13 (1993) : 23S–27S

Clark, Robert E., « The Classical Origins of Pavlov's Conditioning », *Integrative Physiological & Behavioral Science* 39, n° 4 (2004) : 279–94

« CNS Drug Discoveries: What the Future Holds 2008 » ; http://www.marketwatch.com/news/story/cns-drug-discoveriesfuture-holds/story.aspx?guid=%7BFD07856B-48A9-496A-95F6-74155042DADE%7D&dist=hppr

Cobb, L., G. I. Thomas, D. H. Dillard, K. A. Merendino et R. A. Bruce, « An Evaluation of Internal-Mammary Artery Ligation by a Double Blind Technique », *New England Journal of Medicine* 260 (1959) : 1115–18

Coppen, Alec, « The Biochemistry of Affective Disorders », *British Journal of Psychiatry* 113 (1967) : 1237–64

Cowen, P. J., « Serotonin and Depression: Pathophysiological Mechanism or Marketing Myth ? », *Trends Pharmacol Sci*, n° 9 (2008)

Craft, Lynette L. et M. Daniel Landers, « The Effects of Exercise on Clinical Depression and Depression Resulting from Mental Illness : A Metaregression Analysis », *Journal of Sport and Exercise Psychology* 20 (1998) : 339–57

CSIP, Choice and Access Programme, *Commissioning a Brighter Future : Improving Access to Psychological Therapies*, edited by Department of Health : Crown, 2007a

——, *Improving Access to Psychological Therapies : Specification for the Commissioner-Led Pathfinder Programme* edited by Department of Health : Crown, 2007b

——, *Improving Access to Psychological Therapies (Iapt) : Commissioning Toolkit*, edited by Department of Health : Crown, 2008

Cuijpers, Pim, Annemieke van Straten, Gerhard Andersson et Patricia van Oppen, « Psychotherapy for Depression in Adults : A Meta-Analysis of Comparative Outcome Studies », *Journal of Consulting & Clinical Psychology* 76, n° 6 (2008) : 909–22

Daniels, A. M. et R. Sallie, « Headache, Lumbar Puncture, and

Expectation », *The Lancet* 1, n° 8227 (1981) : 1003

Davanloo, H., *Basic Principles and Techniques in Short-Term Depression*, New York : S. P. Medical & Scientific Books, 1976

Davies, D. L. et Michael Shepherd, « Reserpine in the Treatment of Anxious and Depressed Patients », *The Lancet* 266, n° 6881 (1955) : 117–20

Davies, Sharon, « Potential Conflicts of Interest : More Information from Jama », *British Medical Journal* (2009) ; http://www.bmj.com/cgi/eletters/338/feb05_1/b463

Deacon, B. J., Kimberlee Glassner et Irving Kirsch, « Publication Bias in Clinical Trials of SSRI Medications for Depression », conférence, Association for Behavioural and Cognitive Therapies (2006)

DeAngelis, Catherine, Jeffrey M. Drazen, Frank A. Frizelle, Charlotte Haug, John Hoey, Richard Horton, Sheldon Kotzin, Christine Laine, Ana Marusic, A. John, P. M. Overbeke, Torben V. Schroeder, Hal C. Sox et Martin B. Van Der Weyden, « Clinical Trial Registration : A Statement from the International Committee of Medical Journal Editors », *New England Journal of Medicine* 351, n° 12 (2004): 1250–51

DeAngelis, Catherine D. et Phil B. Fontanarosa, « Conflicts over Conflicts of Interest », *Journal of the American Medical Association* (2009) ; http://jama.ama-assn.org/misc/jed90012pap_E1_E3.pdf

De Craen, Anton J. M., D. E. Moerman, S. H. Heisterkamp, G. N. J. Tytgat, J. G. Tijssen et J. Kleijnen, « Placebo Effect in the Treatment of Duodenal Ulcer », *British Journal of Clinical Pharmacology* 48 (1999) : 853–60

——, J. G. Tijssen, J. de Gans et J. Kleijnen, « Placebo Effect in the Acute Treatment of Migraine : Subcutaneous Placebos Are Better Than Oral Placebos », *Journal of Neurology* 247 (2000) : 183–88

Delgado, Pedro L., « Depression : The Case for a Monoamine Deficiency », *Journal of Clinical Psychiatry* 61 (2000) : 7–11

« Depression Drugs Don't Work, Says New Study », *The Times*, 26 février 2008

Di Blasi, Zelda, Elaine Harkness, Edzard Ernst, Amanda Georgioud et Jos Kleijnen, 'Influence of Context Effects on Health Outcomes : A Systematic Review », *The Lancet* 357, n° 9258 (2001) : 757–62

Dimidjian, Sona, Steven D. Hollon, Keith S. Dobson, Karen B. Schmaling, Robert J. Kohlenberg, Michael E. Addis, Robert Gallop, Joseph B. McGlinchey, David K. Markley, Jackie K. Gollan, David C. Atkins, David L. Dunner et Neil S. Jacobson, « Randomized Trial of Behavioral Activation, Cognitive Therapy, and Antidepressant Medication in the Acute Treatment of Adults with Major Depression », *Journal of Consulting and Clinical Psychology* 74, no. 4 (2006) : 658–70

Dimond, E. G., C. F. Kittle et J. E. Crockett, « Comparison of Internal Mammary Ligation and Sham Operation for Angina Pectoris », *American Journal of Cardiology* 5 (1960) : 483–86

Dobbin, Alastair, Margaret Maxwell et Robert Elton, « A Benchmarked Feasibility Study of a Self-Hypnosis Treatment for Depression in Primary Care », *International Journal of Clinical & Experimental Hypnosis* 57, n° 3 (2009) : 293-318.

Dobson, Keith S., Steven D. Hollon, Sona Dimidjian, Karen B. Schmaling, Robert J. Kohlenberg, Robert J. Gallop, Shireen L. Rizvi, Jackie K. Gollan, David L. Dunner et Neil S. Jacobson, « Randomized Trial of Behavioral Activation, Cognitive Therapy, and Antidepressant Medication in the Prevention of Relapse and Recurrence in Major Depression », *Journal of Consulting and Clinical Psychology* 76, n° 3 (2008) : 468–77

« Doctors Change Prescribing Habits on Back of SSRI Study », *Onmedica News* (2008) ; http://www.onmedica.com/NewsArticle.aspx?id=ae98220c-10e5-4350-8a9b-c85d534

Dohrenwend, Bruce P., Itzhak Levav, Patrick E. Shrout, Sharon Schwartz, Guedalia Naveh, Bruce G. Link, Andrew E. Skodol et Ann Stueve, « Socioeconomic Status and Psychiatric Disorders : The Causation-Selection Issue », *Science* 255, n° 5047 (1992) : 946–52

Donaldson, Liam, « At Least Five a Week: Evidence on the Impact of Physical Activity and Its Relationship to Health, A Report from the Chief Medical Officer », Department of Health, 2004

Éditorial, « A Double-Edged Sword », *Nature Reviews Drug Discovery* 7 (2008) : 275

Éditorial, « Effectiveness of Exercise in Managing Depression Is Not Shown by Meta-Analysis », *British Medical Journal* 322 (2001)

Éditorial, « No More Scavenger Hunts », *Nature* (2008) 452, n° 7183 :1

Elias, Marilyn, « Study : Antidepressant Barely Better Than Placebo », *USA Today*, 7 juillet 2002

Elkin, Irene, « The NIMH Treatment of Depression Collaborative Research Program: Where We Began and Where We Are », dans *Handbook of Psychotherapy and Behavior Change*, édité par A. E. Bergin et S. L. Garfield, New York : Wiley, 1994, pp. 114–39

EMEA, « Annual Report of the European Medicines Agency 2007 », London : European Medicines Agency, 2008

Enserink, Martin, « Can the Placebo Be the Cure ? », *Science* 284 (1999) : 238–40

——, « The Problem with Prozac », *ScienceNOW Daily News*, 27 février 2008

Evans, Rob et Sarah Boseley, « The Drugs Industry and Its Watchdog : A Relationship Too Close for Comfort ? », *The Guardian*, 4 octobre 2004

Falconnier, Lydia et Irene Elkin, « Addressing Economic Stress in the Treatment of Depression », *American Journal of Orthopsychiatry* 78, n° 1 (2008): 37–46

Fangmann, Peter, Hans-Jörg Assion, Georg Juckel, Cecilio Álamo González et Francisco López-Muñoz, « Half a Century of Antidepressant Drugs : On the Clinical Introduction of Monoamine Oxidase Inhibitors, Tricyclics, and Tetracyclics. Part II : Tricyclics and Tetracyclics », *Journal of Clinical Psychopharmacology* 28, n° 1 (2008) : 1–4

Fava, Giovanni A., « Can Long-Term Treatment with Antidepressant Drugs Worsen the Course of Depression ? », *Journal of Clinical Psychiatry* 64 (2003) : 123–33

——, Chiara Ruini, Chiara Rafanelli, Livio Finos, Sandra Conti et Silvana Grandi, « Six-Year Outcome of Cognitive Behavior Therapy for Prevention of Recurrent Depression », *American Journal of Psychiatry* 161 (2004) : 1872–76

FDA, « Combined Use of 5-Hydroxytryptamine Receptor Agonists (Triptans), Selective Serotonin Reuptake Inhibitors (SSRIs) or Selective Serotonin/Norepinephrine Reuptake Inhibitors (SNRIs) May Result in Life-Threatening Serotonin Syndrome », FDA Public Health Advisory (2006) ; http://www.fda.gov/Cder/Drug/advisory/ SSRI_SS200607.htm

——, « FDA Proposes New Warnings About Suicidal Thinking, Behavior in Young Adults Who Take Antidepressant Medications », Press release, 2007 ; http://www.fda.gov/bbs/topics/NEWS/2007/ NEW01624.html

Felson, David F. et Joseph Buckwalter, « Debridement and Lavage for Osteoarthritis of the Knee », *New England Journal of Medicine* 347 (2002) : 132–33

Ferguson, James M., « SSRI Antidepressant Medications : Adverse Effects and Tolerability », *The Primary Care Companion to The Journal of Clinical Psychiatry* 3, n° 1 (2001): 22–27

Fergusson, Dean, Steve Doucette, Kathleen Cranley Glass, Stan Shapiro, David Healy, Hebert Paul et Brian Hutton, « Association between Suicide Attempts and Selective Serotonin Reuptake Inhibitors : Systematic Review of Randomised Controlled Trials », *British Medical Journal* 330 (2005) : 396–99

Floyd, Mark, Forrest Scogin, Nancy L. McKendree-Smith, Donna L. Floyd et Paul D. Rokke, « Cognitive Therapy for Depression : A Comparison of Individual Psychotherapy and Bibliotherapy for Depressed Older Adults », *Behavior Modification* 28 (2004) : 297–318

Frank, J. D., *Persuasion and Healing*, revised ed., Baltimore : Johns Hopkins, 1973

Frankenhaeuser, M., G. Jarpe, H. Svan et B. Wrangsjö, « Physiological Reactions to Two Different Placebo Treatments », *Scandinavian Journal of Psychology* 4 (1963) : 245–50

Friedman, Michael A., Jerusha B. Detweiler-Bedell, Howard E. Leventhal, Rob Horne, Gabor I. Keitner et Ivan W. Miller, « Combined Psychotherapy and Pharmacotherapy for the Treatment of Major Depressive Disorder », *Clinical Psychology : Science and Practice* 11, n° 1 (2004) : 47–68

Gartlehner, Gerald, Richard A. Hansen, Patricia Thieda, Angela M. DeVeaugh-Geiss, Bradley N. Gaynes, Erin E. Krebs, Linda J. Lux, Laura C. Morgan, Janelle A. Shumate, Loraine G. Monroe et Kathleen N. Lohr, « Comparative Effectiveness of Second-Generation Antidepressants in the Pharmacologic Treatment of Adult Depression. Comparative Effectiveness Review n° 7. (Prepared by Rti International-University of North Carolina Evidence-Based Practice Center under Contract n° 290-02-0016.) Rockville, Md : Agency for Healthcare Research and Quality » (2007) ; www.effectivehealthcare.ahrq.gov/reports/final.cfm

GlaxoSmithKline, « Glaxosmithkline Statement : Public Library of Science Medicine Article on Antidepressant Medicines », *London : Press release*, 26 février 2008

Glenmullen, Joseph, *Coming Off Antidepressants*, London : Constable & Robinson, 2006

Goetz, Christopher G., Joanne Wuu, Michael P. McDermott, Charles H. Adler, Stanley Fahn, Curt R. Freed, Robert A. Hauser, Warren C. Olanow, Ira Shoulson, P. K. Tandon, Parkinson Study Group et Sue Leurgans, « Placebo Response in Parkinson's Disease : Comparisons among 11 Trials Covering

Medical and Surgical Interventions », *Movement Disorders* 5 (2008) : 690–99

Goldapple, Kimberly, Zindel Segal, Carol Garson, Mark Lau, Peter Bieling, Sidney Kennedy et Helen Mayberg, « Modulation of Cortical-Limbic Pathways in Major Depression : Treatment-Specific Effects of Cognitive Behavior Therapy », *Archives of General Psychiatry* 61, n° 1 (2004) : 34–41

Goodwin, F. K. et W. E. Bunney, Jr, « Depressions Following Reserpine : A Re-Evaluation », *Semin Psychiatry* 3, n° 435–48 (1971)

Graves, T. C., « Commentary on a Case of Hystero-Epilepsy with Delayed Puberty : Treated with Testicular Extract », *The Lancet* 196 (1920) : 1134–35

Greenberg, Roger P., « Reflections on 'the Emperor's New Drugs' », *Prevention & Treatment*, n° 27 (2002) ; http://www.journals.apa.org/prevention/volume5/pre0050027c.html

——, R. F. Bornstein, M. J. Zborowski, Seymour Fisher et M. D. Greenberg, « A Meta-Analysis of Fluoxetine Outcome in the Treatment of Depression », *Journal of Nervous and Mental Disease* 182 (1994) : 547–51

Gregory, Robert J., Sally Schwer Canning, Tracy W. Lee et Joan C. Wise, « Cognitive Bibliotherapy for Depression : A Meta-Analysis », *Professional Psychology : Research and Practice* 35, n° 3 (2004) : 275–80

Halliwell, Ed, *Up and Running*, London : Mental Health Foundation, 2005

Hammad, Tarek A., Thomas Laughren et Judith Racoosin, « Suicidality in Pediatric Patients Treated with Antidepressant Drugs », *Archives of General Psychiatry* 63 (2006) : 332–39

Hansen, Richard A., Gerald Gartlehner, Kathleen N. Lohr, Bradley N. Gaynes et Timothy S. Carey, « Efficacy and Safety of Second- Generation Antidepressants in the Treatment of Major Depressive Disorder », *Annals of Internal Medicine* 143 (2005) : 415–26

Harris, Gardiner, « Maker of Paxil to Release All Trial Results », New York Times, 26 août 2004

Healy, David, *The Antidepressant Era*, Cambridge, MA : Harvard University Press, 1997

——, « Are Selective Serotonin Reuptake Inhibitors a Risk Factor for Adolescent Suicide ? », *Canadian Journal of Psychiatry* 54, no. 2 (2009) : 69–71

——, *Let Them Eat Prozac : The Unhealthy Relationship between the Pharmaceutical Industry and Depression*, New York : New York University Press, 2004

——, « Lines of Evidence on the Risks of Suicide with Selective Serotonin Reuptake Inhibitors », *Psychotherapy and Psychosomatics* 72, n° 2 (2003) : 71–79

——, « Psychopharmacology and the Government of the Self » ; http://www.pharmapolitics.com/feb2healy.html

——, Andrew Herxheimer et David B. Menkes, « Antidepressants and Violence : Problems at the Interface of Medicine and Law », *Public Library of Science Medicine* (PLoS Med 3), n° 9 (2006): e372

Hindmarch, I., « Beyond the Monoamine Hypothesis : Mechanisms, Molecules and Methods », *European Psychiatry* 17, Suppl 3 (2002) : 294–99

Hollon, Steven D., Robert J. DeRubeis, Richard C. Shelton et Bahr Weiss, « The Emperor's New Drugs : Effect Size and Moderation Effects », *Prevention & Treatment* 5, Article 27 (2002) ; http://www.journals.apa.org/prevention/volume5/pre0050027.html

Hotopf, M., G. Lewis et C. Normand, « Putting Trials on Trial – the Costs and Consequences of Small Trials in Depression : A Systematic Review of Methodology », *Journal of Epidemiology and Community Health* 51 (1997) : 354–58

Hróbjartsson, A. et P. C. Gøtzsche, « An Analysis of Clinical Trials Comparing Placebo with No Treatment », New England Journal of Medicine 344 (2001) : 1594–602

—— et P. E. Gøtzsche, « Is the Placebo Powerless ? Update of a Systematic Review with 52 New Randomized Trials Comparing Placebo with No Treatment », *Journal of Internal Medicine* 256 (2004) :

91–100

Hudson, Christopher G., « Socioeconomic Status and Mental Illness : Tests of the Social Causation and Selection Hypotheses », *American Journal of Orthopsychiatry* 75, n° 1 (2005) : 3–18

« The Humble Humbug », *The Lancet* 2 (1954) : 321

Hunter, Aimee M., Andrew F. Leuchter, Melinda L. Morgan et Ian A. Cook, « Changes in Brain Function (Quantitative EEG Cordance) During Placebo Lead-in and Treatment Outcomes in Clinical Trials for Major Depression », *American Journal of Psychiatry* 163, n° 8 (2006) : 1426–32

Hyland, Michael E., « Do Person Variables Exist in Different Ways ? », *American Psychologist* 40 (1985) : 1003–10

Hypericum Depression Trial Study Group, « Effect of Hypericum Perforatum (St John's Wort) in Major Depressive Disorder : A Randomized Controlled Trial », *Journal of the American Medical Association* 287 (2002) : 1807–14

Ikemi, Y. et S. Nakagawa, « A Psychosomatic Study of Contagious Dermatitis », *Kyoshu Journal of Medical Science* 13 (1962) : 335–50

Imel, Zac E., Melanie B. Malterer, Kevin M. McKay et Bruce E. Wampold, « A Meta-Analysis of Psychotherapy and Medication in Unipolar Depression and Dysthymia », *Journal of Affective Disorders* 110 (2008) : 197–206

Ioannidis, John P. A., « Effectiveness of Antidepressants: An Evidence Myth Constructed from a Thousand Randomized Trials ? », *Philosophy, Ethics, and Humanities in Medicine*, n° 14 (2008)

Joffe, Russell, Stephen Sokolov et David Streiner, « Antidepressant Treatment of Depression: A Metaanalysis », *Canadian Journal of Psychiatry* 41 (1996) : 613–16

Johnson, Blair T. et Irving Kirsch, « Interpreting the Efficacy of Antidepressants : Statistical Significance Versus Clinical Benefits », *Significance* 5 (2008) : 54–58

Johnson, Jeffrey G., Patricia Cohen, Bruce P. Dohrenwend, Bruce G. Link et Judith S. Brook, « A Longitudinal Investigation of Social Causation and Social Selection Processes involved in the Association between Socioeconomic Status and Psychiatric Disorders », Journal of Abnormal Psychology 108, n° 3 (1999) : 490–99

Jones, Timothy F., Allen S. Craig, Debbie Hoy, Elaine W. Gunter, David L. Ashley, Dana B. Barr, John W. Brock et William Schaffner, « Mass Psychogenic Illness Attributed to Toxic Exposure at a High School », New England Journal of Medicine 342, n° 2 (2000) : 96–100

Kaptchuk, Ted J., « Intentional Ignorance: A History of Blind Assessment and Placebo Controls in Medicine », *Bulletin of the History of Medicine* 72, n° 3 (1998a) : 389–433

——, « Letter to the Editor », Journal of the American Medical Association 279, n° 19 (1998b) : 1526–27

——, « Powerful Placebo : The Dark Side of the Randomised Controlled Trial », *The Lancet* 351 (1998c) : 1722–25

——, *The Web That Has No Weaver : Understanding Chinese Medicine*, New York : Congdon & Weed, 1983

——, *The Web That Has No Weaver : Understanding Chinese Medicine*, 2e ed., New York : McGraw-Hill, 2000

——, John M. Kelley, Lisa A. Conboy, R. B. Davis, C. E. Kerr, E. E. Jacobson, Irving Kirsch, R. N. Schyner, B. Y. Nam, L. T. Nguyen, M. Park, A. L. Rivers, C. McManus, E. Kokkotou, D. A. Drossman, P. Goldman et A. J. Lembo, « Components of the Placebo Effect : A Randomized Controlled Trial in Irritable Bowel Syndrome », *British Medical Journal* 336 (2008) : 998–1003

——, Catherine E. Kerr et Abby Zanger, « Placebo Controls, Exorcisms and the Devil », *The Lancet in press* (2009)

——, W. B. Stason, R. B. Davis, A. T. R. Legedza, R. N. Schyner, C. E. Kerr, D. A. Stone, B. H. Nam,

Irving Kirsch et R. H. Goldman, « Sham Device Versus Inert Pill : A Randomized Controlled Trial Comparing Two Placebo Treatments for Arm Pain Due to Repetitive Use », *British Medical Journal* 332 (2006) : 391–97

Kasper, Siegfried et Bruce S. McEwen, « Neurobiological and Clinical Effects of the Antidepressant Tianeptine », *CNS Drugs* 22, n° 1 (2008) : 15–26

Keller, Martin, Stuart Montgomery, William Ball, Mary Morrison, Duane Snavely, Guanghan Liu, Richard Hargreaves, Jarmo Hietala, Christopher Lines, Katherine Beebe et Scott Reines, « Lack of Efficacy of the Substance P (Neurokinin1 Receptor) Antagonist Aprepitant in the Treatment of Major Depressive Disorder », *Biological Psychiatry* 59 (2006) : 216–23

——, Neal D. Ryan, Michael Strober, Rachel G. Klein, Stan P. Kutcher, Boris Birmaher, Owen R. Hagino, Harold Koplewicz, Gabrielle A. Carlson, Gregory N. Clarke, Graham J. Emslie, David Feinberg, Barbara Geller, Vivek Kusumakar, George Papatheodorou, William H. Sack, Michael Sweeney, Karen Dineen Wagner, Elizabeth B. Weller, Nancy C. Winters, Rosemary Oakes et James P. McCafferty, « Efficacy of Paroxetine in the Treatment of Adolescent Major Depression: A Randomized, Controlled Trial », *Journal of the American Academy of Child & Adolescent Psychiatry* 40, n° 7 (2001) : 762–72

Kelly, Jr, Robert E., Lisa J. Cohen, Randye J. Semple, Philip Bialer, Adam Lau, Alison Bodenheimer, Elana Neustadter, Arkady Barenboim et Igor I. Galynker, « Relationship between Drug Company Funding and Outcomes of Clinical Psychiatric Research », *Psychological Medicine* 36, n° 1647–56 (2006)

Khan, Arif, Nick Redding et Walter A. Brown, « The Persistence of the Placebo Response in Antidepressant Clinical Trials », Journal of Psychiatric Research 42, n° 10 (2008) : 791–96

Kihlstrom, John F., « Attributions, Awareness and Dissociation : In Memoriam Kenneth S. Bowers, 1937–1996 », *American Journal of Clinical Hypnosis* 40, n° 3 (1998) : 194–205

Kirkley, Alexandra, Trevor B. Birmingham, Robert B. Litchfield, J. Robert Giffin, Kevin R. Willits, Cindy J. Wong, Brian G. Feagan, Allan Donner, Sharon H. Griffin, Linda M. D'Ascanio, Janet E. Pope et Peter J. Fowler, « A Randomized Trial of Arthroscopic Surgery for Osteoarthritis of the Knee », *New England Journal of Medicine* 359 (2008) : 1097–107

Kirsch, Irving, « Are Drug and Placebo Effects in Depression Additive ? », *Biological Psychiatry* 47, n° 8 (2000) : 733–35

——, *Changing Expectations : A Key to Effective Psychotherapy*, Belmont, CA : Brooks/Cole, 1990

—— (ed.), *How Expectancies Shape Experience*, Washington, DC : American Psychological Association, 1999

——, « Placebo : The Role of Expectancies in the Generation and

Alleviation of Illness », dans *The Power of Belief : Psychosocial Influence on Illness, Disability and Medicine*, publié par Peter Halligan et Aylward Mansel, Oxford : Oxford University Press, 2006, pp. 55–67

——, « Response Expectancy as a Determinant of Experience and Behavior », *American Psychologist* 40, n° 11 (1985) : 1189–202

——, « St John's Wort, Conventional Medication, and Placebo : An Egregious Double Standard », *Complementary Therapies in Medicine* 11, n° 3 (2003) : 193–95

——, Brett J. Deacon, T. B. Huedo-Medina, Alan Scoboria, Thomas J. Moore et Blair T. Johnson, « Initial Severity and Antidepressant Benefits : A Meta-Analysis of Data Submitted to the Food and Drug Administration », PLoS Medicine, n° 2 (2008) ; http://medicine.plosjournals.org/perlserv/?request=get-document&doi=10.1371/journal.pmed.0050045

—— et Michael E. Hyland, « How Thoughts Affect the Body – a

Metatheoretical Framework », *Journal of Mind and Behaviour* 8, n° 3 (1987) : 417–34

——, Steven J. Lynn, M. Vigorito et R. R. Miller, « The Role of Cognition in Classical and Operant

Conditioning », *Journal of Clinical Psychology* 60, n° 4 (2004) : 369–92

—— et Joanna Moncrieff, « Clinical Trials and the Response Rate Illusion », *Contemporary Clinical Trials* 28, n° 4 (2007) : 348–51

——, Thomas J. Moore, Alan Scoboria et Sarah S. Nicholls, « The

Emperor's New Drugs : An Analysis of Antidepressant Medication Data Submitted to the U.S. Food and Drug Administration », *Prevention & Treatment*, n° 23 (2002a) ; http://www.journals.apa.org/prevention/volume5/pre0050023a.html

—— et M. J. Rosadino, « Do Double-Blind Studies with Informed Consent Yield Externally Valid Results – an Empirical-Test », *Psychopharmacology* 110, n° 4 (1993) : 437–42

—— et Guy Sapirstein, « Listening to Prozac but Hearing Placebo : A Meta-Analysis of Antidepressant Medication », *Prevention & Treatment*, Article 0002a (1998); http://www.journals.apa.org/prevention/volume1/pre0010002a.html

——, Alan Scoboria et Thomas J. Moore, 'Antidepressants and Placebos : Secrets, Revelations, and Unanswered Questions », *Prevention & Treatment* 5 (2002b) : n.p.

—— et Lynne J. Weixel, « Double-Blind Versus Deceptive Administration of a Placebo », *Behavioral Neuroscience* 102, n° 2 (1988) : 319–23

Klein, Donald F., « Listening to Meta-Analysis but Hearing Bias », *Prevention & Treatment*, Article 0006c (1998) ; http://journals.apa.org/prevention/volume1/pre0010006c.html

Klerman, Gerald L., Myrna M. Weissman, Bruce J. Rounsaville et Eve S. Chevron, *Interpersonal Psychotherapy of Depression*, New York : Basic Books, 1984

Klopfer, B., « Psychological Variables in Human Cancer », *Journal of Projective Techniques* 21, n° 4 (1957) : 331–40

Kondro, Wayne et Barbara Sibbald, « Drug Company Experts Advised Staff to Withhold Data About SSRI Use in Children », *Canadian Medical Association Journal* 170, n° 5 (2004) : 783

Kramer, Mark S., Neal Cutler, John Feighner, Ram Shrivastava, John Carman, John J. Sramek, Scott A. Reines, Guanghan Liu, Duane Snavely, Edwina Wyatt-Knowles, Jeffrey J. Hale, Sander G. Mills, Malcolm MacCoss, Christopher J. Swain, Timothy Harrison, Raymond G. Hill, Franz Hefti, Edward M. Scolnick, Margaret A. Cascieri, Gary G. Chicchi, Sharon Sadowski, Angela R. Williams, Louise Hewson, David Smith, Emma J. Carlson, Richard J. Hargreave et Nadia M. J. Rupniak, « Distinct Mechanism for Antidepressant Activity by Blockade of Central Substance P Receptors », *Science* 281 (1998) : 1640–45

Kuhn, Roland, « Artistic Imagination and the Discovery of Antidepressants », *Journal of Psychopharmacology* 4, n° 3 (1990) : 127–30

——, « The Treatment of Depressive States with G 22355 (Imipramine Hydrochloride) », American Journal of Psychiatry 115, no 5 (1958) : 459–64

Kuhn, Thomas, *The Structure of Scientific Revolutions*, 2e éd., Chicago : University of Chicago Press, 1970

Lacasse, Jeffrey et Jonathan Leo, « Escitalopram, Problem-Solving Therapy, and Poststroke Depression », Journal of the American Medical Association 300, no 15 (2008) : 1757-b–58

—— et Jonathan Leo, « Serotonin and Depression : A Disconnect between the Advertisements and the Scientific Literature », *PLoS Medicine* 2, n° 12 (2005) : 1211–16

Laughren, Thomas P., « Approvable Action on Forrest Laboratories, Inc. Nda 20–822 Celexa (Citalopram Hbr) for the Management of Depression », in Memorandum to the Department of Health and Human Services, Public Health Service, Food and Drug Administration, Center for Drug Evaluation and Research, Washington, DC, 26 mars 1998

Laurance, Jeremy, « Antidepressant Drugs Don't Work – Official Study », *The Independent*, 26 février 2008

Lawlor, Debbie A. et Stephen W. Hopker, « The Effectiveness of Exercise as an Intervention in the Management of Depression : Systematic Review and Metaregression Analysis of Randomised Controlled Trials », *British Medical Journal* 322 (2001) : 1–8

Layard, Richard, « The Case for Psychological Treatment Centres », British Medical Journal 332 (2006) : 1030–32

——, « Mental Health : Britain's Biggest Health Problem », *London : Prime Minister's Strategy Unit*, 2004

Leber, Paul, « Approvable Action on Forrest Laboratories, Inc. Nda 20-822 Celexa (Citalopram Hbr) for the Management of Depression », in Memorandum to the Department of Health and Human Services, Public Health Service, Food and Drug Administration, Center for Drug Evaluation and Research, Washington, DC, 4 mai 1998

Lee, Sandra, John R. Walker, Laura Jakul et Kathryn Sexton, « Does Elimination of Placebo Responders in a Placebo Run-in Increase the Treatment Effect in Randomized Clinical Trials ? A Meta-Analytic Evaluation », *Depression and Anxiety* 19 (2004) : 10–19

Leo, Jonathan, « Academic Freedom and Controversy over the Publication of Factually Correct, Publicly Available Information », (2009) ; http://online.wsj.com/public/resources/documents/leo_statement_ for_WSJ.htm[25/04/2009]

—— et Jeffrey Lacasse, « Clinical Trials of Therapy Versus Medication : Even in a Tie, Medication Wins », *British Medical Journal* (2009); http://www.bmj.com/cgi/eletters/338/feb05_1/b463

Leuchter, Andrew F., Ian A. Cook, Elise A. Witte, Melinda Morgan et Michelle Abrams, « Changes in Brain Function of Depressed Subjects During Treatment with Placebo », *American Journal of Psychiatry* 159 (2002) : 122–29

Levine, Jon D., Newton C. Grodon et Howard L. Fields, « The Mechanism of Placebo Analgesia », *The Lancet* 2 (1978) : 654–57

Lewinsohn, Peter M., David O. Antonuccio, J. S. Breckenridge et L. Teri, The « Coping with Depression » Course, Eugene, *OR : Castalia*, 1984

——, R. F. Munoz, M. A. Youngren et A. M. Zeiss, *Control Your Depression*, New York : Macmillan Publishing, 1978

López-Muñoz, Francisco, Cecilio Álamo, Georg Juckel et Hans-Jörg Assion, « Half a Century of Antidepressant Drugs : On the Clinical Introduction of Monoamine Oxidase Inhibitors, Tricyclics, and Tetracyclics. Part I : Monoamine Oxidase Inhibitors », *Journal of Clinical Psychopharmacology* 27, n° 6 (2007) : 555–59

Lorant, V., D. Deliege, W. Eaton, A. Robert, P. Philippot et M. Ansseau, « Socioeconomic Inequalities in Depression : A Meta-Analysis », *American Journal of Epidemiology* 157, n° 2 (2003) : 98–112

Lorber, William, Giuliana Mazzoni et Irving Kirsch, « Illness by Suggestion : Expectancy, Modeling, and Gender in the Production of Psychosomatic Symptoms », *Annals of Behavioral Medicine* 33 (2007) : 112–16

Luparello, T. J., N. Leist, C. H. Lourie et P. Sweet, « The Interaction of Psychologic Stimuli and Pharmacologic Agents on Airway Reactivity in Asthmatic Subjects », Psychosomatic Medicine 32, n° 5 (1970) : 509–13

——, H. A. Lyons, E. R. Bleecker et E. R. McFadden, Jr, « Influences of Suggestion on Airway Reactivity in Asthmatic Subjects », Psychosomatic Medicine 30, n° 6 (1968) : 819–25

McAllister-Williams, R. Hamish, « Misinterpretation of Randomized Trial Evidence : Do Antidepressants Work ? », British Journal of Hospital Medicine 69, n° 5 (2008) : 246–47

McRae, Fiona, « Anti-Depressants Taken by Thousands of Brits "Do Not Work", Major New Study Reveals », Daily Mail, 26 février 2008

« Major Pharmaceutical Firm Concealed Drug Information : Glaxosmithkline Misled Doctors

About the Safety of Drug Used to Treat Depression in Children », *Press Release : Office of the New York State Attorney General Eliot Spitzer*, 2 juin 2004

Malhi, G. S., G. B. Parker et J. Greenwood, « Structural and Functional Models of Depression: From Sub-Types to Substrates », *Acta Psychiatrica Scandinavica* 111, n° 2 (2005) : 94–105

Marlatt, G. A., et D. J. Rohsenow, « Cognitive Processes in Alcohol Use : Expectancy and the Balanced Placebo Design », in *Advances in Substance Abuse : Behavioral and Biological Research*, publié par N. K. Mello, Greenwich, CT : JAI Press, 1980, pp. 159–99

Marx, Robert G., « Arthroscopic Surgery for Osteoarthritis of the Knee ? », *New England Journal of Medicine* 259 (2008) : 1169–70

Mayberg, Helen S., Steven K. Brannan, J. Janet L. Tekell, Arturo Silva, Roderick K. Mahurin, Scott McGinnis et Paul A. Jerabek, « Regional Metabolic Effects of Fluoxetine in Major Depression : Serial Changes and Relationship to Clinical Response », *Biological Psychiatry* 48 (2000) : 830–43

——, Mario Liotti, Stephen K. Brannan, Scott McGinnis, Roderick K. Mahurin, Paul A. Jerabek, J. Arturo Silva, J. Janet L. Tekell, Charles C. Martin, Jack L. Lancaster et Peter T. Fox, « Reciprocal Limbic-Cortical Function and Negative Mood : Converging Pet Findings in Depression and Normal Sadness », *American Journal of Psychiatry* 156 (1999) : 675–82

——, J. Arturo Silva, Steven K. Brannan, J. Janet L. Tekell, Roderick K. Mahurin, Scott McGinnis et Paul A. Jerabek, « The Functional Neuroanatomy of the Placebo Effect », *American Journal of Psychiatry* 159 (2002) : 728–37

Melander, Hans, Jane Ahlqvist-Rastad, Gertie Meijer et Björn Beermann, « Evidence B(I)Ased Medicine – Selective Reporting from Studies Sponsored by Pharmaceutical Industry : Review of Studies in New Drug Applications », British Medical Journal 326 (2003) : 1171–73

——, Tomas Salmonson, Eric Abadie et Barbara van Zwieten-Boot, « A Regulatory Apologia – a Review of Placebo-Controlled Studies in Regulatory Submissions of New-Generation Antidepressants », *European Neuropsychopharmacology* (2008)

Mendels, Joseph et Alan Frazer, « Brain Biogenic Amine Depletion and Mood », *Archives of General Psychiatry* 30, n° 4 (1974) : 447–51

Meyer, Björn, Paul A. Pilkonis, Janice L. Krupnick, Matthew K. Egan, Samuel J. Simmens, et Stuart M. Sotsky, « Patient Alliance Treatment Expectancies, and Outcome: Further Analyses, From the National Institute of Mental Health Treatment, of Depression Collaborative Research Program », *Journal of Consulting and Clinical Psychology* 70, n° 4 (2002), 1051–55

Moerman, Daniel E., « The Meaning Response : Thinking About Placebos », *Pain Practice* 6, n° 4 (2006) : 233–36

—— et Wayne B. Jonas, « Deconstructing the Placebo Effect and Finding the Meaning Response », *Annals of Internal Medicine* 136 (2002) : 471–76

Moncrieff, Joanna, « The Creation of the Concept of an Antidepressant : An Historical Analysis » *Social Science & Medicine* 66, n° 11 (2008a) : 2346–55

——, *The Myth of the Chemical Cure*, Basingstoke : Palgrave Macmillan, 2008b

——, S. Wessely et R. Hardy, « Active Placebos Versus Antidepressants for Depression (Review) », *The Cochrane Library*, n° 4 (2005)

Montgomery, Guy H. et Irving Kirsch, « Classical Conditioning and the Placebo Effect », *Pain* 72, n°s 1–2 (1997) : 107–13

—— et Irving Kirsch, « Mechanisms of Placebo Pain Reduction : An Empirical Investigation », *Psychological Science* 7, n° 3 (1996) : 174–76

Moseley, J. Bruce, K. O'Malley, N. J. Petersen, T. J. Menke, B. A. Brody, D. H. Kuykendall, J. C. Hollingsworth, C. M. Ashton et Nelda P. Wray, « A Controlled Trial of Arthroscopic Surgery for Osteoarthritis of the Knee », *New England Journal of Medicine* 347 (2002) : 81–88

Myers, M. G., J. A. Calms et J. Singer, « The Consent Form as a Possible Cause of Side Effects », *Clinical Pharmacology & Therapeutics* 42 (1987) : 250–53

Nathan, Peter et Martin E. P. Seligman, « Editors' Note », *Prevention & Treatment*, Article 0002a (1998) ; http://www.journals.apa.org/prevention/volume1/pre0010002a.html

NCAM, « St John's Wort » ; http://nccam.nih.gov/health/stjohnswort/ataglance.htm

NICE, « Depression : Management of Depression in Primary and Secondary Care. Clinical Practice Guideline n° 23 », *National Institute for Clinical Excellence* ; www.nice.org.uk/page.aspx?o = 235213

Nitzan, Uriel et Pesach Lichtenberg, « Questionnaire Survey on Use of Placebo », *British Medical Journal* 329 (2004) : 944–46

Park, Lee C. et Lino Covi, « Nonblind Placebo Trial », *Archives of General Psychiatry* 12, n° 4 (1965) : 336–45

Pavlov, Ivan P., *Conditioned Reflexes*, traduit par G. V. Anrep, London : Oxford University Press, 1927

——, « Physiology of Digestion : Nobel Lecture, 12 December 1904 » ; http://nobelprize.org/nobel_prizes/medicine/laureates/1904/pavlovlecture.html

Philipp, Michael, Ralf Kohnen et Karl O. Hiller, « Hypericum Extract Versus Imipramine or Placebo in Patients with Moderate Depression : Randomised Multicentre Study of Treatment for Eight Weeks », *British Medical Journal* 319 (1999) : 1534–39

Pinquart, M., P. M. Duberstein et J. M. Lyness, 'Effects of Psychotherapy and Other Behavioral Interventions on Clinically Depressed Older Adults : A Meta-Analysis », *Aging & Mental Health* 11, n° 6 (2007) : 645–57

Pogge, R., « The Toxic Placebo », *Medical Times* 91 (1963) : 773–78

Posternak, Michael A., Mark Zimmerman, Gabor I. Keitner et Ivan W. Miller, « A Reevaluation of the Exclusion Criteria Used in Antidepressant Efficacy Trials », *American Journal of Psychiatry* 159 (2002) : 191–200

Prator, Bettina C., « Serotonin Syndrome », *Journal of Neuroscience Nursing* 38, n° 2 (2006) : 102–05

Preskorn, Sheldon H., « Tianeptine : A Facilitator of the Reuptake of Serotonin and Norepinephrine as an Antidepressant ? », *Journal of Psychiatric Practice* 10, n° 5 (2004) : 323–30

Price, Donald D. et Howard I. Fields, « The Contribution of Desire and Expectation to Placebo Analgesia : Implications for New Research Strategies », in *The Placebo Effect : An Interdisciplinary Exploration*, publié par Anne Harrington, Cambridge, MA : Harvard University Press, 1997 ; pp. 117–37

——, Leonard S. Milling, I. Kirsch, A. Duff, Guy H. Montgomery et S. S. Nicholls, « An Analysis of Factors That Contribute to the Magnitude of Placebo Analgesia in an Experimental Paradigm », Pain 83, n° 2 (1999) : 147–56

Quitkin, Frederic M., Patrick J. McGrath, Jonathan W. Stewart, Katja Ocepek-Welikson, Bonnie P. Taylor, Edward Nunes, Deborah Delivannides, Vito Agosti, Steven J. Donovan, Donald Ross, Eva Petkova et Donald F. Klein, « Placebo Run-in Period in Studies of Depressive Disorders : Clinical, Heuristic and Research Implications », *British Journal of Psychiatry* 173 (1998) : 242–48

Rabkin, J. G., J. S. Markowitz, J. W. Stewart, P. J. McGrath, W. Harrison, F. M. Quitkin et Donald F. Klein, « How Blind Is Blind ? Assessment of Patient and Doctor Medication Guesses in a Placebo-Controlled Trial of Imipramine and Phenelzine », *Psychiatry Research* 19 (1986) : 75–86

Räikkönen, D., K. A. Matthews, J. D. Flory, J. F Owens et B. B. Gump, « Effects of Optimism, Pessimism, and Trait Anxiety on Ambulatory Blood Pressure and Mood During Everyday Life », *Journal of Personality and Social Psychology* 76 (1999) : 104–13

Reeves, Roy R., Mark E. Ladner, Roy H. Hart et Randy S. Burke, « Nocebo Effects with Antidepressant Clinical Drug Trial Placebos », *General Hospital Psychiatry* 29 (2007) : 275–77

Reiss, S. et R. J. McNally, « The Expectancy Model of Fear », in *Theoretical Issues in Behavior Therapy*, publié par S. Reiss et Richard R. Bootzin, New York : Academic Press, 1985, pp. 107–21

Rescorla, Robert A., « Pavlovian Conditioning : It's Not What You Think It Is », *American Psychologist* 43 (1988) : 151–60

Robinson, Leslie A., Jeffrey S. Berman et Robert A. Neimeyer,

« Psychotherapy for the Treatment of Depression : A Comprehensive Review of Controlled Outcome Research », Psychological Bulletin 108, n° 1 (1990) : 30–49

Robinson, Robert G., Ricardo E. Jorge, David J. Moser, Laura Acion, Ana Solodkin, Steven L. Small, Pasquale Fonzetti, Mark Hegel et Stephan Arndt, « Escitalopram and Problem-Solving Therapy for Prevention of Poststroke Depression : A Randomized Controlled Trial », *Journal of the American Medical Association* 299, n° 20 (2008) : 2391–400

Rogers, Carl, *On Becoming a Person : A Therapist's View of Psychotherapy*, London : Constable, 1961

Rothschild, Anthony J. et Carol A. Locke, « Reexposure to Fluoxetine after Serious Suicide Attempts by Three Patients : The Role of Akathisia », *Journal of Clinical Psychiatry* 52, n° 12 (1991) : 491–93

Ruhé, H. G., N. S. Mason et Aart H. Schene, « Mood Is Indirectly Related to Serotonin, Norepinephrine and Dopamine Levels in Humans : A Meta-Analysis of Monoamine Depletion Studies », *Molecular Psychiatry* 12 (2007) : 331–59

Rush, A. John, Madhukar H. Trivedi, Stephen R. Wisniewski, Andrew A. Nierenberg, Jonathan W. Stewart, Diane Warden, George Niederehe, Michael E. Thase, Philip W. Lavori, Barry D. Lebowitz, Patrick J. McGrath, Jerrold F. Rosenbaum, Harold A. Sackeim, David J. Kupfer, James Luther et Maurizio Fava, « Acute and Longer-Term Outcomes in Depressed Outpatients Requiring One or Several Treatment Steps : A Star-D Report », *American Journal of Psychiatry* 163 (2006a) : 1905–17

——, Madhukar H. Trivedi, Stephen R. Wisniewski, Jonathan W. Stewart, Andrew A. Nierenberg, Michael E. Thase, Louise Ritz, Melanie M. Biggs, Diane Warden, James F. Luther, Kathy Shores-Wilson, George Niederehe et Maurizio Fava, « Bupropion-Sr, Sertraline, or Venlafaxine-Xr after Failure of SSRIs for Depression », *New England Journal of Medicine* 354 (2006b) : 1231–42

Sarek, Milan, « Evident Exception in Clinical Practice Not Sufficient to Break Traditional Hypothesis », PLoS Medicine, n° 2 (2006) ; www.plosmedicine.org

Scheier, M. F., K. A. Matthews, J. F. Owens, R. Schulz, M. W. Bridges, G. J. Magovern et C. S. Carver, « Optimism and Rehospitalization after Coronary Artery Bypass Graft Surgery », *Archives of Internal Medicine* 159, n° 829–35 (1999)

Schildkraut, Joseph J., « The Catecholamine Hypothesis of Affective Disorders : A Review of Supporting Evidence », *American Journal of Psychiatry* 122 (1965) : 509–22

Schofield, William, *Psychotherapy : The Purchase of Friendship*, New Jersey : Prentice-Hall, 1964

Shapiro, Arthur K., « A Contribution to a History of the Placebo Effect », *Behavioral Science* 5, n° 109–35 (1960)

—— et L. A. Morris, « The Placebo Effect in Medical and Psychological Therapies », in *Handbook of Psychotherapy and Behavior Change*, publié par S. L. Garfield et A. E. Bergin, New York : Wiley, 1978

——, E. Struening et E. Shapiro, « The Reliability and Validity of a Placebo Test », *Journal of Psychiatric Research* 15, n° 253–90 (1980)

Shepherd, Michael, « Reserpine : Problems Associated with the Use of a So-Called "Tranquillizing Agent" », *Proceedings of the Royal Society of Medicine* 49, n° 10 (1956) : 849–52

Sherman, Carl, « Long-Term Side Effects Surface with SSRIs », *Clinical Psychiatry News* 26, n° 5 (1998) : 1

Simpson, Scot H., Dean T. Eurich, Sumit R. Majumdar, Rajdeep S. Padwal, Ross T. Tsuyuki, Janice Varney et Jeffrey A. Johnson, « A Meta-Analysis of the Association between Adherence to Drug Therapy and Mortality », *British Medical Journal* (2006)

Singh, Nalin A., Karen M. Clements et Maria A. Fiatarone Singh, « The Efficacy of Exercise as a Long-Term Antidepressant in Elderly Subjects : A Randomized, Controlled Trial », *Journal of Gerontology* 56A, n° 8 (2001) : M497–M504

Sloane, R. Bruce, Fred R. Staples, Allan H. Cristol, Neil J. Yorkston and Katherine Whipple, « Patient Characteristics and Outcome in Psychotherapy and Behavior Therapy », *Journal of Consulting and Clinical Psychology* 44, no. 3 (1976) : 330–39

Smith, Nancy M., Mark R. Floyd, Forrest Scogin et Christine S. Jamison, « Three-Year Follow-up of Bibliotherapy for Depression », *Journal of Consulting and Clinical Psychology* 65, n° 2 (1997) : 324–27

Smith, Rebecca, « Anti-Depressants "No Better Than Dummy Pills" », *Daily Telegraph*, 26 février 2008

Sneed, Joel R., Bret R. Rutherford, David Rindskopf, David T. Lane, Harold A. Sackeim et Steven P. Roose, « Design Makes a Difference: A Meta-Analysis of Antidepressant Response Rates in Placebo-Controlled Versus Comparator Trials in Late-Life Depression », *American Journal of Geriatric Psychiatry* 16, n° 1 (2008) : 65–73

Sodergren, Samantha C. et Michael E. Hyland, « Expectancy and Asthma », in *How Expectancies Shape Experience*, publié par Irving Kirsch, Washington, DC : American Psychological Association, 1999, pp.197–212

Sotsky, Stuart M., D. R. Glass, M. Tracie Shea, Paul A. Pilkonis, J. F. Collins, Irene Elkin, John T. Watkins, S. D. Imber, W. R. Leber et J. Moyer, « Patient Predictors of Response to Psychotherapy and Pharmacotherapy : Findings in the NIMH Treatment of Depression Collaborative Research Program », *American Journal of Psychiatry* 148 (1991) : 997–1008

Spiegel, David et Janine Giese-Davis, « Depression and Cancer : Mechanisms and Disease Progression », *Biological Psychiatry* 54 (2003) : 269–82

Sternberg, Esther M., « Walter B. Cannon and "Voodoo Death": A Perspective from 60 Years On », *American Journal of Public Health* 92, n° 10 (2002) : 1564–66

Stewart-Williams, Steve et John Podd, « The Placebo Effect: Dissolving the Expectancy Versus Conditioning Debate », *Psychological Bulletin* 130, n° 2 (2004) : 324–40

Stone, Marc B. et M. Lisa Jones, « Clinical Review : Relationship between Antidepressant Drugs and Suicidality in Adults » (2006) ; http://www.fda.gov/ohrms/dockets/ac/06/briefing/2006-4272b1-01-FDA.pdf

Storms, Michael D. et Richard E. Nisbett, « Insomnia and the Attribution Process », *Journal of Personality and Social Psychology* 16, n° 2 (1970) : 319–28

Strawbridge, William J., Stéphane Deleger, Robert E. Roberts et George A. Kaplan, « Physical Activity Reduces the Risk of Subsequent Depression for Older Adults », *American Journal of Epidemiology* 156, n° 4 (2002) : 328–34

Talbot, Margaret, « The Placebo Prescription », *New York Times*, 9 janvier 2000

Taylor, Matthew J., Nick Freemantle, John R. Geddes et Zubin Bhagwagar, « Early Onset of Selective Serotonin Reuptake Inhibitor Antidepressant Action : Systematic Review and Meta-Analysis », *Archives of General Psychiatry* 63 (2006) : 1217–23

Teasdale, John D., « Psychological Treatments for Depression : How Do They Work ? », *Behaviour Research and Therapy* 23 (1985) : 157–65

Thase, Michael E., « Antidepressant Effects : The Suit May Be Small, but the Fabric Is Real », *Prevention & Treatment*, n° 32 (2002) ; http://www.journals.apa.org/prevention/volume5/pre0050032c.html

Tilburt, Jon C., Ezekiel J. Emanuel, Ted J. Kaptchuk, Farr A. Curlin et Franklin G. Miller, « Prescribing "Placebo Treatments" : Results of National Survey of US Internists and Rheumatologists », *British Medical Journal* 337 (2008) : 1097–100

Traut, E. F. et E. W. Passarelli, « Placebos in the Treatment of Rheumatoid Arthritis and Other Rheumatic Conditions », *Annals of the Rheumatic Diseases* 16 (1957) : 18–22

Trivedi, Madhukar H., A. John Rush, Stephen R. Wisniewski, Andrew A. Nierenberg, Diane Warden, Louise Ritz, Grayson Norquist, Robert H. Howland, Barry Lebowitz, Patrick J. McGrath, Kathy Shores-Wilson, Melanie M. Biggs, G. K. Balasubramani, Maurizio Fava et STAR-D Study Team, « Evaluation of Outcomes with Citalopram for Depression Using Measurement-Based Care in Star-D : Implications for Clinical Practice », *American Journal of Psychiatry* 163 (2006) : 1–13

Turner, Erick H., Annette M. Matthews, Eftihia Linardatos, Robert A. Tell et Robert Rosenthal, « Selective Publication of Antidepressant Trials and Its Influence on Apparent Efficacy », *New England Journal of Medicine* 358 (2008) : 252–60

Tyrer, Peter, Patricia C. Oliver-Africano, Zed Ahmed, Nick Bouras, Sherva Cooray, Shoumitro Deb, Declan Murphy, Monica Hare, Michael Meade, Ben Reece, Kofi Kramo, Sabyasachi Bhaumik, David Harley, Adrienne Regan, David Thomas, Bharti Rao, Bernard North, Joseph Eliahoo, Shamshad Karatela, Anju Soni et Mike Crawford, « Risperidone, Haloperidol, and Placebo in the Treatment of Aggressive Challenging Behaviour in Patients with Intellectual Disability : A Randomised Controlled Trial », *The Lancet* 371 (2008) : 57–63

Ulrich, Roger S., « View through a Window May Influence Recovery from Surgery », Science 224, n° 4647 (1984) : 420–21

Uzbay, Tayfun I., « Tianeptine : Potential Influences on Neuroplasticity and Novel Pharmacological Effects », *Progress in Neuro-Psychopharmacology & Biological Psychiatry* 32 (2008) : 915–24

Vase, Lene, Joseph L. Riley III et Donald D. Price, « A Comparison of Placebo Effects in Clinical Analgesic Trials Versus Studies of Placebo Analgesia », *Pain* 99 (2002) : 443–52

Vedantam, Shankar, « Fda Urged Withholding Data on Antidepressants ; Makers Were Dissuaded from Labeling Drugs as Ineffective in Children », *Washington Post*, 10 septembre 2004

Voudouris, N. J., C. L. Peck et G. Coleman, « Conditioned Placebo Responses », *Journal of Personality and Social Psychology* 48 (1985) : 47–53

——, C. L. Peck et G. Coleman, « Conditioned Response Models of Placebo Phenomena : Further Support », *Pain* 38 (1989) : 109–16

——, C. L. Peck et G. Coleman, « The Role of Conditioning and Verbal Expectancy in the Placebo Response », *Pain* 43 (1990) : 121–28

Waber, Rebecca L., Baba Shiv, Ziv Carmon et Dan Ariely, « Commercial Features of Placebo and Therapeutic Efficacy », *Journal of the American Medical Association* 299, n° 9 (2008) : 1016–17

Wager, Tor D., « The Neural Bases of Placebo Effects in Pain », *Current Directions in Psychological Science* 14, n° 4 (2005) : 175–79

——, James K. Rilling, Edward E. Smith, Alex Sokolik, Kenneth L.

Casey, Richard J. Davidson, Stephen M. Kosslyn, Robert M. Rose et Jonathan D. Cohen, « Placebo-Induced Changes in fMRI in the Anticipation and Experience of Pain », *Science* 303, n° 20 (février 2004) : 1162–67

——, David J. Scott et Jon-Kar Zubieta, « Placebo Effects on Human ¼ Opioid Activity During Pain », *Proceedings of the National Academy of Sciences* 104, n° 26 (2007) : 11056–61

Wagstaff, Antona J., Douglas Ormrod et Caroline M. Spencer, « Tianeptine : A Review of Its Use in Depressive Disorders », *CNS Drugs* 15, n° 231–59 (2001)

Wampold, Bruce E., Takuya Minami, Thomas W. Baskin et Sandra Callen Tierney, « A Meta-(Re) Analysis of the Effects of Cognitive Therapy Versus "Other Therapies" for Depression », *Journal of*

Affective Disorders 68 (2002) : 159–65

Warner, Christopher H., William Bobo, Carolynn Warner, Sara Reid et James Rachal, « Antidepressant Discontinuation Syndrome », American Family Physician 74, n° 3 (2006) : 449–56

Watson, Alison, Wael El-Deredy, Brent A. Vogt et Anthony K. P. Jones, « Placebo Analgesia Is Not Due to Compliance or Habituation : EEG and Behavioural Evidence », NeuroReport 18, n° 8 (2007) : 771–75

Weinberger, Joel et Andrew Eig, in *How Expectancies Shape Experience*, publié Irving Kirsch, Washington, DC : American Psychological Association, 1999, pp. 357–82

Werner, Rachel, « Losing the Point », *PLoS Medicine*, (28 février 2008) ; http://medicine.plosjournals.org/perlserv/?request-read-response&doi-10.1371/journal.pmed.0050045

Wilkinson, Richard et Kate Pickett, *The Spirit Level : Why More Equal Societies Almost Always Do Better*, London : Penguin Books, 2009

Williams, Jr, John W., Cynthia D. Mulrow, Elaine Chiquette, Polly Hitchcock Noel, Christine Aguilar et John Cornell, « A Systematic Review of Newer Pharmacotherapies for Depression in Adults : Evidence Report Summary », *Annals of Internal Medicine* 132 (2000) : 743–56

Wolf, S., « Effects of Suggestion and Conditioning on the Action of Chemical Agents in Human Subjects – the Pharmacology of Placebos », *Journal of Clinical Investigation* 29 (1950) : 100–09

——, C. R. Doering, M. L. Clark et J. A. Hagans, « Chance Distribution and the Placebo "Reactor" », *Journal of Laboratory and Clinical Medicine* 49 (1957) : 837–41

Wray, Nelda P., J. Bruce Moseley et K. O'Malley, « Arthroscopic Surgery for Osteoarthritis of the Knee [Lettre] », *New England Journal of Medicine* 234 (2002) : 1718–19

Yang, H. et W. Lin, « Effects of Positive and Negative Emotion on Neuroendocrine and Immunity », *Psychological Science* 28, n° 4 (2005) : 926–28

Zahl, Per-Henrik, Jan Mæhlen et H. Gilbert Welch, « The Natural History of Invasive Breast Cancers Detected by Screening Mammography », *Annals of Internal Medicine* 168, n° 21 (2008) : 2311–16

Ce livre a été imprimé en octobre 2013

à Monts (France)

par l'imprimerie Présence Graphique

pour le plaisir des Éditions Mosaïque-Santé.

Dépôt légal : novembre 2013